코로나19 바이러스
"친환경 99.9% 항균잉크 인쇄"
전격 도입

항균잉크란?

언제 끝날지 모를 코로나19 바이러스
99.9% 항균잉크(V-CLEAN99)를 도입하여 「안심도서」로
독자분들의 건강과 안전을 위해 노력하겠습니다.

 시대교왕그룹

Clean Zone

본 도서는 항균잉크로 인쇄하였습니다.

항균 ⊕ 99.9% 안심도서

항균잉크(V-CLEAN99)의 특징

◉ 바이러스, 박테리아, 곰팡이 등에 항균효과가 있는 산화아연을 적용

◉ 산화아연은 한국의 식약처와 미국의 FDA에서 식품첨가물로 인증받아 **강력한 항균력**을 구현하는 소재

◉ 황색포도상구균과 대장균에 대한 테스트를 완료하여 **99.9%의 강력한 항균효과** 확인

◉ 잉크 내 중금속, 잔류성 오염물질 등 **유해 물질 저감**

TEST REPORT

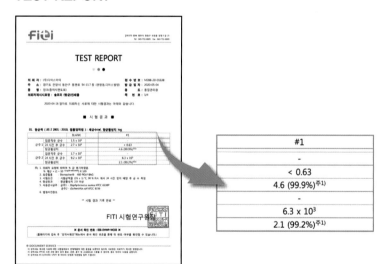

#1
-
< 0.63
4.6 (99.9%)[주1]
-
6.3 x 10³
2.1 (99.2%)[주1]

Clean Zone

시대교육그룹

도면 작성의 기초부터 CAD실무능력평가 자격 취득까지

CAT 2급

with AutoCAD

(주)시대고시기획

CAT(CAD Ability Test) 기술자격은 한국생산성본부 주관의 2D/3D 설계 툴에 대한 실무능력 인증시험이자, 국내 설계 및 디자인 분야에서 인정받는 유일한 민간자격시험입니다. CAT 2급의 평가항목에는 설계 분야에서 성공하기 위해 꼭 필요한 기본 지식과 기술이 적용되기 때문에, 자격을 취득하면 현장에서 그 능력을 확실하게 인정받을 수 있습니다. 또한, 자신이 가지고 있는 CAD 운용 및 기술에 대한 실력도 쉽게 증명해낼 수 있습니다.

CAT 2급 자격시험을 준비하는 응시자들에게 AutoCAD 프로그램을 보다 효율적으로 학습하여 취업 및 업무에 보탬이 될 수 있는 교재가 필요하다는 판단하에, 필자는 오랜 강의와 실무 경험을 바탕으로 본 교재를 집필하게 되었습니다. 프로그램의 기능을 익히는 것을 넘어 기능을 응용하여 도면을 작성해 보고, CAT 2급 자격시험의 응용문제 풀이 방법을 스스로 파악하고 해결할 수 있도록 구성하였습니다. 수험생들은 본 교재를 따라 도면을 작성해 보면서 AutoCAD의 운영 시스템과 도면을 작성하는 과정을 정확하게 이해할 수 있을 것입니다. 이 책이 AutoCAD 입문자에게 있어 학습시간 및 시험 준비시간을 단축해줄 수 있는 교재가 되길 바랍니다.

필자의 의견을 적극적으로 검토해 주시고 출판을 이끌어 주신 시대고시 출판사 임직원과 기술교육에 있어 큰 가르침을 주신 고인룡 교수님과 박남용 교수님, 그리고 부족한 필자를 늘 곁에서 응원하고 힘이 되어준 영이, 재인, 지현에게 감사의 말을 전합니다.

저자 **황 두 환**

이 책의 구성

본 교재는 CAD실무능력평가 2급 자격시험 대비 수험서로, 친절한 따라 하기 방식의 실습 예제를 중심으로 구성되었습니다. 차근
차근 따라 하며 2D 명령어를 체득하고 기출문제를 직접 해결해 보며 실력을 업그레이드할 수 있습니다.

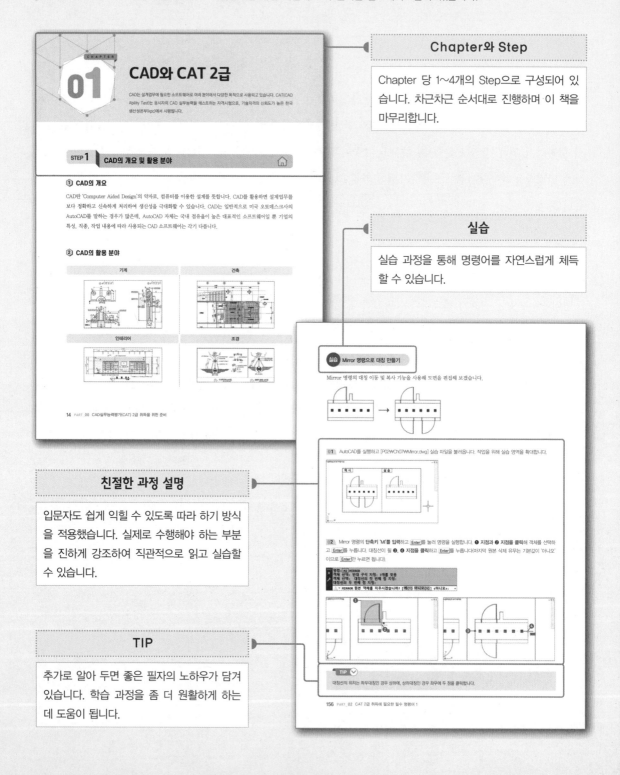

Chapter와 Step

Chapter 당 1~4개의 Step으로 구성되어 있
습니다. 차근차근 순서대로 진행하며 이 책을
마무리합니다.

실습

실습 과정을 통해 명령어를 자연스럽게 체득
할 수 있습니다.

친절한 과정 설명

입문자도 쉽게 익힐 수 있도록 따라 하기 방식
을 적용했습니다. 실제로 수행해야 하는 부분
을 진하게 강조하여 직관적으로 읽고 실습할
수 있습니다.

TIP

추가로 알아 두면 좋은 필자의 노하우가 담겨
있습니다. 학습 과정을 좀 더 원활하게 하는
데 도움이 됩니다.

도면실습

Chapter의 끝마다 스스로 연습할 수 있는 도면실습 코너를 구성하였습니다. 학습을 마치면서 실력을 점검할 수 있습니다.

기출문제

2021년 1월부터 11월까지 시행된 CAT 2급 기출문제 11개를 수록하였습니다.

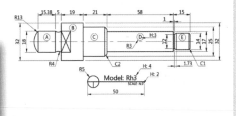

도면실습

01 제시된 도면층 및 문자 스타일을 설정하고, 도면층을 사용해 다음 도면을 작성하시오(단, 문자의 높이는 도면에 표기된 값으로 하며, 치수는 기입하지 않습니다).

도면층

문자 스타일

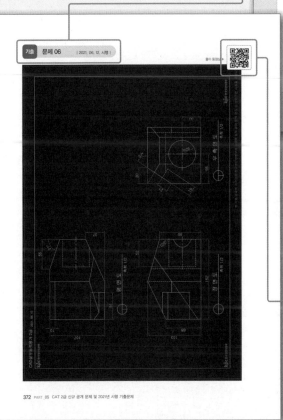

기출 문제 06 | 2021. 06. 12. 시행 |

QR코드

QR코드를 스캔하면 CAT 2급 기출문제의 풀이 영상을 확인할 수 있습니다. 직접 도면을 작성해 본 후 영상을 통해 답을 확인합니다.

목 차

예제 및 답안파일 다운로드

01 시대교육 홈페이지(www.sdedu.co.kr/book)에 접속합니다.

※ 회원이 아닌 경우 [회원가입]을 클릭하여 가입합니다.

02 로그인 후 화면 상단의 [프로그램]을 클릭합니다.

※ 위의 화면은 Chrome 브라우저로 접속한 화면입니다. 홈페이지 업데이트 상황에 따라서도 화면이 다르게 나타날 수 있습니다.

03 검색창에 'CAT'를 검색하고 게시글을 클릭합니다.

04 [예제 및 답안파일 다운로드]를 클릭하여 사용자 컴퓨터에 저장하고 압축을 해제하여 학습에 사용합니다.

CAD 프로그램이 기계, 건축, 조경, 토목 등 다양한 산업 분야에서 활용됨에 따라 CAD 수행 능력을 높이고자 하는 학습자들의 수요도 함께 증가하고 있습니다. CAD실무능력평가(CAT)는 CAD 소프트웨어의 운용 및 실무능력을 테스트하는 민간자격시험입니다. 본격적인 CAD 학습에 앞서 도면 작성에 필요한 기초적인 지식을 익히고 AutoCAD를 설치하는 과정을 진행해 보겠습니다.

CAD실무능력평가(CAT) 2급 취득을 위한 준비

01

CAD와 CAT 2급

CAD는 설계업무에 필요한 소프트웨어로 여러 분야에서 다양한 목적으로 사용되고 있습니다. CAT(CAD Ability Test)는 응시자의 CAD 실무능력을 테스트하는 자격시험으로, 기술자격의 신뢰도가 높은 한국생산성본부(kpc)에서 시행합니다.

STEP 1 　CAD의 개요 및 활용 분야

① CAD의 개요

CAD란 'Computer Aided Design'의 약자로, 컴퓨터를 이용한 설계를 뜻합니다. CAD를 활용하면 설계업무를 보다 정확하고 신속하게 처리하여 생산성을 극대화할 수 있습니다. CAD는 일반적으로 미국 오토데스크사의 AutoCAD를 말하는 경우가 많은데, AutoCAD 자체는 국내 점유율이 높은 대표적인 소프트웨어일 뿐 기업의 특성, 직종, 작업 내용에 따라 사용되는 CAD 소프트웨어는 각기 다릅니다.

② CAD의 활용 분야

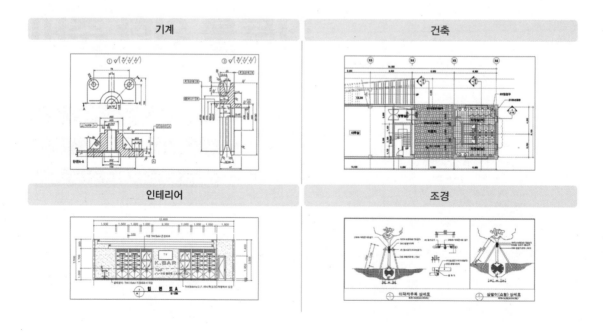

기계	건축
인테리어	조경

토목	플랜트
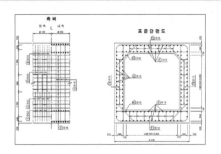	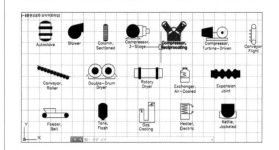

STEP 2 CAD실무능력평가(CAT) 2급 자격시험 개요

① 한국생산성본부의 민간자격증 'CAT'란?

CAT는 'CAD Ability Test'의 약자로, CAD 소프트웨어의 운용 및 실무능력을 테스트하는 민간자격시험입니다. CAT 2급의 경우 CAD 응용프로그램의 2D 기능적 측면과 기초제도에 대한 전반적인 지식과 기술을 중심으로 평가합니다. 특히 산업현장에 필수적으로 사용되고 있는 2차원 CAD의 활용, 도면 해석, 투상 능력 등을 검증하는 데 유익합니다. CAT 자격시험을 주관하는 한국생산성본부는 산업발전법에 의거하여 설립된 기관으로, 공정성·객관성·신뢰성을 갖춘 공신력 있는 평가 기준을 제공합니다.

② CAT 자격시험의 응시

1) 응시 자격 : 제한 없음

2) 응시 종목

자격 종목 및 등급	문항 및 시험방법	시험 시간	소프트웨어 버전	합격 기준	비고
CAD 실무능력평가 1급	〈1〉 3D 모델 수정 및 2D 도면 추출 　→ 체적 값, 2D 도면 dwg파일 제출 〈2〉 3D 모델 작성 후 체적 및 길이 값 산출 　→ 체적 및 길이 값 제출	90분	① AutoCAD ② CADian ③ GstarCAD ④ DraftSight ⑤ ZWCAD ①②③④⑤ 중 택 1	100점 만점에 60점 이상	회차당 1급과 2급을 동시에 응시 가능
CAD 실무능력평가 2급	• 2차원 도면 작성 및 객체/치수 작성 • 도면 공간 배치 작성 • 출력 설정				

3) 응시료(2021년 기준)

자격 종목	응시료	자격증 발급 비용	총 취득 비용
1급	60,000원	6,400원	66,400원
2급	50,000원	6,400원	56,400원

※ CAT 1급 응시료에 관한 정보는 참고용으로 확인합니다.

4) 시험시간

교시	입실시간	시험시간	비고
1교시	~08:50	09:00~10:30	정기시험 기준
2교시	~10:50	11:00~12:30	

※ 교시 및 입실시간은 응시 장소에 따라 달라질 수 있으며, 1교시 응시자와 2교시 응시자의 시험문제는 동일하지 않습니다.

5) 출제 범위

세부항목	성취 기준 및 주요 출제 요소
모형 공간(Model Space)에서 주어진 도면 및 객체 작성	• 삼각 투상법을 적용한 도면을 이해한다. • 시작하기 옵션 및 환경설정을 수행할 수 있어야 한다. • 도면층을 설정할 수 있어야 한다. • 객체 및 치수를 작성할 수 있어야 한다(치수 문자의 글꼴과 색상을 지정할 수 있어야 한다).
도면 공간(Layout Space)에서 출력을 목적으로 한 도면의 배치	• 도면의 외곽선과 표제란을 작성할 수 있어야 한다(문자의 글꼴과 높이를 지정할 수 있어야 한다). • 뷰포트를 생성하고 축척을 설정할 수 있어야 한다. • 뷰포트 동결과 정렬을 할 수 있어야 한다. • 선 종류 및 축척을 설정할 수 있어야 한다. • 블록을 이용하여 뷰 제목을 작성할 수 있어야 한다.
출력 설정(Pagesetup)	페이지 설정 및 관리와 출력 설정을 할 수 있어야 한다.

6) 감점 및 실격사항

채점분류		상세 내용	감점
모형 공간 (Model Space)	객체 작성	• 선이 누락된 경우 • 위치 틀림이 있는 경우(연관점이 틀리거나 잘못 그린 경우)	18점
		• 불필요한 객체가 남은 경우(잔여 객체, 45° 보조선 등) • 선 종류가 잘못 적용된 경우	16점
		• 선 연결 상태가 불량인 경우(선 연장 및 모서리 정리 등이 미흡한 경우) • 선이 중복된 경우(외형선, 숨은선, 중심선이 서로 겹친 경우) • 중심선을 잘못 그리거나 그리지 않은 경우	8점

	도면층	• 필요한 도면층을 작성하지 않았거나 필요 없는 도면층을 만든 경우 • 객체가 다른 도면층에 작성된 경우	4점
		도면층 설정이 잘못된 경우(이름 및 선 종류 등)	2점
	치수	• [배치] 탭에서 치수를 작성한 경우 • 모든 치수가 치수 도면층이 아닌 경우	10점
		• 치수선이 분해된 경우 • 치수 유형이 틀린 경우	2~5점
		치수가 누락된 경우	4점
		치수보조선이 작성된 객체의 선과 겹친 경우	2점
도면 공간 (Layout Space)	도면 양식 작성 및 배치	[배치] 탭 내에 불필요한 객체가 있는 경우	16점
		외곽선, 표제란, 타이틀 기호가 0 Layer가 아닌 경우	2~8점
		외곽선, 표제란, 수험번호, 타이틀을 작성하지 않은 경우	2~5점
		뷰 타이틀 블록을 사용하지 않은 경우	4점
		• 문자 스타일이 다른 경우 • 타이틀이 외곽선을 벗어난 경우 • 타이틀이 모형 공간에 작성된 경우 • 뷰포트에 도면이 잘리거나 다른 도면이 보이는 경우 • 표제란의 크기가 틀린 경우 또는 내용이 누락되거나 틀린 경우 • 타이틀 블록 및 문자가 배치된 도면과 겹치거나 틀리게 입력된 경우	2점
		뷰포트 축척이 틀린 경우	3~5점
		객체의 수평 정렬과 수직 정렬이 맞지 않는 경우	3~6점
		• 뷰포트 도면층이 '동결'이나 '끄기'가 아닌 경우 • 한 개의 뷰포트로 배치 작성을 했거나 뷰포트가 3개가 아닌 경우	5점
		중심선과 숨은선의 유형이 표현되지 않은 경우	2~5점
		뷰포트가 다른 도면층에 작성된 경우	4점
		Limits 설정에 오류가 있는 경우	2점
	출력	페이지 설정 관리자 설정이 틀린 경우	5점
기타	항목 외	그 외 해당 사항에 없는 경우	1점
실격 사항		• 템플릿 파일로 도면을 작성하지 않은 경우 • 모형 공간 또는 배치(도면) 공간 작성을 하지 않은 경우 • 제출된 파일에 내용이 없는 경우 • [배치] 탭에서 뷰포트를 사용하지 않은 경우 • 전체 도형을 축척을 줄여서 작성한 경우 • 위치 틀림이 10개 이상인 경우 • 치수가 50% 미만으로 작성된 경우	

③ 자격 활용사례

구분	활용사례	활용기관
대학교	교양과목/특강반 운영, 학점 반영, 시험 대체, 졸업 인증 등 취업을 위한 기본소양 자격으로 취득	거제대, 경남대, 경성대, 공주대, 구미대, 군산대, 금오공대, 남해대, 동신대, 동아방송예술대, 동의대, 목포대, 부천대, 선문대, 순천향대, 신라대, 안동대, 여주대, 영남이공대, 영산대, 영진대, 오산대, 용인송담대, 위덕대, 인제대, 전주대, 전주비전대, 창원대, 한양여대, 호원대
학원/ 직업전문학교	정규 교육과정 편성, 설계 전문 인력 양성, 취업 우선권 기회 제공	국제직업전문학교, 영등포공업고등학교, 목포국제직업전문학교, 주농업고등학교, 미래직업전문학교, 덕영고등학교, 대성직업전문학교, 전국 컴퓨터학원 등
기업	설계 관련 직무 기본 자격요건, 우대 및 가산점 부여, 재직자/실업자 교육	POSCO(신입 채용), 공군 부사관 반전형(가점), 농심엔지니어링 및 금호타이어(우대), 울산현대중공업(업무전환 교육) 등

④ 출제유형

CAT 2급은 CAD 응용프로그램에 대한 실무 중심의 지식과 기술을 평가하기 위한 자격시험으로, CAD 소프트웨어를 사용한 100% 실기형 방식으로 출제됩니다. 제시된 도면을 3각법으로 작성하고 도면 배치 및 출력 설정까지 완료합니다(2020년까지는 우측 상단에 참조용 등각 투상도를 제공하였으나 2021년부터는 난이도 조정 차원으로 제공하지 않습니다).

⑤ 시험 접수

CAD실무능력평가 자격시험은 매월 정기, 상시, 특별시험이 시행됩니다. 자세한 시험 일정은 kpc 자격 홈페이지(https://license.kpc.or.kr)에서 확인할 수 있습니다. 시험 접수는 일주일 전부터 온라인(인터넷) 또는 오프라인(방문 접수)으로 가능하며, 시험 응시로부터 약 3주 후 결과가 발표됩니다. 'CAD실무능력평가'를 포함한 모든 kpc 자격시험은 시행 기관인 kpc 자격 홈페이지에서 접수할 수 있습니다.

① 응시조건

• 응시자는 자신이 신청한 2D CAD 프로그램의 모형 공간에 주어진 도면 문제를 해결해야 합니다. 해당 도면층에 객체 및 치수를 작성한 후 도면 공간에서 뷰포트를 생성하고 주어진 축척에 맞게 뷰포트 축척을 부여하는 순서로 진행합니다. 이어서 도면의 뷰를 정렬하고 타이틀과 표제란을 작성합니다. 마지막으로 페이지 설정 관리자 창에서 출력 설정까지 마친 후 도면 파일을 제출하면 시험 응시가 완료됩니다.

• 의무사항은 응시자가 반드시 지켜야 할 사항이며, 이를 지키지 않아 생기는 피해는 응시자에게 있습니다. 실격사항 중 한 가지 이상이 해당될 경우 채점여부와 상관없이 불합격으로 처리됩니다.

• 평가항목을 기준으로 채점한 결과가 총 100점 만점 중 60점 이상이면 합격으로 처리됩니다.

② 의무사항

1) 답안 작성용 템플릿 파일 사용

• 시험이 시작되면 시험보기 창에 있는 템플릿 파일 다운로드 버튼을 눌러 작성 파일을 바탕화면에 저장합니다. 파일 이름에는 응시자의 수험번호가 자동 기입됩니다.

• 수험번호.dwg 템플릿 파일을 응시자가 신청한 CAD 응용프로그램에서 열기(OPEN)로 가져와서 시험을 실시해야 합니다. 또한, 템플릿 파일 안에는 도면 공간에서 작성할 뷰 제목(TITLE) 블록이 포함되어 있으며 이 블록을 사용하여 뷰 제목을 작성하도록 합니다.

• 답안 작성 중간에도 반드시 작업 파일을 저장하고 백업 파일을 생성해야 하며, 이를 지키지 않아 발생하는 에기치 못한 상황(시스템 다운 등)에 대한 책임은 응시자에게 있습니다.

2) 답안 작성

• 수험번호.dwg 파일을 열어 아래처럼 도면층을 입력하고, 용도에 맞게 객체 및 치수를 작성합니다.

도면층 이름	색상(번호)	선종류	도면층 용도
0	흰색(7)	Continuous	외곽선, 표제란, 뷰 제목 기호
가상선	선홍색(6)	Phantom	가상선
문자	흰색(7)	Continuous	문자(도면 공간의 표제란 글씨, 평면도/정면도/우측면도 등 뷰 제목과 축척)
뷰포트	하늘색(4)	Continuous	뷰포트(도면 공간의 뷰포트 생성)
숨은선	노란색(2)	Hidden	숨은선
외형선	초록색(3)	Continuous	외형선
중심선	흰색(7)	Center	중심선
치수	빨간색(1)	Continuous	치수

- 등각투상도가 포함된 출제 도면을 보고 문자 및 치수 스타일을 설정한 다음, 삼각 투상법에 따라 평면도, 정면도, 우측면도를 모형 공간에 작성합니다.
- 도면에 사용되는 모든 문자의 도면층은 '문자 도면층', 글꼴은 '굴림'을 적용하고, 문자의 높이는 문제에서 제시한 문자 크기를 따릅니다.
- 치수 스타일은 글꼴은 '굴림', 문자 색상은 '노란색'으로 지정하고, 그 외(화살표 크기, 치수 문자 높이 등)는 '기본값'을 적용합니다.
- 배치 작성 도면의 치수를 참조하여 외곽선 및 표제란을 작성합니다. 표제란에는 수험번호, 이름, 일자를 기입하고 문자 높이는 '3'으로 설정합니다.
- 뷰포트를 생성하고 주어진 축척에 따라 평면도, 정면도, 우측면도를 정렬 배치합니다.
- 템플릿 파일에서 제공한 'TITLE' 블록을 도면 공간에 삽입한 후 뷰 제목과 축척을 기입합니다. 뷰 제목의 문자 높이는 '3.5', 축척의 문자 높이는 '2.5'로 설정합니다.
- 페이지 설정 창을 아래와 같이 설정하고 최종 내용을 저장합니다.

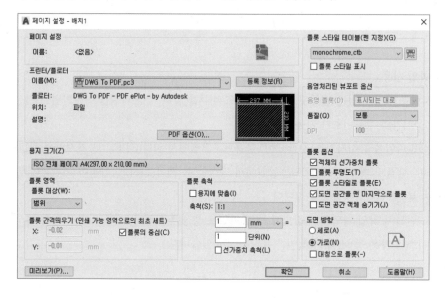

③ 파일 제출

- 작성한 [수험번호−성명.dwg] 파일을 시험문제 창에서 제공하는 파일 업로드 기능을 이용하여 제출합니다.
- 답안 제출 시간도 시험 시간(90분)에 포함되어 있으며, 추가 제공되지 않습니다.
- 파일을 제출하기 전 반드시 파일의 저장 상태를 확인하고, 제출한 후에도 제출한 파일이 맞는지 다시 한번 확인합니다.
- 파일은 시험 종료 후에도 삭제해서는 안 되며, 도면을 외부로 유출하는 것은 실격사유에 해당합니다.
- 시험 시간 안에 파일을 제출하고 감독관의 동의 없이 임의로 연장 시간을 사용한 경우에도 답안 작성 여부와 관계없이 실격 처리됩니다.

④ 시험 시 유의사항

- 시험 시작 후에는 화장실 출입이 불허하며 시험 시간 중에는 퇴실할 수 없습니다.
  ※ 배탈, 설사 등 긴급상황 발생으로 중도 퇴실하는 경우 시험장 재입실이 불가합니다.

- 시험 중 수험자는 수험용 PC를 제외한 모든 전자기기(무선통신기기, 스마트폰, 웨어러블 기기, 태블릿 PC 등)를 소지할 수 없으며, 이를 위반한 경우 부정행위로 간주하여 퇴실 조치될 수 있습니다(단, 일반 손목시계는 사용 가능합니다).

- 시험 문제 및 답안 유출 시 해당 응시자의 시험 무효화 및 민/형사상의 책임을 물을 수 있습니다.

- 정기시험 문제는 전국 고사장이 동일합니다.

- 감독관은 시험 문제 풀이 및 기능에 관련된 질문에 답변하지 않습니다.

- 시스템 다운이나 프로그램 오류로 인한 문제 발생 시 감독관에게 반드시 문의하여야 하며, 문의하지 않아 생기는 결과에 대한 책임은 응시자에게 있습니다. 또한, 동일한 원인으로 문제 발생 시에 응시자가 작업한 내용물을 저장하지 않아 생기는 결과에 대해서도 감독관과 본부는 책임지지 않습니다.

- 시험 문제 파일은 다운로드 받아서 저장한 후 열어서 시험을 실시합니다. 다운로드 받지 않고 실행하여 오류가 발생한 경우 책임은 응시자에게 있습니다.

⑤ 부정행위 처리규정

- 시험 중 다른 수험자와 시험과 관련된 대화를 하는 경우
- 시험용 웹사이트와 응시프로그램 외의 다른 창을 열어 놓거나 실행한 경우
- 메신저 프로그램을 실행하거나 로그인되어 있는 경우
- 시험 중에 다른 수험자의 답안을 엿보고 자신의 답안을 작성하는 행위
- 다른 수험자를 위하여 답안을 알려주거나 엿보게 하는 행위
- 시험 중 시험 문제 도면 및 본인 파일을 외부로 유출하는 행위
- 시험장 내외의 자로부터 도움을 받고 답안을 작성하는 행위
- 수험자가 시험 중간에 통신기기 및 전자기기를 사용하여 답안을 작성하거나 다른 수험자에게 답안을 전송하는 행위
- 시험 중 소란행위, 각종 타인에게 피해 또는 방해를 주는 행위, 부정이 의심되는 행위 또는 불공정한 방법으로 시험을 치르는 행위

CHAPTER 02 도면 작성에 필요한 기초지식

CAD 프로그램은 디자인을 표현하는 설계 도구로, 이를 잘 사용하기 위해서는 해당 직종의 기본적인 설계지식과 제도에 대한 학습이 선행되어야 합니다. CAD실무능력평가(CAT) 2급 자격 취득에 필요한 기초제도에 대해 알아보겠습니다.

STEP 1 기초제도

① 도면의 크기와 A열 사이즈 용지규격

CAD실무능력평가에서는 A4 규격(297mm×210mm)을 사용하며, 테두리 선은 10mm 간격을 두어 작성합니다.

제도용지의 치수	A0	A1	A2	A3	A4
b×a	1189×841	841×594	594×420	420×297	297×210

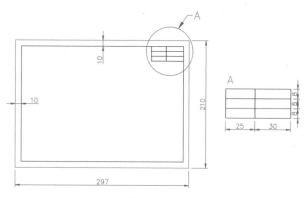

▲ CAT 2급 시험의 표제란(A4)

② 도면의 척도

척도란 실제 크기에 대한 도면의 비율로, 실척(현척), 축척, 배척으로 구분됩니다. CAD실무능력평가에서는 제시된 도면을 1/2 또는 1/3의 축척으로 작성합니다.

척도	내용	표기의 예
실척(현척)	실물과 같은 크기로 도면을 작성	1/1

축척	실물을 일정한 비율로 작게 하여 도면을 작성	1/10
배척	실물을 일정한 비율로 크게 하여 도면을 작성	10/1
축척 없음	축척을 적용하지 않은 경우(도면의 형태가 치수에 비례하지 않는 도면)	N.S(Non-Scale)

③ 선의 용도

CAD실무능력평가에서는 외형과 치수를 표시하는 실선, 가려진 부분을 표시하는 숨은선, 중심을 표시하는 1점쇄선, 가상선으로 사용되는 2점쇄선으로 총 4가지 종류를 사용합니다. 선의 두께는 따로 구분하지 않습니다.

선의 종류	선의 표현	용도
굵은 실선	———————————	외형, 형태의 보이는 부분을 표시
가는 실선	———————————	기술, 기호, 치수 등을 표시
숨은선	– – – – – – – – – –	보이지 않는 가려진 부분을 표시
1점쇄선	—— – —— – —— – ——	중심이나 기준, 경계 등을 표시
2점쇄선	—— – – —— – – ——	가상선, 연장선 등 1점쇄선과 구분할 때 표시

④ 투상법

투상면은 '제3각법'으로 작도하는 것을 원칙으로 하지만, 직종에 따라 투상면에 대한 도면의 명칭을 달리 사용하는 경우도 있습니다. CAD실무능력평가에서도 3각법을 사용해 평면도, 정면도, 우측면도 3개의 도면을 작성합니다. 투상면의 명칭은 다음과 같습니다.

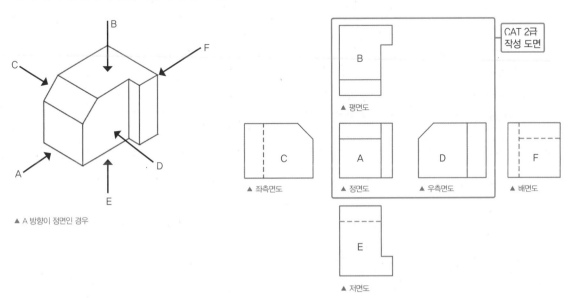

▲ A 방향이 정면인 경우

CAT 2급 작성 도면

▲ 평면도
▲ 좌측면도
▲ 정면도
▲ 우측면도
▲ 배면도
▲ 저면도

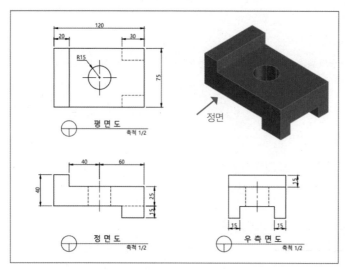

▲ 3각법으로 작성된 도면의 예

⑤ 일반적인 표시 기호

CAD실무능력평가의 문제 도면에는 지름치수(ø)와 반지름치수(R)가 표시됩니다. 표시 기호가 가지고 있는 의미는 다음과 같습니다.

표시 기호	내용
L(length)	길이
W(width)	너비
H(height)	높이
Wt(weight)	무게
A(area)	면적
V(volume)	용적
Ø , D(diameter)	지름
R(radius)	반지름
C(chamfer)	모따기

⑥ 치수의 표기

1) 치수는 표기 방법이 따로 명시되지 않는 한 항상 마무리 치수(하위 부분 치수에 대한 합)로 표시합니다.

2) 치수를 표시하는 문자는 치수선 위 가운데에 기입하는 것을 원칙으로 합니다.

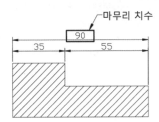

3) 치수는 치수선에 평행하도록 왼쪽에서 오른쪽으로, 아래쪽에서 위쪽으로 읽을 수 있게 기입합니다. AutoCAD의 치수 도구를 사용하면 자동으로 좌측 그림과 같이 기입됩니다.

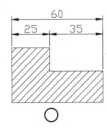
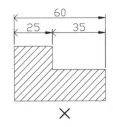

4) 치수 기입의 단위는 mm 사용을 원칙으로 하며, 단위는 표기하지 않습니다. 단, 치수의 단위가 mm가 아닌 경우에는 단위를 함께 표기하거나 다른 방법으로 명시해야 합니다.

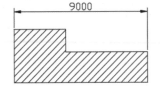
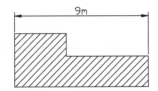

5) CAT 2급 시험에서는 문제 도면에 표시된 치수의 모양과 색상을 동일하게 기입해야 합니다.

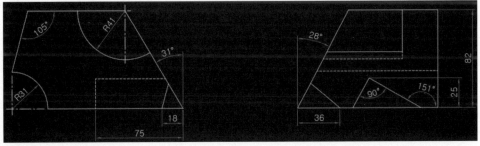

▲ CAT 2급 도면의 치수 기입

AutoCAD 설치하기

다양한 CAD 프로그램 중 오토데스크(Autodesk)사의 AutoCAD는 30일 평가판과 학생용 버전을 무료로 지원합니다. 학생의 경우 관련 정보가 확인되면 3년 동안 무료로 소프트웨어를 이용할 수 있습니다.

STEP 1 │ 각종 CAD 프로그램의 특징

CAD실무능력평가는 시험장에 따라 다양한 CAD 프로그램을 선택하여 응시할 수 있습니다.

프로그램	개발사	특징
AutoCAD	오토데스크 (미국)	미국의 오토데스크사가 개발한 컴퓨터 지원 설계(CAD) 프로그램입니다. 최초의 개인 PC용 CAD 프로그램으로, 업계 표준입니다. • https://www.autodesk.co.kr
CADian	인텔리코리아 (한국)	오토데스크사의 AutoCAD와 양방향으로 호환되며 명령어 구조가 동일한 것이 특징입니다. • https://www.cadian.com
DraftSight	다쏘시스템 (프랑스)	AutoCAD와의 호환은 물론 유사한 인터페이스를 지원합니다. 개인, 기업(단체) 모두 무료로 사용이 가능(Mac OS, Linux)하며 저사양 PC에서도 빠른 속도를 지원합니다. • https://www.draftsight.com/ko
ZWCAD	ZW소프트 (중국)	중국 ZW소프트사에서 개발한 AutoCAD의 대안 제품으로, 상대적으로 합리적인 비용에 동일한 기능을 제공합니다. • http://www.zwsoft.co.kr
GstarCAD	지스타소프트 (중국)	중국 지스타소프트사에서 개발한 설계 소프트웨어로, 명령어 및 운영방식, 사용자 환경이 AutoCAD와 동일합니다. • http://gstarcad.co.kr

01 학생용 무료 버전을 설치하기 위해 **'오토데스크 코리아'를 검색**한 후 오토데스크 코리아 **사이트 주소를 클릭**합니다.

02 오토데스크 사이트 화면 상단의 **[로그인]을 클릭**해 로그인합니다(계정이 없다면 [계정 작성]을 클릭해 계정을 만든 후 로그인합니다).

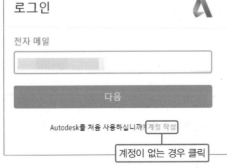

03 로그인이 완료되면 상단의 [제품] 카테고리(❶)에서 'AutoCAD'(❷)를 클릭합니다.

04 [무료 체험판 다운로드]를 클릭합니다.

05 [AutoCAD](❶)를 선택하고 [다음](❷)을 클릭합니다
(AutoCAD 2022는 64bit 윈도우에서만 설치할 수 있습니다).

06 사용자(**①**)는 '비즈니스 사용자', 언어(**②**)는 '한국어'를 선택하고 [다음](**③**)을 클릭합니다. 회사, 지역, 우편번호, 전화, 국가정보(**④**)를 선택하고 [다운로드 시작](**⑤**)을 클릭합니다.

※ 학생이나 교사 인증이 가능한 사용자는 3년간 무료 사용이 가능한 학생용 버전을 다운로드하는 것을 권장합니다. 사용자 선택에서 '학생 또는 교사'를 선택하면 교육 커뮤니티 사이트로 이동합니다.

07 다운로드가 완료되면 잠시 후 자동으로 설치를 준비합니다.

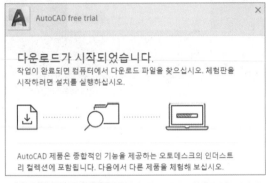
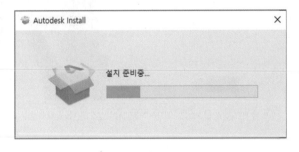

※ 다운로드 완료 후 설치가 시작되지 않는 경우 작업창 좌측 하단의 다운로드 정보를 클릭하거나 [내 PC]의 [다운로드] 폴더에서 [AutoCAD_2022_Korean_Win_64bit_wi_ko-KR_Setup] 아이콘을 더블클릭해 설치를 시작합니다.

08 라이센스 및 서비스 계약에 동의하고 설치 경로를 지정합니다.

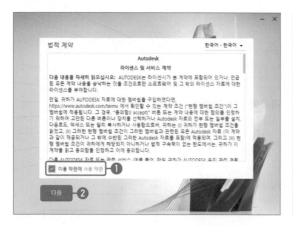 

09 **[설치](❶)**를 클릭해 AutoCAD 설치를 진행합니다(일반 사용자의 경우 추가 구성요소는 선택하지 않아도 됩니다).
설치가 끝나면 **[다시 시작](❷)**을 클릭해 시스템을 재부팅합니다.

※ [메뉴]-[업데이트 및 서비스 팩]에서 AutoCAD 2022 버전을 선택해 언어 팩(영어)을 설치하면 영문 버전을 별도로 사용할 수 있습니다.

10 바탕화면에서 **AutoCAD 2022 아이콘(▲)을 더블클릭**해 프로그램을 실행합니다.

11 30일 무료 버전을 사용하는 경우 **[Autodesk ID로
로그인]을 클릭**해 로그인합니다.

12 남은 사용일수를 확인한 후 우측 상단의 ×를 클릭하여 창을 닫습니다.

13 좌측의 [시작] 패널에서 **[새로 만들기]를 클릭**하여 새 도면 작성을 시작합니다.

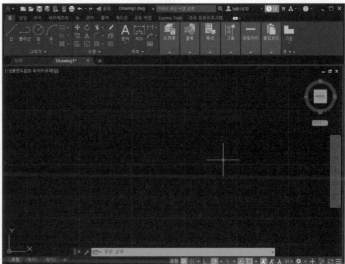

01

Part 01에서는 도면 작성을 위한 AutoCAD의 환경설정 및 도면 작성 전 준비해야 할 사항에 대해 알아보겠습니다. AutoCAD의 작업환경, 운영시스템, 작업도구(명령어) 등을 이해하여 도면을 쉽고 정확하게 작성할 수 있도록 학습합니다.

AutoCAD 시작하기

AutoCAD의 작업환경

AutoCAD는 작업자의 성향 및 작업 내용에 따라 다양한 환경으로 설정할 수 있습니다. 프로그램을 효율적으로 사용하기 위해 화면구성 및 작업도구의 위치를 숙지하고 있어야 합니다.

STEP 1 작업화면 살펴보기

01 AutoCAD의 작업화면을 살펴보기 위해 바탕화면에서 **AutoCAD 2022 아이콘(A)을 더블클릭**하여 프로그램을 실행합니다. **[새로 만들기]를 클릭**합니다.

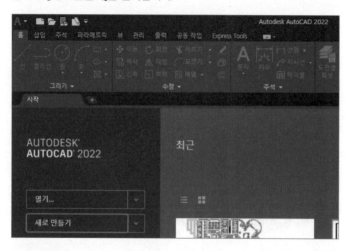

TIP

AutoCAD 환경 및 설정 초기화

프로그램이 이미 설치되어 있어 작업환경에 변화가 있는 경우 또는 시험장과 같이 다른 사용자에 의해 작업환경이 변경된 경우 프로그램의 설정을 초기화할 수 있습니다. 윈도우의 시작 아이콘(❶)을 클릭하고 해당되는 AutoCAD 버전(❷)을 클릭합니다. [기본값으로 재설정](❸)을 클릭하면 처음 설치한 것과 같이 초기화됩니다.

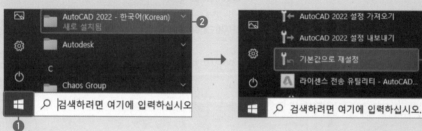

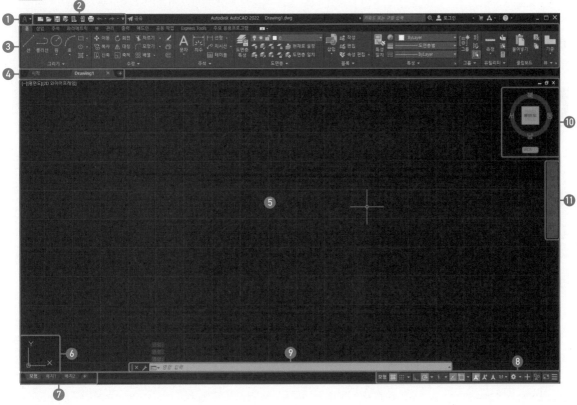

① 응용프로그램 메뉴

응용프로그램 아이콘(▨)을 클릭하면 새 도면, 저장, 내보내기, 인쇄, 옵션 등 다양한 기본 메뉴를 사용할 수 있습니다.

② 신속 접근 도구막대

새 도면, 열기, 저장, 다른 이름으로 저장, 출력, 명령 취소, 명령 복구 등 자주 사용하는 기능들을 신속하게 사용할 수 있습니다.

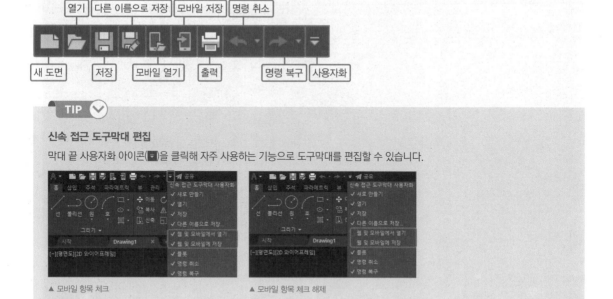

> **TIP** ⌄
>
> **신속 접근 도구막대 편집**
> 막대 끝 사용자화 아이콘(▼)을 클릭해 자주 사용하는 기능으로 도구막대를 편집할 수 있습니다.

▲ 모바일 항목 체크   ▲ 모바일 항목 체크 해제

③ 리본 메뉴

상단의 홈, 삽입 등 해당 메뉴 탭을 클릭하면 해당하는 내용으로 리본 메뉴가 펼쳐집니다. [홈] 탭에서 그리기, 편집 등 작업에 필요한 주요 기능을 사용할 수 있습니다.

④ 작업 시트

현재 작업 중인 파일 및 열어 놓은 파일을 표시합니다. 여러 개의 파일을 열어 놓은 경우 해당 탭을 클릭해 이동하면서 작업할 수 있고, 새 도면 아이콘(➕)을 클릭하면 새 도면을 추가할 수 있습니다.

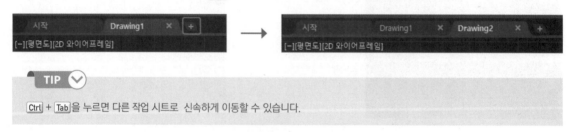

> **TIP** ⌄
>
> Ctrl + Tab 을 누르면 다른 작업 시트로 신속하게 이동할 수 있습니다.

⑤ 도면 윈도우

그리기 및 편집 등 도면을 작업하는 영역입니다.

⑥ UCS

사용자 좌표계로, X, Y, Z축을 표시합니다. 필요에 따라 사용자가 방향이나 위치를 변경해 작업할 수 있습니다.

▲ 2D 작업환경의 좌표   ▲ 3D 직입환경의 좌표

⑦ [모형] 탭과 [배치] 탭

모형 공간에서는 도면을 작성하고, 배치 공간에서는 모형 공간에서 작성된 도면을 출력을 목적으로 배치할 수 있습니다. 새 배치 아이콘(+)을 클릭하면 새로운 배치 공간을 추가할 수 있습니다.

모형   배치1   배치2   +

⑧ 상태 막대

상태 막대에는 좌표의 값, 보조 도구, 뷰 도구, 검색 도구 등 현재 적용된 작업환경이 표시됩니다. 어둡게 표시된 아이콘은 비활성화(Off), 푸르게 표시된 아이콘은 활성화(On)되었음을 표시합니다. 우측 끝 사용자화 아이콘(☰)을 클릭해 표시사항을 변경할 수도 있습니다.

모형 ⊞ ⋮⋮⋮ ▾ ∟ ⊘ ▾ ⊼ ▾ ∠ □ ▾ ⚒ ⚒ ⚒ 1:1 ▾ ⚙ ▾ ＋ ◳ ⬛ ☰

⑨ 명령행

• 기본 타입

크기를 최소화한 표시형식으로, 부족한 부분은 도면 윈도우에 표시됩니다.

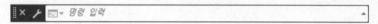

• 클래식 타입

명령의 입력 및 진행되는 상태와 옵션 등을 확인할 수 있습니다. 기본 타입의 명령행 좌측 끝 부분을 드래그하여 하단으로 이동하면 클래식 타입으로 만들 수 있습니다.

⑩ 뷰 큐브

뷰의 시점을 제어할 수 있는 도구로, 3차원 모델링에 많이 사용됩니다. 2차원 도면 작성에서는 사용하지 않습니다.

⑪ 탐색 막대

뷰의 초점을 이동하거나, 확대 및 축소 등을 사용하여 도면을 탐색할 수 있습니다. 그러나 일반적으로 탐색은 마우스 휠을 사용하는 것으로 충분하기 때문에 막대를 닫고 사용하는 경우가 많습니다.

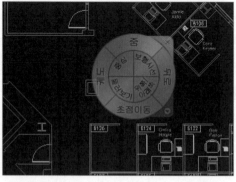

▲ 전체탐색 휠의 사용

AutoCAD는 작업 내용에 따라 제도 및 주석, 3D 기본, 3D 모델링 환경을 지원하며, 사용자가 직접 작업공간을 설정할 수 있습니다. 하단에 위치한 상태 막대의 작업공간 전환 아이콘(🔧▾)을 클릭하면 작업공간을 변경할 수 있습니다.

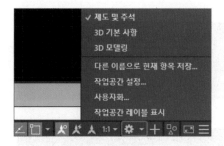

① 제도 및 주석(기본 설정)

② 3D 기본 사항

③ 3D 모델링

CAT 2급은 2차원 도면을 작성하는 시험이므로 작업공간은 기본 설정인 '제도 및 주석'으로 설정하는 것이 좋습니다.

AutoCAD 화면의 한글 버전과 영문 버전을 비교해 보겠습니다. 표시되는 언어를 제외한 모든 사항은 동일합니다(본 교재는 한글 버전을 기준으로 합니다).

① 리본 메뉴

▲ 한글 버전

▲ 영문 버전

② 응용프로그램 메뉴

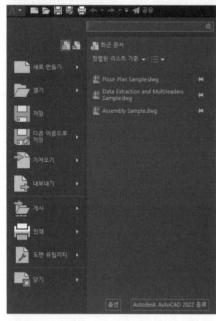

▲ 한글 버전

▲ 영문 버전

③ 명령행 윈도우

명령행 윈도우에 표시되는 명령어와 단축키, 옵션 사항 등은 한글 버전과 영문 버전 모두 영문을 기준으로 동일하게 나타납니다.

```
명령: c
CIRCLE
CIRCLE 원에 대한 중심점 지정 또는 [3점(3P) 2점(2P) Ttr - 접선 접선 반지름(T)]:
```
▲ 한글 버전

```
Command: c
CIRCLE
CIRCLE Specify center point for circle or [3P 2P Ttr (tan tan radius)]:
```
▲ 영문 버전

02

도면 작성을 위한 환경설정

효과적인 작업을 위해서는 작업 목적에 적합한 환경설정이 필요합니다. 일반적인 도면 작성과 CAT 2급 시험을 기준으로 상태 막대와 옵션의 일부 항목을 확인하고 설정합니다.

STEP 1 │ 상태 막대 설정하기 ⌂

상태 막대는 작업에 편의를 높여주는 보조적인 기능을 하며, 키보드 상단의 Function Key(F1 ~ F12)로 On/Off를 설정할 수 있습니다.

01 바탕화면에서 AutoCAD 2022 아이콘(A)을 더블클릭해 프로그램을 실행한 후 [새로 만들기]를 클릭합니다.

02 상태 막대의 모든 항목을 확인하기 위해 **사용자화 아이콘(目)을** 클릭합니다. **모든 항목을 체크**해 상태 막대에 표시되도록 합니다.

√ 좌표	√ 직교 모드	√ 선택 순환	√ 작업공간 전환
√ 모형 공간	√ 극좌표 추적	√ 3D 객체 스냅	√ 주석 감시
√ 그리드	√ 등각투영 제도	√ 동적 UCS	√ 단위
√ 스냅 모드	√ 객체 스냅 추적	√ 선택 필터링	√ 빠른 특성
√ 구속조건 추정	√ 2D 객체 스냅	√ 장치	√ UI 잠금
√ 동적 입력	√ 선가중치	√ 주석 가시성	√ 객체 분리
	√ 투명도	√ 자동 축척	√ 그래픽 성능
		√ 주석 축척	√ 화면 정리

▲ 모든 항목에 체크

03 상태 막대의 아이콘을 클릭해서 그림과 같이 4개 항목만 'On'으로 설정합니다(푸른색으로 보이는 것이 'On' 상태입니다).

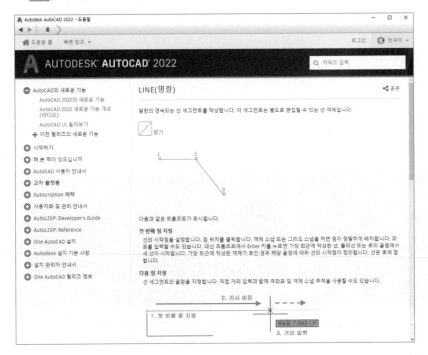

04 상태 막대는 Function Key(`F1` ～ `F12`)를 한 번씩 누를 때마다 On/Off가 전환됩니다. AutoCAD 초보자의 경우 상태 막대의 미흡한 설정으로 오히려 작업이 어려워질 수 있으므로 학습을 마친 후 필요한 기능만 사용하는 것을 권장합니다.

① `F1`(도움말) : 진행 중인 명령이나 기능의 도움말을 불러옵니다.

② `F2`(문자 윈도우) : 이전에 사용한 명령어의 진행 과정을 보여주는 창을 불러옵니다. 사용자가 작업한 내용을 확인할 수 있습니다.

③ **F3** **(객체 스냅, 📷)** : 객체의 끝점, 중간점, 교차점, 중심점 등 정확한 위치를 추적하여 표시합니다.

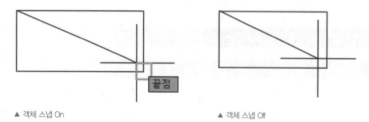

▲ 객체 스냅 On   ▲ 객체 스냅 Off

④ **F4** **(3D 객체 스냅, 🔲▼)** : 3D 객체에서 추가로 필요한 면의 중심, 모서리, 구석 등의 위치를 표시합니다.

⑤ **F5** **(등각투상면 전환, 🔲▼)** : 등각투상도 그리기 모드에서 투상면을 전환합니다. 전환 정보는 명령행에 표시됩니다.

⑥ **F6** **(동적 UCS, 🔲)** : 3D 객체에서 UCS의 XY평면을 자동으로 정렬시킵니다.

⑦ **F7** **(그리드 모드, 🔲)** : 도면 영역에 설정된 간격으로 그리드를 표시합니다.

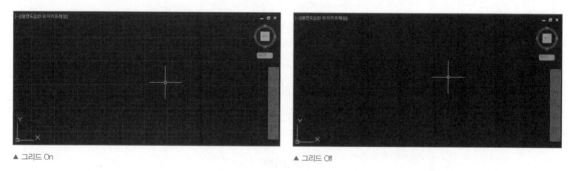

▲ 그리드 On   ▲ 그리드 Off

⑧ **F8** **(직교모드, 🔲)** : 커서의 움직임을 X축과 Y축으로 제한해 수평과 수직으로만 이동할 수 있도록 설정합니다. 상태 막대에서 가장 많이 사용되는 기능 중 하나입니다.

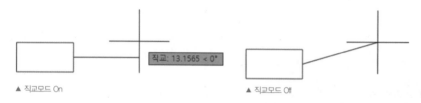

▲ 직교모드 On   ▲ 직교모드 Off

⑨ **F9** **(스냅 모드, 🔲)** : 커서를 설정된 간격으로 끊어서 움직이게 합니다. 주로 그리드 간격과 동일한 값으로 설정하여 사용합니다.

⑩ **F10(극좌표 추적, 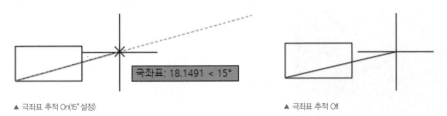** : 커서를 설정한 각도로 이동할 수 있도록 합니다.

▲ 극좌표 추적 On(15° 설정)　　　　　　　　　　　　▲ 극좌표 추적 Off

⑪ **F11(객체 스냅 추적(참조선), 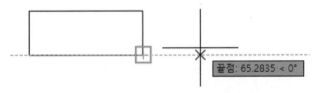** : 객체 스냅을 기준으로 위치를 추적합니다. 'On'으로 설정하면 해당 객체 스냅의 위치와 동일 선상의 위치를 지정할 수 있습니다.

▲ 객체 스냅 추적 On

⑫ **F12(동적입력, 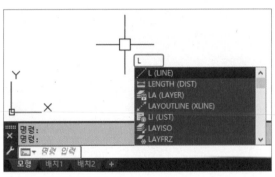** : 명령의 입력 등 작업정보를 커서 옆에 표시합니다.

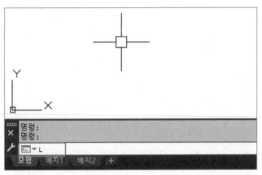

▲ 동적입력 On　　　　　　　　　　　　　　　　▲ 동적입력 Off

⑬ **선가중치 표시(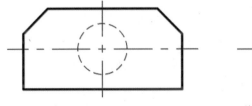** : 설정된 선의 가중치(두께)를 설정하고 화면에 표시합니다.

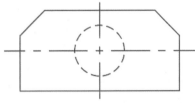

▲ 선가중치 표시 On　　　　　　　　　▲ 선가중치 표시 Off

⑭ **투명도 표시(▨)** : 도면층에 설정된 투명도를 화면에 표시합니다.

⑮ **구속조건 추정(▤)** : 형상을 작성하거나 편집할 때 기하학적 구속조건을 자동으로 적용합니다.

⑯ **빠른 특성(▤) :** 객체를 선택할 때 빠른 특성 팔레트를 표시합니다.

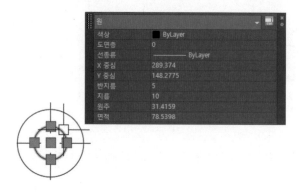

STEP 2 옵션 및 명령행 설정하기

AutoCAD의 전반적인 시스템 환경은 옵션 창에서 설정할 수 있습니다.

01 도면 영역의 기본 바탕색은 짙은 회색으로 설정되어 있습니다. 바탕색을 검정색으로 변경하기 위해 Options 명령의 **단축키 'OP'를 입력**하고 Enter 를 누릅니다(좌측 상단의 [응용프로그램 메뉴](❶)를 클릭한 후 하단에 있는 [옵션](❷)을 클릭해도 실행됩니다).

▲ 명령행 입력

▲ 응용프로그램의 [옵션] 클릭

명령행 윈도우에 명령을 입력할 때 커서의 위치가 어디에 있더라도 키보드의 자판만 누르면 바로 입력됩니다. 명령을 입력하기 위해 명령행 윈도우로 커서를 이동해 클릭할 필요가 없습니다.

02 옵션 창이 나타나면 [화면표시] 탭(❶)을 클릭하고 [색상](❷)을 클릭합니다.

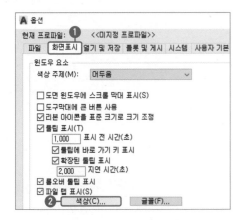

03 도면 윈도우 색상 창의 색상 목록(❶)에서 '검은색'(❷)을 선택하고 [적용 및 닫기](❸)를 클릭합니다.

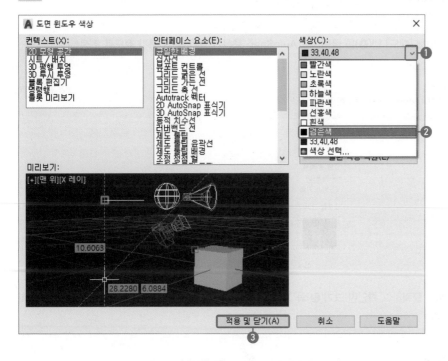

04 저장 포맷을 변경하기 위해 **[열기 및 저장] 탭(❶)을 클릭**합니다. 다른 이름으로 저장 항목에서 **[AutoCAD 2013/ LT2013 도면(*.dwg)](❷)를 선택**합니다.

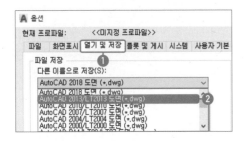

AutoCAD의 저장 포맷은 하위 호환만 지원하므로 높은 버전의 포맷으로 저장된 파일은 낮은 버전의 AutoCAD에서는 열 수 없습니다.

예 ① AutoCAD 2018 도면 포맷으로 저장된 파일 → AutoCAD 2013에서 열 수 없음

② AutoCAD 2013 도면 포맷으로 저장된 파일 → AutoCAD 20180에서 열 수 있음

05 커서 크기를 변경하기 위해 **[제도] 탭(❶)을 클릭**하고 **AutoSnap 표식기 크기(❷)를 중간 정도로 조정**합니다.

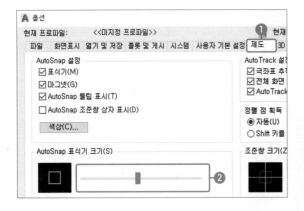

06 계속해서 **[선택] 탭(❶)을 클릭**하고 **확인란 크기(❷)와 그립 크기(❸)를 중간 정도로 조정**합니다. 옵션 창 하단의 **[확 인]을 클릭**해 설정을 완료합니다.

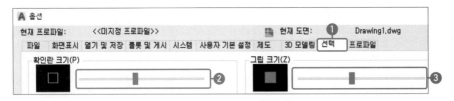

07 명령행의 위치를 변경하기 위해 **명령행의 좌측 끝 부분(❶)을 클릭한 후 아래쪽으로 드래그**합니다. 그림과 같이 부착 표시가 점선으로 나타나면 마우스 버튼에서 손을 떼어 하단에 부착시킵니다.

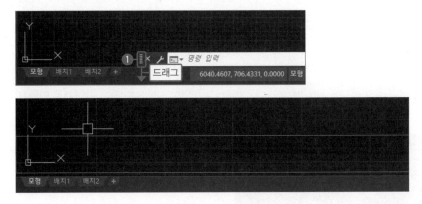

08 부착된 명령행을 확대하기 위해 **커서를 ❶ 지점으로 이동한 후 클릭한 상태에서 위쪽으로 드래그**합니다. 3~4줄 정도 표시되게 설정합니다.

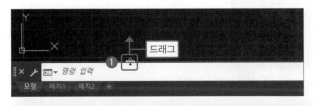

새 도면의 기본 설정은 템플릿 파일을 선택해 시작됩니다. 처음 사용자를 위해 새 도면의 정보를 확인할 수 있
도록 변경하겠습니다.

01 AutoCAD를 실행하면 새 도면의 시작 설정이 기본값으로 되어 있어 바로 도면이 시작되지 않습니다. **[새로 만들기]**
를 클릭해 새 도면을 시작합니다.

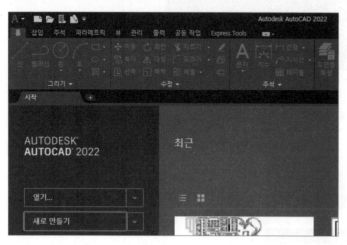

02 새 도면의 시작 설정을 변경하기 위해 명령행 창에 '**STARTUP**'을 **입력**하고 Enter 를 누릅니다. **설정값 '1'을 입력**하
고 Enter 를 누릅니다.

03 AutoCAD를 종료하고 다시 실행하면 처음과 다르게 새 도면을 작성하는 설정 창이 나타납니다. **[처음부터 시작]**(❶)
을 클릭합니다. '**미터법(M)**'(❷)을 **선택**하고 **[확인]**(❸)을 **클릭**하면 mm 단위의 그리드가 없는 새 도면이 시작됩니다.

STARTUP 설정값

새 도면의 시작 스타일을 설정하는 STARTUP 명령의 설정값은 0, 1, 2, 3으로, 4가지 스타일을 설정할 수 있습니다.

• 0 : 정의된 설정 없이 도면을 시작합니다.

• 1 : 시작하기 또는 새 도면 작성 대화상자를 표시합니다.

• 2 : [시작] 탭이 표시됩니다. 응용프로그램에서 사용 가능한 경우 사용자 대화상자를 표시합니다.

• 3 : 새 도면을 열거나 작성하면 [시작] 탭이 표시되고 리본이 미리 로드됩니다.

새 도면을 시작하는 명령을 입력하거나 아이콘을 클릭하면 STARTUP 설정에 따라 설정 항목이 다르게 나타납니다.

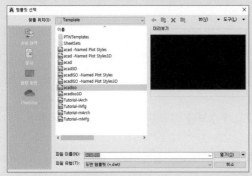

▲ STARTUP 0, 2, 3으로 설정한 경우

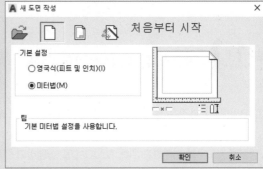

▲ STARTUP 1로 설정한 경우

CHAPTER

03

AutoCAD의 운영 시스템

AutoCAD의 운영은 대부분 명령행 창(Command Line)에서 진행됩니다. 명령행 창은 작업의 진행 상태 및 옵션 등 작업자가 확인해야 할 정보를 표시하여 작업을 원활하게 진행할 수 있게 유도합니다.

STEP 1 대화식 운영 시스템의 이해

AutoCAD의 작업 과정은 명령어 입력에 따른 대화식으로 필요한 정보를 입력하면서 작업을 진행합니다.

01 명령행 윈도우를 이해하기 위해 AutoCAD를 실행하고 신속 접근 도구막대의 **열기 아이콘(❶)을 클릭**합니다. [P01₩ **Ch03₩시스템의 이해.dwg] 파일(❷)을 선택**하고 **[열기](❸)를 클릭**합니다.

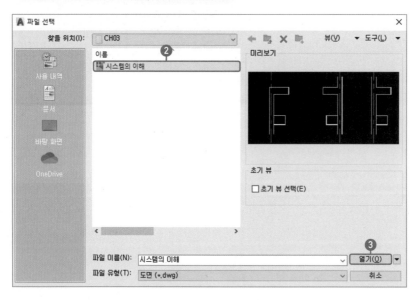

02 선을 그리기 위해 Line 명령의 **단축키 'L'을 입력**하고 Enter를 누릅니다.

03 명령이 실행되면 AutoCAD는 선이 시작되는 첫 번째 지점이 어디인지 명령행 창을 통해 사용자에게 정보 입력을 요청합니다.

```
명령: L
LINE
LINE 첫 번째 점 지정:
```

04 ❶ 지점을 클릭하면 AutoCAD는 다시 다음 점의 위치 정보를 요청합니다. ❷ 지점을 클릭하고 Enter 를 눌러 작업을 종료합니다. 작업이 종료되면 명령행 창은 초기화됩니다.

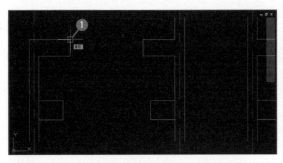 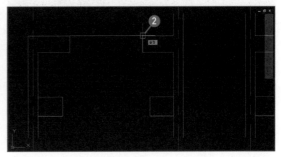

```
다음 점 지정 또는 [명령 취소(U)]:
다음 점 지정 또는 [명령 취소(U)]:
명령 입력
```

05 계속해서 원을 그리기 위해 Circle 명령의 **단축키 'C'를 입력**하고 Enter 를 누릅니다.

```
다음 점 지정 또는 [명령 취소(U)]:
다음 점 지정 또는 [명령 취소(U)]:
C
```

06 명령이 실행되면 AutoCAD는 그리고자 하는 원의 중심점이 어디인지 명령행 창을 통해 사용자에게 정보 입력을 요청합니다.

```
명령: C
CIRCLE
CIRCLE 원에 대한 중심점 지정 또는 [3점(3P) 2점(2P) Ttr - 접선 접선 반지름(T)]:
```

07 원의 중심점으로 ❶ 지점을 클릭하면 AutoCAD는 원의 반지름 정보를 요청합니다.

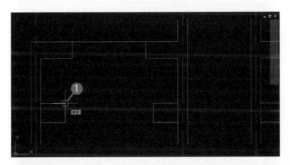

```
CIRCLE
원에 대한 중심점 지정 또는 [3점(3P)/2점(2P)/Ttr - 접선 접선 반지름(T)]:
CIRCLE 원의 반지름 지정 또는 [지름(D)]:
```

08 반지름 '200'을 입력하고 Enter 를 누르면 원이 그려집니다.

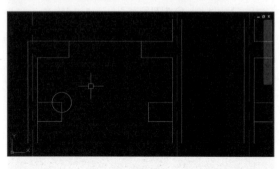

STEP **2** **시간 단축을 위한 바른 자세**

AutoCAD를 활용한 작업은 같은 기능을 반복적으로 사용할 때가 많으며, 명령어와 수치 값을 수시로 입력해야 합니다. 장문을 쓰는 경우가 아닌 이상 왼손은 명령어와 수치 값을 입력하기 위해 키보드 위에 올린 상태를 유지하고, 오른손은 화면을 제어할 수 있도록 마우스를 잡습니다.

> **TIP** ⌄
>
> AutoCAD에서 Enter 와 Space Bar 는 명령을 실행하고 종료하는 기능으로 사용됩니다. 단, 문자(Text)를 입력할 경우 Enter 는 행간, Space Bar 는 자간을 조정하는 역할을 합니다.

CHAPTER

04

도면 작성의 기본 작업

도면을 작성하는 과정에서는 화면 이동, 명령어 입력, 객체 선택 등의 작업이 반복됩니다. 따라서 도면
작성의 기본적인 사항을 이해하고 그 작업을 신속하게 진행할 수 있어야 합니다.

STEP 1 **마우스 휠(Zoom)을 활용한 도면 탐색**

마우스 휠의 확대/축소, 초점 이동(Pan), 줌 범위(Zoom Extents)를 활용하면 쉽고 빠르게 도면을 탐색할 수 있
습니다.

01 마우스 휠의 기능을 연습하기 위해 AutoCAD를 실행합니다. 신속 접근 도구막대의 **열기 아이콘(①)을 클릭**합니다.
[P01₩Ch04₩마우스 휠.dwg] 파일(②)을 선택하고 **[열기](③)를 클릭**합니다.

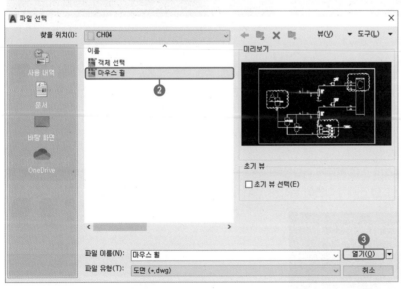

02 커서를 ❶ 지점으로 이동한 후 마우스 휠 버튼을 꾹 누른 상태에서 마우스를 움직여봅니다. 커서가 손바닥 모양(🖐)
으로 변경되고, 화면을 이동할 수 있게 됩니다. A 부분을 화면 중앙에 오도록 이동하고 휠 버튼에서 손을 뗍니다.

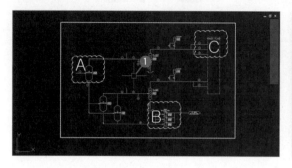 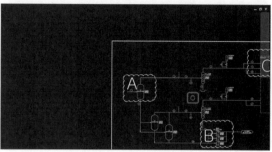

03 커서를 A 영역의 ❶ 지점으로 이동한 후 마우스의 휠을 돌려봅니다. 위쪽으로 돌리면 화면이 확대되고, 아래쪽으로
돌리면 화면이 축소됩니다. 확대와 축소의 기준은 커서의 위치입니다. 확대/축소하고자 하는 영역으로 커서를 이동한 후
휠을 돌려야 효과적으로 화면을 확대/축소할 수 있습니다.

TIP ⌄

확대/축소의 감도 설정

마우스 휠을 사용한 축소 확대의 감도를 설정하려면 명령어 ZOOMFACTOR를 실행합니다. 기본값 60을 기준으로 그 수치보다 높으
면 빠르게 확대, 낮으면 부드럽게 확대됩니다.

04 도면이 축소된 상태에서 마우스의 휠을 빠르게 더블클릭하면 도면 전체를 한눈에 볼 수 있게 확대됩니다. 반대로 특
정 부분을 확대한 후에는 축소되면서 도면 전체가 화면에 들어옵니다(휠을 더블클릭할 때의 커서 위치는 상관없습니다).

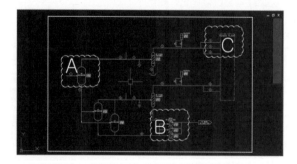

AutoCAD 사용 시 나타나는 커서의 종류는 총 4가지입니다. 각 커서의 역할을 알고 있으면 진행 과정을 쉽게 파악할 수 있습니다.

① 대기 상태의 커서

어떤 명령도 실행되지 않은 대기 상태일 때 나타나는 커서 형태입니다. 커서가 대기 상태일 때만 명령을 입력하고 실행할 수 있습니다.

▲ 대기 상태의 커서일 때 명령행 윈도우

② 십자 커서

십자 커서는 작업에 필요한 위치를 지정할 때 나타나며, 해당 위치를 클릭하면 현재 위치가 입력됩니다.

③ 선택 커서

선택 커서는 명령 실행 중 작업에 필요한 객체를 선택해야 할 때 나타납니다.

④ 화살표 커서

메뉴나 설정 대화상자에서 아이콘이나 버튼 등을 클릭할 때 표시됩니다.

선택 커서(□)로 대상을 선택하는 방법은 두 가지로 하나씩 클릭하는 포인팅과 영역을 지정하는 방법이 있습니다.

01 객체 선택을 학습하기 위해 신속 접근 도구막대의 **열기 아이콘(①)**을 클릭한 후 [P01₩Ch04₩객체 선택.dwg] **파일(②)**을 선택하고 **[열기](③)**를 클릭합니다.

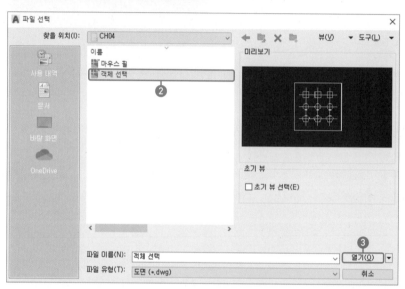

02 하나씩 선택하는 포인팅을 학습하기 위해 **[홈] 탭(①)**의 **[수정] 패널에서 이동 아이콘(✛ 이동)(②)**을 클릭합니다. 이동할 객체를 선택해야 하므로 커서의 모양은 선택 커서(□)로 변경됩니다.

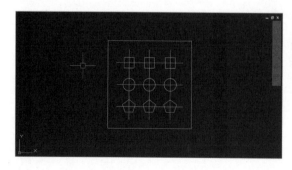

03 선택할 객체(❶, ❷, ❸) 위에 커서를 올려놓고 클릭하면 선택됩니다. [Esc]를 눌러 선택 작업을 취소합니다.

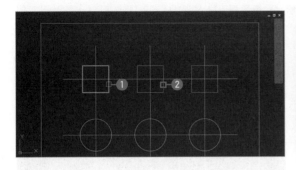 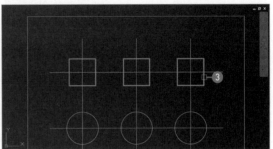

04 '윈도우 선택'을 확인하기 위해 **이동 아이콘(✛ 이동)**을 클릭합니다. ❶ 지점에서 클릭하고 ❷ 지점에서 클릭하면 영역에 포함된 대상만 선택됩니다(첫 번째 클릭 후 '오른쪽' 방향으로 이동하여 클릭하는 방법으로, 영역에 포함된 가로선은 선택되지만 세로선은 완전히 포함되지 않아 선택되지 않습니다). [Esc]를 눌러 작업을 취소합니다.

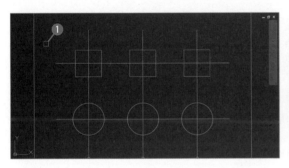 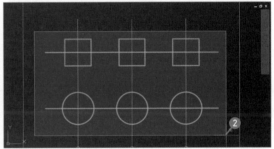

05 '걸침 선택'을 확인하기 위해 **이동 아이콘(✛ 이동)**을 클릭합니다. ❶ 지점에서 **클릭**하고 ❷ 지점에서 **클릭**하면 영역에 포함되거나 걸쳐진 객체가 선택됩니다(첫 번째 클릭 후 '왼쪽' 방향으로 이동하여 클릭하는 방법으로, 영역이 닿지 않는 좌측 세로선 하나를 제외하고 모두 선택됩니다). [Esc]를 눌러 작업을 취소합니다.

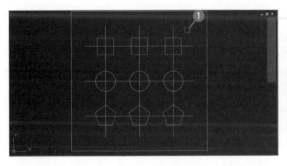 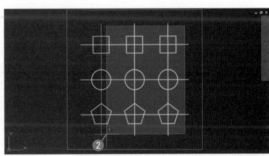

06 '선택 취소'를 확인하기 위해 다시 **이동 아이콘(이동)을 클릭**합니다. **❶ 지점에서 클릭**하고 **❷ 지점에서 클릭**하면 영역에 포함된 대상만 선택됩니다. Shift를 **누른 상태로 원 ❸, ❹, ❺를 클릭**해 선택에서 제외시킵니다. Esc를 눌러 작업을 취소합니다.

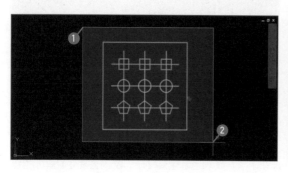
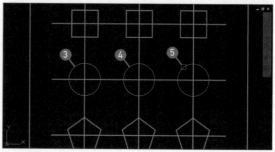

위에서 확인한 '윈도우 선택', '걸침 선택', '선택 취소'는 많이 사용되는 기본적인 선택 방법이므로 필히 숙지해야 합니다.

STEP 4 │ 작업 파일 저장하기

작업한 내용을 저장하는 과정은 다른 프로그램과 동일합니다.

① 저장하기(Save)

현재 작업 중인 파일에 작업한 내용을 저장합니다.

> **실행 방법**
>
> ❶ 실행 단축키 : Ctrl + S
> ❷ 신속 접근 도구막대의 저장 아이콘(💾) 클릭
>
>

② 다른 이름으로 저장하기(Save as)

작업 중인 파일 내용을 유지하고 현재 내용을 저장한 새 파일을 추가로 만듭니다. 새로운 파일을 저장하므로 파일의 이름과 저장 위치를 다시 설정할 수 있습니다.

❶ 실행 단축키 : Ctrl + Shift + S
❷ 신속 접근 도구막대의 다른 이름으로 저장 아이콘(📝) 클릭

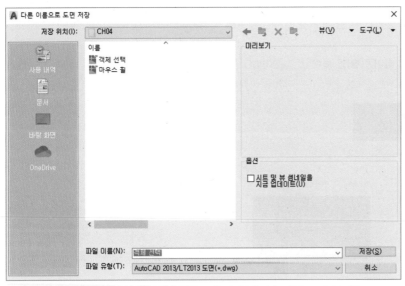

▲ 파일 이름 및 저장 위치 설정

CHAPTER

05

명령의 입력

명령을 실행하는 다양한 방법을 확인하고 빠른 작업을 위한 명령의 실행 및 종료하는 과정을 학습합니다.

STEP 1 리본 메뉴 사용하기

명령을 실행하는 가장 기본적인 방법은 리본 메뉴에 배치된 패널의 아이콘을 클릭하는 것입니다.

01 신속 접근 도구막대의 **열기 아이콘(❶)을 클릭**한 후 [P01₩Ch05₩명령의 실행.dwg] 파일(❷)을 **선택**하고 [열기]
(❸)를 클릭합니다.

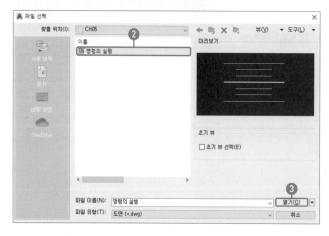

02 선 그리기 명령으로 작업해 보겠습니다. 리본 메뉴의 [홈] 탭(❶)을 클릭하고 선 아이콘(❷)을 클릭합니다. 명령행을
확인해 보면 아이콘 클릭과 동시에 Line 명령이 실행된 것을 확인할 수 있습니다.

03 선이 시작될 **첫 번째 지점(❶)을 클릭**하고 이어서 **❷, ❸, ❹ 지점을 클릭**합니다. Enter 를 눌러 명령을 종료합니다.

 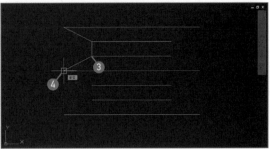

STEP **2**　풀다운 메뉴 사용하기

AutoCAD 2008 버전까지 사용된 메뉴입니다. 최근 버전의 화면에서는 보이지 않지만 필요하다면 불러내어 사용할 수 있습니다.

01 풀다운 메뉴를 추가하기 위해 명령행에 '**MENUBAR**'를 **입력**하고 Enter 를 누릅니다. 새 값 입력에 '**1**'을 **입력**하고 Enter 를 누르면, 리본 메뉴 상단에 풀다운 메뉴가 추가됩니다.

 TIP

AutoCAD에서 환경설정과 관련된 시스템 명령은 '0, 1, 2' 등 숫자를 입력해 설정합니다. 끄고 켜는 기능은 '0'과 '1'을 입력합니다. '0'은 끄기(Off), '1'은 켜기(On)를 뜻합니다.

02 [그리기] 탭(❶)을 클릭하고 [선](❷)을 클릭합니다. 명령행을 확인해 보면 메뉴 클릭과 동시에 Line 명령이 실행된 것을 알 수 있습니다.

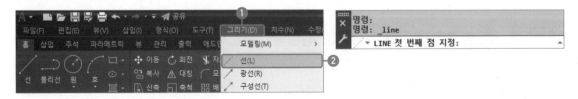

03 선이 시작될 **첫 번째 지점(❶)을 클릭**하고 이어서 **❷, ❸, ❹ 지점을 클릭**합니다. `Enter`를 눌러 명령을 종료합니다.

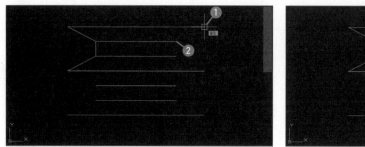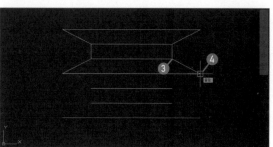

STEP 3 | 명령행 사용하기

명령행에 단축키를 입력하는 방법으로 가장 많이 사용됩니다.

01 Line 명령의 **단축키 'L'을 입력**한 후 `Enter`를 누릅니다.

02 선이 시작될 **첫 번째 지점(❶)을 클릭**하고 이어서 **❷, ❸, ❹ 지점을 클릭**합니다. 선이 그려지면 `Enter`를 눌러 명령을 종료합니다.

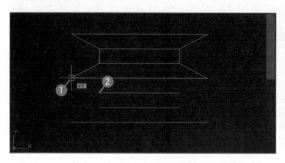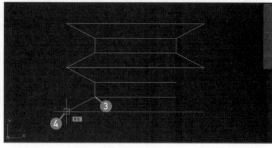

STEP 4 | 명령을 신속하게 사용하기(실행, 종료, 취소)

AutoCAD는 작업자가 입력한 명령어 및 정보를 기억하고 있어 반복 사용이 가능합니다.

01 Line 명령의 **단축키 'L'을 입력**한 후 Enter를 누릅니다.

02 선이 시작될 **첫 번째 지점(❶)을 클릭**하고 이어서 ❷, ❸, ❹ **지점을 클릭**합니다. Enter를 눌러 명령을 종료합니다.

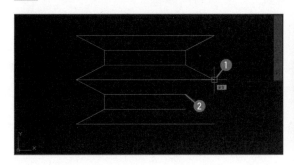 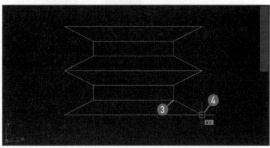

03 Line 명령을 반복하기 위해 Enter만 다시 누릅니다. 명령행을 보면 Line 명령이 실행되었음을 확인할 수 있습니다. ❶, ❷ **지점을 클릭**하고 Enter를 눌러 종료한 후 다시 Enter를 눌러 명령을 실행합니다. ❸, ❹ **지점을 클릭**하고 Enter를 눌러 작업을 종료합니다.

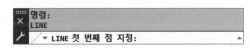

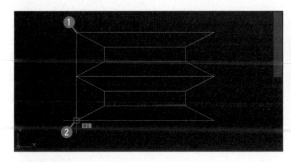 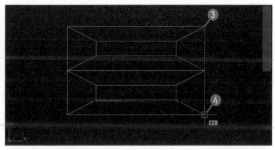

> **TIP** ⌄
>
> 동일한 명령을 바로 다시 사용할 경우 명령어를 다시 입력하지 않아도 Enter 또는 Space Bar를 눌러 전에 사용한 명령을 반복해서 실행할 수 있습니다. 동일한 명령을 연이어 반복해서 사용할 경우 매우 빠르고 효과적인 방법입니다.

04 명령어를 입력하다 오타가 나거나 작업 중 명령을 취소하고자 할 경우 Esc를 눌러 명령행을 대기 상태로 만들 수 있습니다. **'abc'를 입력**하고 Esc를 눌러보면 명령이 취소됩니다.

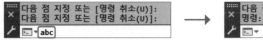

02

Part 02에서 학습하는 '필수 명령어 1'은 CAT 2급 시험은 물론 기계, 건축, 토목, 제품 등 모든 직종에서 기본적으로 사용되는 명령어이므로 반드시 익혀야 합니다. 명령의 사용방법은 AutoCAD의 버전과는 무관하며, 사용빈도가 매우 높은 만큼 숙련도와 시험시간(90분)이 직접적으로 연관됩니다.

CAT 2급 취득에 필요한 필수 명령어 1

CHAPTER

01

선(Line), 지우기(Erase), 좌표 입력

명령의 유형에 따라 입력할 좌표(위치 정보)를 정확하게 파악해야 신속한 작업이 가능합니다. Line 명령을 따라 실행해보며 명령 실행 과정 및 좌표를 이해합니다.

STEP 1 | 선(Line)

선을 그리는 Line(L) 명령은 AutoCAD의 가장 기본적인 그리기 도구로, 직선과 사선을 그릴 때 사용됩니다. 주로 직교모드(Ortho)를 제어하는 F8과 함께 사용합니다.

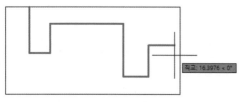

▲ 직교모드 On

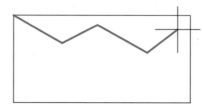

▲ 직교모드 Off

🔍 **실행 방법**

❶ 실행 단축키 : L

❷ 실행 아이콘 : [홈] 탭 - [그리기] 패널 - 선 아이콘(▨)

🎯 **명령 실행 과정**

```
명령: L LINE
× 첫 번째 점 지정:
🔧 다음 점 지정 또는 [명령 취소(U)]:
   다음 점 지정 또는 [명령 취소(U)]:
   ▼ LINE 다음 점 지정 또는 [닫기(C) 명령취소(U)]:          ▲
```

❶ 명령 : L + Enter

❷ 첫 번째 점 지정 : 선이 시작되는 위치를 클릭

❸ 다음 점 지정 : 선이 통과하는 다음 위치를 클릭

❹ Enter를 눌러 작업을 종료

※ 명령 취소(U) : 작업 중 선의 시작점 및 끝점의 위치를 취소해 한 단계 전 위치로 되돌리기

```
명령: L LINE
× 첫 번째 점 지정:
🔧 다음 점 지정 또는 [명령 취소(U)]:
   ▼ LINE 다음 점 지정 또는 [명령 취소(U)]: u          ▲
```

Line(L) 명령을 사용해 다음 도면을 작성해 보겠습니다.

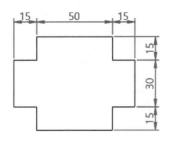
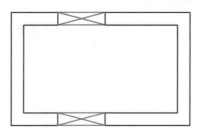

01 AutoCAD를 실행하고 [P02₩Ch01₩Line.dwg] 실습 파일을 불러옵니다. Line 명령을 사용해 도형을 작성해 보겠습니다. **A 영역에 커서를 두고 위로 스크롤**하여 빈 공간을 확대합니다.

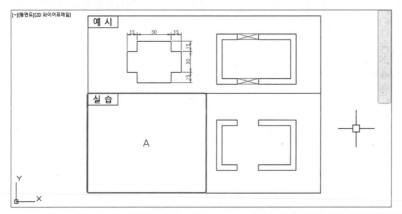

※ Part 02와 Part 03은 컬러의 구분이 불필요한 부분으로, 교재의 가독성을 위해 배경을 흰색, 선을 검은색으로 처리하였습니다. 학습자의 배경색은 Part 01에서 설정한 검은색을 유지하도록 합니다.

02 Line 명령을 실행하기 위해 **단축키 'L'을 입력**하고 Enter 를 누릅니다. **선분의 시작점(❶)을 클릭**한 후 F8 을 눌러 직교모드를 활성화합니다. **커서를 오른쪽(❷)과 위쪽(❸)으로 이동**해 보면 선분이 수직으로 제어되는 것을 확인할 수 있습니다(수직, 수평으로 나타나지 않는다면 다시 F8 을 눌러줍니다).

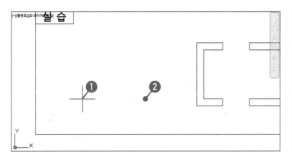
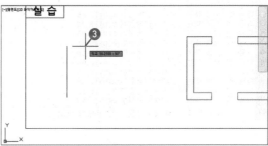

03 커서를 그려나갈 방향(❶)으로 이동한 상태에서 명령행에 **선의 길이 '50'을 입력**하고 [Enter]를 누릅니다. **커서의 위치를 위쪽(❷)으로 이동**하면 작성한 선의 길이가 확인됩니다.

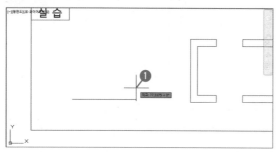 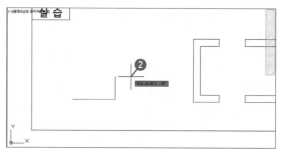

04 커서를 다시 위쪽(❶)으로 이동한 후 **거리 값 '15'를 입력**하고 [Enter]를 누릅니다. 이어서 **커서를 오른쪽(❷)으로 이동**한 후 **거리 값 '15'를 입력**하고 [Enter]를 누릅니다.

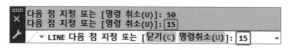

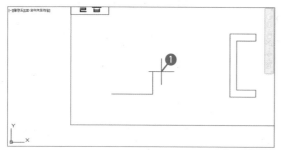 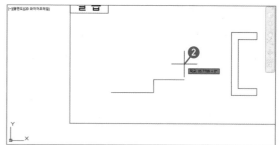

05 동일한 방법으로 다음 도면의 치수를 보고 **선의 끝점까지 작성**한 후, 마지막에 [Enter]를 한 번 더 눌러 작업을 종료합니다.

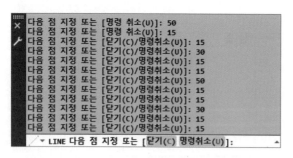 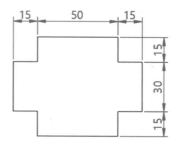

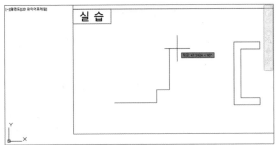
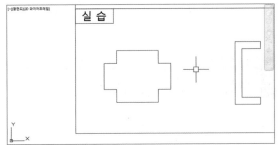

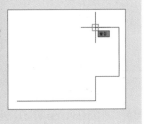
06 마우스 휠을 누른 상태로 좌측으로 드래그하여 우측에 있는 도면을 그림과 같이 배치합니다.

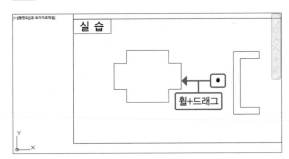
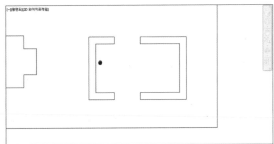

07 명령행에 **'L'을 입력**한 후 [Enter]를 눌러 Line 명령을 실행합니다. **커서를 ❶ 지점으로 이동한 후 끝점 표식에서 클릭**하면 정확하게 선의 끝 부분을 지정할 수 있습니다. 다시 ❷ **지점으로 커서를 이동해 클릭**합니다(직교모드의 On/Off와는 관계없으며, 표식이 나타나지 않으면 [F3]을 눌러줍니다).

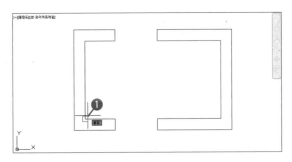
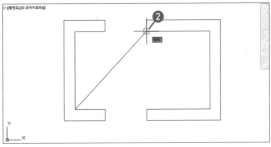

08 선의 위치를 다시 지정하기 위해 **'U'를 입력**하고 Enter 를 누릅니다. 다시 ❶ **지점으로 커서를 이동해 클릭**하고, Enter 를 눌러 명령을 종료합니다(취소 옵션인 'U'를 누를 때마다 작업 과정이 한 단계씩 취소됩니다).

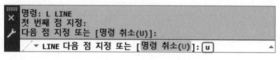

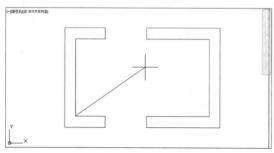
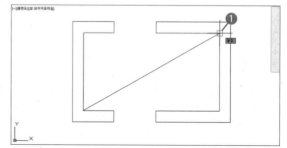

09 계속해서 **Line 명령을 반복해 그림과 같이 완성**합니다. Line 명령을 다시 실행하고 종료할 때는 Enter 의 명령 반복 기능을 활용합니다.

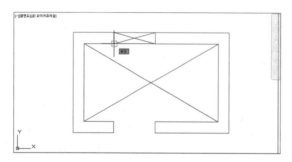
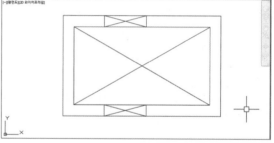

STEP 2 | 지우기(Erase)

Erase(E) 명령을 실행하면 작성된 선이나 원 등을 선택해 바로 삭제할 수 있습니다. 포인팅, 윈도우, 걸침 선택 등 다양한 선택 방법을 활용합니다.

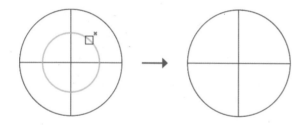

🔍 실행 방법

❶ 실행 단축키 : E

❷ 실행 아이콘 : [홈] 탭 – [수정] 패널 – 지우기 아이콘(🖊)

◎ 명령 실행 과정

```
명령: E ERASE
객체 선택: 1개를 찾음
ERASE 객체 선택:
```

❶ 명령 : E + Enter

❷ 객체 선택 : 삭제할 객체를 클릭

❸ Enter 를 눌러 선택된 객체를 삭제 및 명령 종료

실습 Erase 명령으로 도면 요소 삭제하기

Erase(E) 명령을 사용해 도면 요소의 일부를 삭제해 보겠습니다.

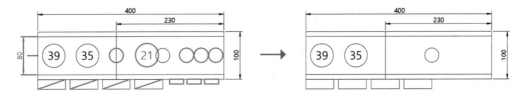

01 AutoCAD를 실행하고 [P02₩Ch01₩Erase.dwg] 실습 파일을 불러옵니다. Erase(E) 명령을 사용해 도면 요소를 삭제해 보겠습니다. 하단의 실습 영역을 확대합니다.

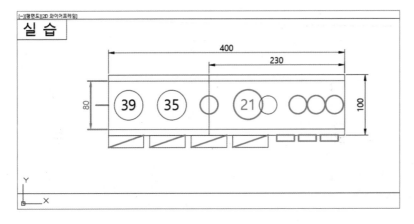

02 Erase 명령의 **단축키 'E'를 입력**하고 Enter를 누르면 명령행에 지울 대상을 선택하라는 '객체 선택' 문구가 나타나고 커서가 선택 커서(□)로 바뀝니다. 화면을 확대한 다음 ❶과 ❷ **위에서 클릭**하고 Enter를 눌러 선택한 두 객체를 삭제합니다.

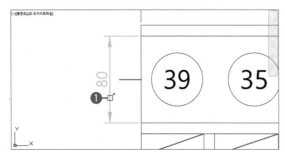
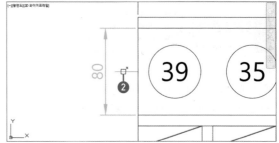

03 Enter를 눌러 이전에 사용한 Erase 명령을 반복 실행합니다. ❶ **지점을 클릭**한 후 ❷ **지점을 클릭**하면 푸른색 바탕의 영역이 만들어지고 영역에 포함된 4개의 객체가 선택됩니다. Enter를 누르면 선택된 객체가 한 번에 지워집니다(영역에 걸친 원은 완전히 포함되지 않으므로 선택되지 않습니다).

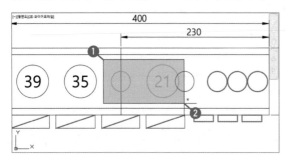
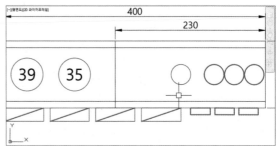

04 다시 한번 Enter를 눌러 Erase 명령을 실행하고, ❶ **지점을 클릭**한 후 ❷ **지점을 클릭**합니다. 녹색 바탕의 영역이 만들어지면서 영역에 걸쳐진 3개의 원이 선택됩니다. Enter를 눌러 원 객체를 삭제합니다.

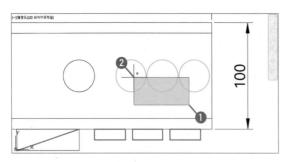
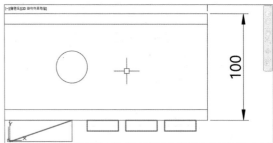

'클릭 투 클릭'과 '클릭 앤 드래그'의 영역 지정 차이

클릭 투 클릭	클릭 앤 드래그
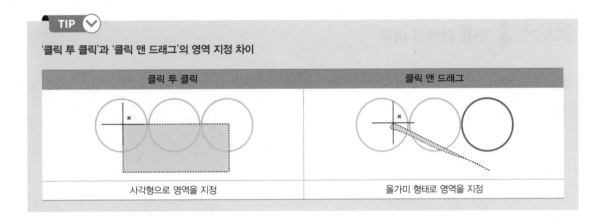	
사각형으로 영역을 지정	올가미 형태로 영역을 지정

05 명령을 실행하지 않은 대기 상태의 커서(✛)로 **삭제할 객체 ❶, ❷, ❸을 클릭**하고 Delete를 누르면 선택된 대상이 지워집니다. Delete를 사용한 방법도 포함 선택과 걸침 선택이 가능합니다. Erase 명령과 Delete 중에 사용자가 편한 방법으로 진행하면 됩니다.

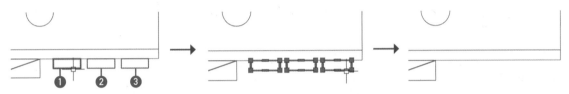

06 **'E'를 입력**하고 Enter를 눌러 Erase 명령을 실행합니다. **❶ 지점을 클릭**한 후 **❷ 지점을 클릭**하여 사각형과 사선을 걸침 선택합니다.

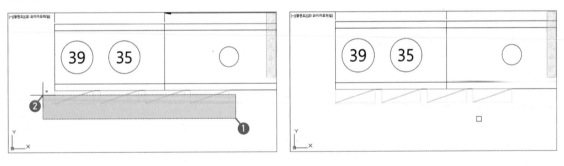

07 사각형을 선택에서 제외하기 위해 **Shift를 누른 상태로 사각형 ❶, ❷, ❸, ❹를 하나씩 클릭**합니다. Enter를 눌러 삭제 작업을 마무리합니다.

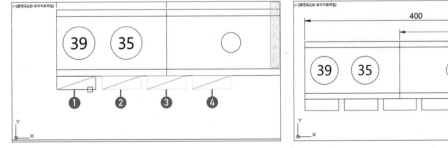

좌표는 평면 공간에서 점의 위치를 나타내는 값으로, 원점(0,0)을 기준으로 x축과 y축을 사용해 점의 위치를 표현합니다.

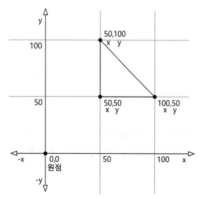

▲ 좌표값은 x,y 순으로 표기(절대좌표)

좌표 입력 유형

① 절대좌표

원점(0,0)을 기준으로 하는 절대적인 좌표값을 'x,y'로 입력합니다.

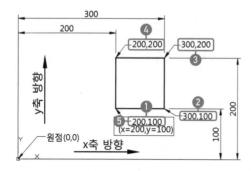

⚙ **명령 실행 과정**

```
명령: L LINE
첫 번째 점 지정: 200,100 ❶
다음 점 지정 또는 [명령 취소(U)]: 300,100 ❷
다음 점 지정 또는 [명령 취소(U)]: 300,200 ❸
다음 점 지정 또는 [닫기(C)/명령취소(U)]: 200,200 ❹
다음 점 지정 또는 [닫기(C)/명령취소(U)]: 200,100 ❺
  LINE 다음 점 지정 또는 [닫기(C) 명령취소(U)]:
```

② 상대좌표

현재 위치를 기준으로 상대적인 수치를 '@x,y'로 입력합니다.

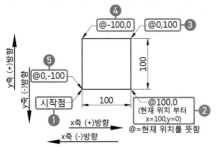

🎯 명령 실행 과정

```
명령: L LINE
첫 번째 점 지정:❶
다음 점 지정 또는 [명령 취소(U)]: @100,0 ❷
다음 점 지정 또는 [명령 취소(U)]: @0,100 ❸
다음 점 지정 또는 [닫기(C)/명령취소(U)]: @-100,0 ❹
다음 점 지정 또는 [닫기(C)/명령취소(U)]: @0,-100 ❺
LINE 다음 점 지정 또는 [닫기(C) 명령취소(U)]:
```

③ 상대극좌표, 극좌표

- 현재 위치를 기준으로 좌표값을 '@길이〈각도'로 입력합니다.
- 극좌표만 입력하는 경우 '〈각도'로 입력합니다.

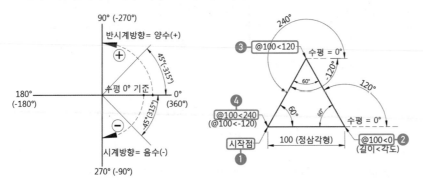

🎯 명령 실행 과정

```
명령: L LINE
첫 번째 점 지정:❶
다음 점 지정 또는 [명령 취소(U)]: @100<0 ❷
다음 점 지정 또는 [명령 취소(U)]: @100<120 ❸
다음 점 지정 또는 [닫기(C)/명령취소(U)]: @100<240 ❹
LINE 다음 점 지정 또는 [닫기(C) 명령취소(U)]:
```

④ 거리좌표

현재 위치에서 이동할 거리 값을 입력합니다. Line 명령 학습 시 사용한 방법으로, 직교모드(F8)는 'On'으로 설정해야 합니다.

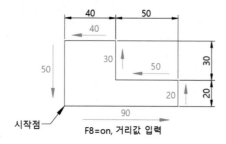

F8=on, 거리값 입력

좌표와 직교모드를 활용하여 도형 작성하기

좌표와 직교모드를 활용해 간단한 도형을 작성해 보겠습니다.

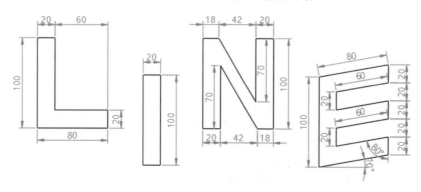

01 AutoCAD를 실행하고 [P02₩Ch01₩좌표.dwg] 실습 파일을 불러와 하단의 실습 영역을 확대합니다.

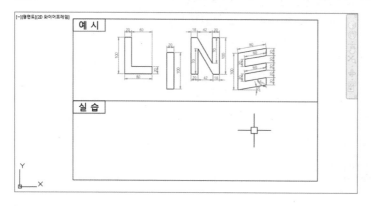

02 Line 명령을 실행하기 위해 **단축키 'L'을 입력**하고 Enter 를 누릅니다. **선분의 시작점(①)을 클릭**한 후 F8 을 눌러 직교모드를 활성화합니다. **커서를 그려나갈 방향인 ② 지점으로 이동**한 상태에서 명령행에 **선의 길이 '100'을 입력**하고 Enter 를 누릅니다. 계속해서 그릴 방향으로 커서를 이동하고 값을 입력하면서 L자 도형을 작성합니다.

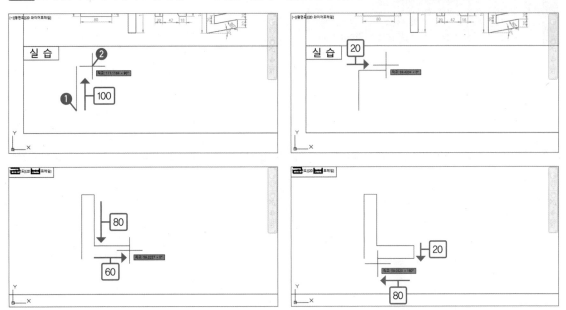

03 이전에 사용한 Line 명령을 다시 실행하기 위해 Enter 를 누릅니다. 동일한 방법으로 I자 형태의 도형도 작성합니다. L자 도형과 I자 도형을 거리좌표를 입력해 작성했습니다.

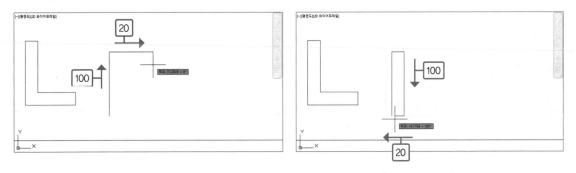

04 N자 도형은 거리좌표와 상대좌표를 같이 사용해 보겠습니다. Enter 를 눌러 Line 명령을 실행합니다. **시작점(①)을 클릭**한 후 **② 지점으로 커서를 이동**한 상태에서 **위쪽으로 '100', 오른쪽으로 '18'을 입력**해 선을 그려줍니다.

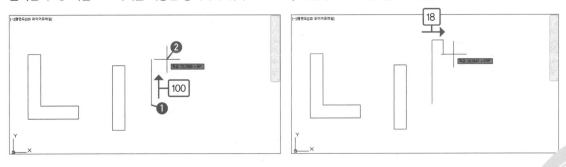

05 다음 점의 위치는 x축으로 '42', y축으로 '−70' 이동한 지점입니다. 명령행에 **'@42,−70'을 입력**하고 **Enter**를 누릅니다.

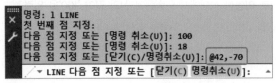

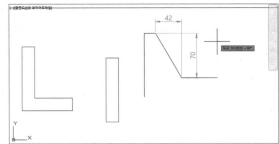

06 거리좌표로 '70', '20', '100', '18'까지 작성합니다. 이어서 **'@−42,70'을 입력**하고 나머지 선을 그려 N자 도형을 완성합니다.

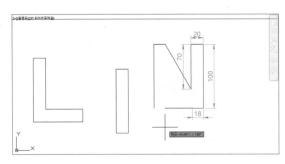
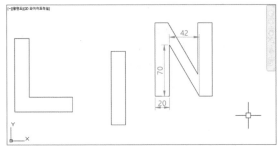

07 E자 도형은 상대극좌표를 사용해 작성하겠습니다. **Enter**를 눌러 Line 명령을 반복하고 **시작점(❶)을 클릭**합니다. 오른쪽 방향의 다음 점의 위치는 길이 '80', 각도 '10°' 이동한 지점입니다. 명령행에 **'@80<10'을 입력**하고 **Enter**를 누릅니다.

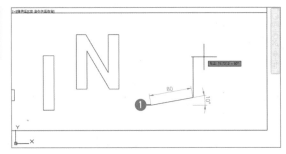

08 위쪽으로 커서를 두고 **'20'을 입력**하여 선을 그린 다음 **상대극좌표 값 '@80<190'을 입력**하고 **Enter**를 누릅니다. **명령을 반복하여 E자 도형을 완성**합니다.

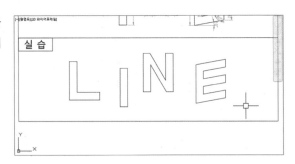

도면실습

01 Line 명령 및 거리좌표를 활용해 다음 도면을 작성하시오.

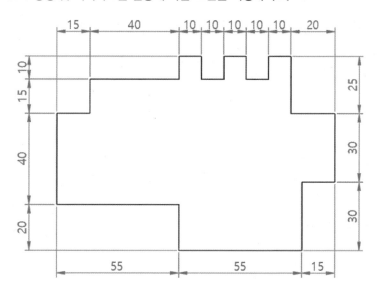

02 상대좌표 및 상대극좌표를 활용해 다음 도면을 작성하시오.

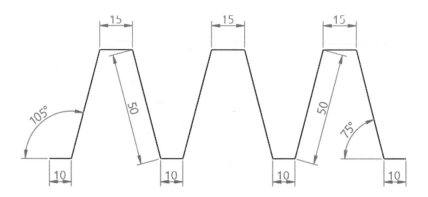

03 좌표 입력을 활용해 다음 도면을 작성하시오.

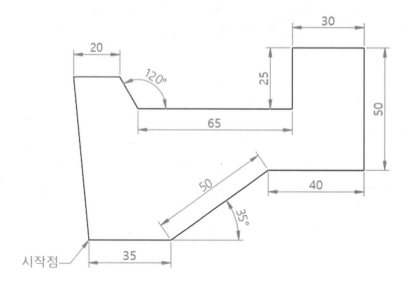

04 좌표 입력을 활용해 다음 도면을 작성하시오.

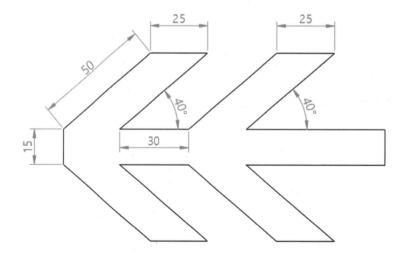

객체 스냅(Osnap), 원(Circle), 호(Arc)

객체의 정확한 위치를 추적하는 객체 스냅의 사용 및 설정 사항을 이해하고, 원을 그릴 수 있는 Circle 명령과 호를 그리는 Arc 명령을 학습합니다.

STEP 1 객체 스냅(Osnap)

객체 스냅은 추적할 위치를 설정하는 명령으로, 직종 및 직무 내용에 따라 설정 사항이 다를 수 있으나 정확한 도면을 작성하는 데 있어서 필수적입니다. F3 을 눌러 작동 여부를 On/Off 할 수 있습니다.

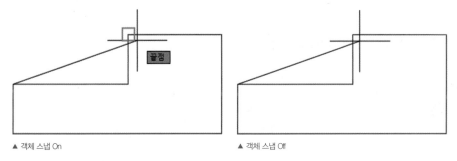

▲ 객체 스냅 On   ▲ 객체 스냅 Off

🔍 실행 방법

❶ 실행 단축키 : O S
❷ 실행 아이콘
  : 우측 하단 상태막대의 객체 스냅 아이콘을 위에서 마우스 오른쪽 버튼 클릭
    또는 화살표 클릭 후 객체 스냅 설정

◎ 명령 실행 과정

객체 스냅 설정 항목

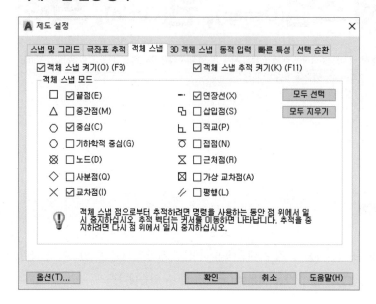

① **끝점(E)** : 선분이나 호의 끝점 또는 도형의 꼭짓점을 지정합니다.

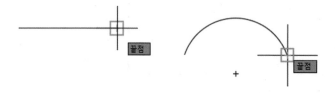

② **중간점(M)** : 선분이나 호의 가운데를 지정합니다.

③ **중심(C)** : 원의 중앙이나 호의 중앙을 지정합니다.

④ **기하학적 중심(G)** : 닫힌 폴리선 및 스플라인의 무게 중심을 지정합니다(2016 버전부터 지원).

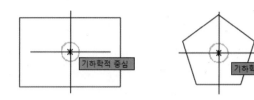

⑤ **노드(D)** : Point 명령으로 표시된 위치나 Divide 명령으로 분할된 위치를 지정합니다.

⑥ **사분점(Q)** : 원의 사분점을 지정합니다.

⑦ **교차점(I)** : 선분의 교차점을 지정합니다.

 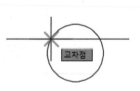

⑧ **연장선(X)** : 선택한 객체의 연장선을 지정합니다.

⑨ **삽입점(S)** : 문자나 블록의 삽입점을 지정합니다.

⑩ **직교(P)** : 수직으로 만나는 위치를 지정합니다.

⑪ **접점(N)** : 원이나 호 등 곡선의 접점을 지정합니다.

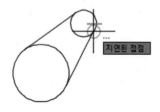

⑫ **근처점(R)** : 객체 선상의 임의의 점을 지정합니다.

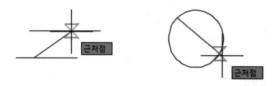

⑬ **가상 교차점(A)** : 가상의 연장선이 교차하는 점을 지정하는 것으로, 연장선 부분을 클릭한 후 교차점 부근으로 이동하면 교차점 표식이 나타납니다.

⑭ **평행(L)** : 다른 선분과의 평행선을 지정합니다.

실습 객체 스냅 활용하여 도형 완성하기

Line 명령과 객체 스냅을 사용해 다음과 같이 도형을 완성해 보겠습니다. 설정한 객체 스냅을 작업에 사용하기 위해서는 먼저 On/Off 상태를 확인해야 합니다. 상태 막대의 객체 스냅 아이콘을 클릭하거나 [F3]을 눌러 'On(푸른색)'으로 활성화합니다.

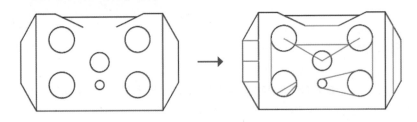

01 AutoCAD를 실행하고 [P02₩Ch02₩Osnap.dwg] 실습 파일을 불러옵니다. Line 명령과 객체 스냅을 사용해 도면을 완성해 보겠습니다. 하단의 실습 영역을 확대합니다.

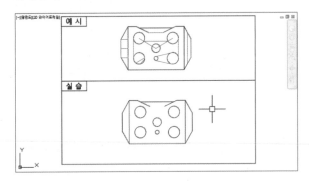

02 작업을 시작하기 전에 객체 스냅 설정을 확인하겠습니다. Osnap 명령을 실행하기 위해 **단축키 'OS'를 입력**하고 [Enter]를 누릅니다. 작업 중 자동으로 위치를 추적할 항목을 다음과 같이 설정하고 **[확인]을 클릭**합니다.

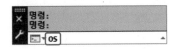

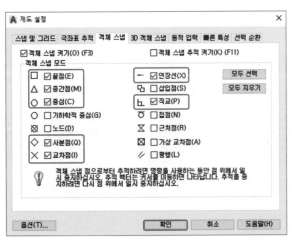

03 Line 명령을 실행하고 커서를 **❶ 지점**으로 **이동**한 후 **끝점(⊞) 표식**에서 **클릭**하면 정확하게 선의 끝 부분을 지정할 수 있습니다. 다시 **❷ 지점**으로 이동하여 **끝점(⊞)**을 **클릭**하고 Enter 를 눌러 작업을 종료합니다.

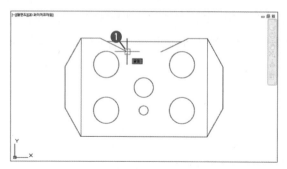 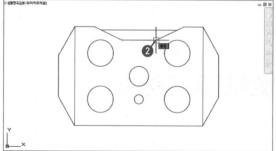

04 Enter 를 눌러 Line 명령을 반복 실행합니다. **❶ 지점의 중간점(▲)**을 **클릭**한 후 **❷ 지점**을 **클릭**하고 Enter 를 누릅니다. 다시 명령을 반복 실행한 다음 **❸ 지점의 중간점(▲)**을 **클릭**한 후 **❹ 지점**을 **클릭**하고 Enter 를 누릅니다.

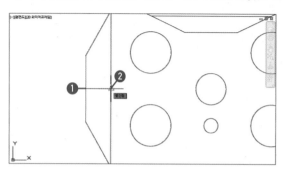 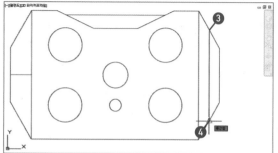

05 다시 한번 Line 명령을 실행하고 **❶ 지점의 중심(⊕)**을 **클릭**합니다. 계속해서 **❷ 지점**과 **❸ 지점의 중심(⊕)**을 **클릭**하고 Enter 를 눌러 명령을 종료합니다.

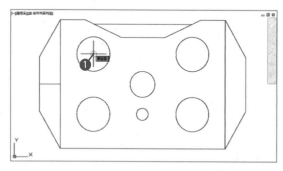 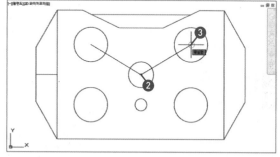

TIP ⌄

❷ 지점 및 ❸ 지점 클릭 시 직교모드의 On/Off 여부에 따라 화면 표시가 다를 수 있으나 작업의 결과는 같습니다.

06 Line 명령을 반복 실행합니다. ❶ 지점에서 사분점(⊕)을 클릭하고 ❷ 지점을 클릭합니다. Enter를 눌러 명령을 종료하고 반대편 선분도 같은 방법으로 작성합니다. Enter를 눌러 Line 명령을 실행한 후 ❸ 지점에서 사분점을 클릭하고 ❹ 지점을 클릭합니다.

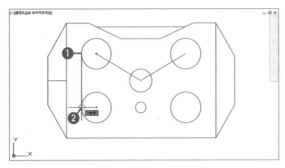 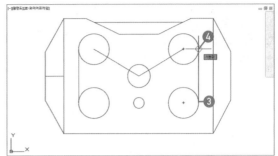

07 Line 명령을 반복 실행합니다. ❶ 지점의 교차점(✳)을 클릭한 후 ❷ 지점을 클릭하고 Enter를 누릅니다.

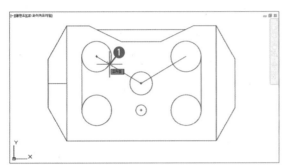 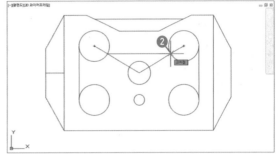

08 Line 명령을 반복 실행하고 ❶ 지점의 끝점(⊞)을 클릭한 다음 ❷ 지점의 직교(⊥)를 클릭합니다. Enter를 눌러 명령을 종료하고 아래 선분도 같은 방법으로 작성합니다. Enter를 눌러 Line 명령을 실행한 후 ❸ 지점의 끝점을 클릭하고 ❹ 지점을 클릭합니다.

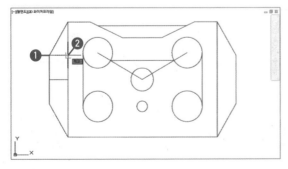 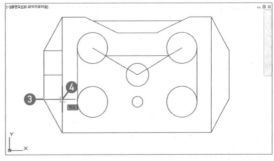

TIP ⌄

❷ 지점 클릭 시 직각점이 아닌 연장선의 교차점이 표시될 수도 있습니다. 위치상으로 직각점이면서 교차점이 되므로 둘 중 하나가 표시됩니다.

09 Line 명령을 반복 실행합니다. 접점을 지정하기 위해 Shift 를 누른 상태에서 마우스 오른쪽 버튼을 클릭하고 [접점] (❶)을 선택합니다. ❷ 지점에서 접점(┼)을 클릭합니다.

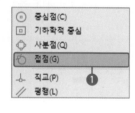
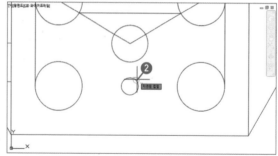

10 다시 접점을 지정하기 위해 Shift 를 누른 상태에서 마우스 오른쪽 버튼을 클릭하고 [접점](❶)을 선택합니다. ❷ 지점에서 접점(┼)을 클릭하고 Enter 를 누릅니다. 아래쪽 선도 같은 방법으로 작성합니다.

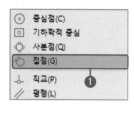
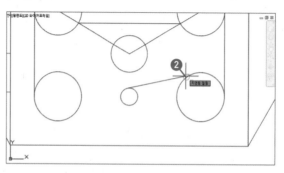

 TIP

접점을 사용하면 직선의 시작점과 끝점을 곡선에 접하게 작성할 수 있습니다.

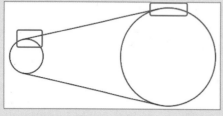

▲ 접점으로 연결   ▲ 사분점으로 연결

접점, 근처점 등은 객체 스냅(Osnap)을 설정하지 않고 Shift + 마우스 오른쪽 버튼 클릭으로 필요할 때만 선택적으로 사용합니다. 모든 객체 스냅을 활성화해도 되지만 오히려 자주 사용되는 위치 추적에 방해가 될 수 있으므로 직무에 따라 자주 사용하지 않는 일부 기능은 선택적으로 사용하는 것이 편리합니다.

11 Line 명령을 반복 실행합니다. 근처점을 지정하기 위해 **Shift**를 누른 채로 마우스 오른쪽 버튼을 클릭하고 **[근처점]** **(①)을 선택합니다. ② 지점에서 근처점(米)을 클릭**합니다.

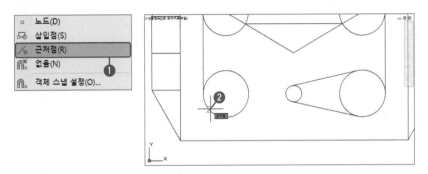

12 다시 근처점을 지정하기 위해 **Shift**를 누른 상태로 마우스 오른쪽 버튼을 클릭하고 **[근처점](①)을 선택**합니다. ② **지점에서 근처점(米)을 클릭**하고 **Enter**를 누릅니다. 아래쪽 선도 같은 방법으로 작성합니다.

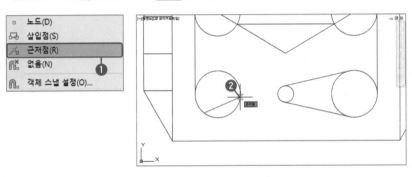

> **TIP** ✓
>
> 근처점은 커서 위치에 따라 변경되므로 위 그림과 같은 위치가 아니더라도 무방합니다.

STEP 2 | **원(Circle)**   🏠

원을 그리는 명령으로, 원의 반지름 및 지름, 2점, 3점, 접점 등 다양한 방법으로 작성할 수 있습니다.

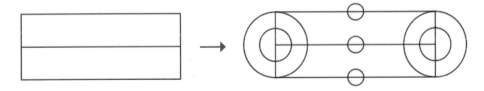

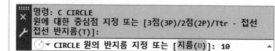

실행 방법

❶ 실행 단축키 : C
❷ 실행 아이콘 : [홈] 탭 – [그리기] 패널 – 원 아이콘(⬤)

명령 실행 과정

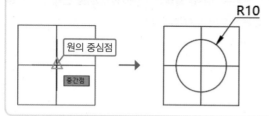

명령: C CIRCLE
원에 대한 중심점 지정 또는 [3점(3P)/2점(2P)/Ttr - 접선
접선 반지름(T)]:
CIRCLE 원의 반지름 지정 또는 [지름(D)]: 10

❶ 명령 : C + Enter
❷ 원에 대한 중심점 지정 : 작성할 원의 중심점을 클릭
❸ 원의 반지름 지정 : 반지름 입력 후 Enter

실습 Circle 명령으로 원 작성하기

Circle(C) 명령을 사용하여 다양한 방법으로 원을 작성해 보겠습니다.

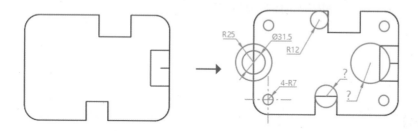

01 AutoCAD를 실행하고 [P02₩Ch02₩Circle.dwg] 실
습 파일을 불러옵니다. 추가로 원을 그려 넣어 도면을 완성
하도록 하겠습니다. 실습 영역을 확대합니다.

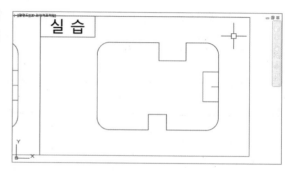

02 원을 작성하는 기본적인 방법이면서 가장 많이 사용되는 '반지름' 옵션을 사용해 보겠습니다. **단축키 'C'를 입력**하고 Enter를 누른 다음 **❶ 지점을 클릭**합니다. **반지름 '25'를 입력**하고 Enter를 누르면 원이 작성됩니다.

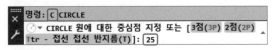

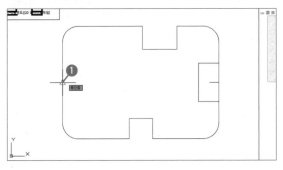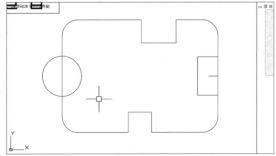

03 이번에는 '지름' 옵션을 사용해 보겠습니다. Enter를 눌러 Circle 명령을 반복 실행하고 **❶ 지점을 클릭**합니다. **지름 옵션 'D'를 입력**하고 Enter를 누릅니다. **지름 값 '31.5'를 입력**한 후 Enter를 눌러 원을 작성합니다.

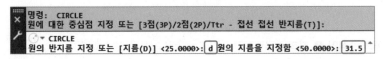

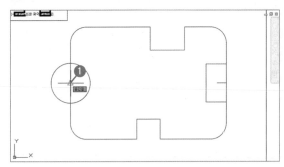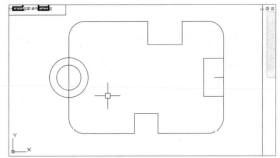

04 이번에는 값을 입력하지 않고 원의 중심과 통과점을 지정해 작성해 보겠습니다. 다시 Circle 명령을 실행한 다음 **원의 중심인 ❶ 지점을 클릭**하고 이어서 **통과점인 ❷ 지점을 클릭**합니다.

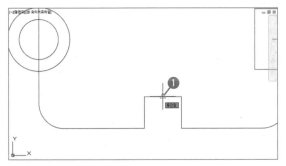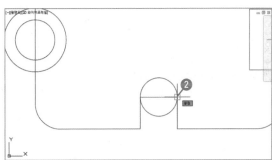

05 저장된 현재 값을 사용해 원을 연속적으로 작성해 보겠습니다. [Enter]를 눌러 Circle 명령을 실행하고 **원의 중심 ❶
지점을 클릭**합니다. **반지름 '7'을 입력**한 후 [Enter]를 누릅니다(p.92의 결과 예시에 표시된 4-R7의 4는 개소를 뜻합니다).

```
명령: CIRCLE
원에 대한 중심점 지정 또는 [3점(3P)/2점(2P)/Ttr - 접선 접선
반지름(T)]:
CIRCLE 원의 반지름 지정 또는 [지름(D)] <15.0000>: 7
```

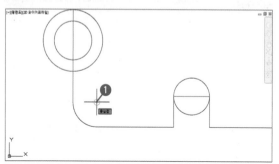 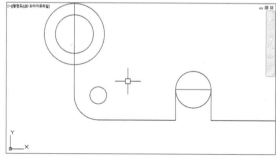

TIP ⌄

❶ 지점의 중심 표시가 나타나지 않는 경우 커서를 모서리의 호 부분으로 이동하면 표식이 나타납니다.

06 다시 Circle 명령을 실행합니다. **원의 중심인 ❶ 지점을 클릭**하면 이전에 입력한 저장된 값을 확인할 수 있습니다.
[Enter]를 누르면 이전에 실행하여 저장된 값이 입력되어 원이 작성됩니다.

```
명령: CIRCLE
원에 대한 중심점 지정 또는 [3점(3P)/2점(2P)/Ttr - 접선 접선
반지름(T)]:
CIRCLE 원의 반지름 지정 또는 [지름(D)] <7.0000>: ──저장된 값
```

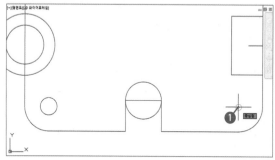 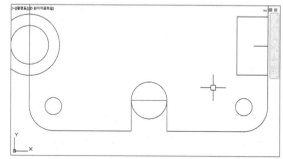

TIP ⌄

명령행의 〈 〉 값은 사용자가 마지막에 사용한 값으로, 동일한 값을 사용하려면 [Enter]만 누르면 됩니다. 동일한 크기의 원을 반복적으
로 작성할 때 유용하게 사용됩니다.

07 상단 모서리 원도 저장된 값을 사용해 작성합니다.

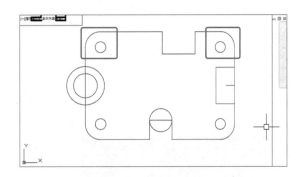

08 원주가 지나는 통과점을 지정해 원을 작성해 보겠습니다. **'C'를 입력**하고 Enter 를 누릅니다. **옵션 '3P'를 입력**하고 Enter 를 누른 후 **원이 통과하는 ❶, ❷, ❸ 지점을 클릭**합니다(2P 옵션은 2개의 통과점을 클릭하면 됩니다).

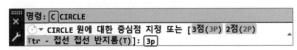

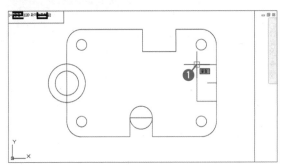 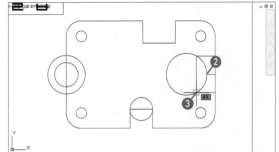

09 접선(Tangent)을 지정해 원을 작성해 보겠습니다. Circle 명령을 실행한 후 **옵션 'T'를 입력**하고 Enter 를 누릅니다. **원이 통과하는 접점인 ❶ 지점과 ❷ 지점을 클릭**한 다음 **반지름 '12'를 입력**하고 Enter 를 누릅니다(Ttr은 기계나 제품 관련 직종에서 많이 사용되는 옵션입니다).

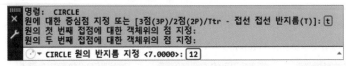

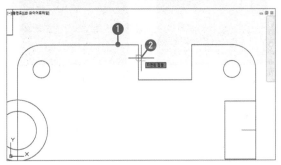 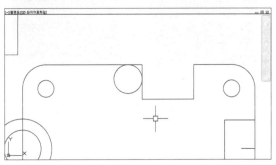

명령행에 없는 원 그리기 옵션(접선, 접선, 접선)

명령행을 사용하여 원(Circle)을 그리는 방법으로는 '반지름', '지름', '2점', '3점', '접선, 접선, 반지름'으로 총 5가지가 있습니다. 이 중 '3점' 옵션을 사용해 원을 그릴 때 끝점이나 교차점이 아닌 '접점'을 클릭해야 하는 경우 매번 Shift + 마우스 오른쪽 버튼을 클릭하고 '접점 (Tangent)'을 클릭해야 합니다. 하지만 리본 메뉴를 통해 원을 그리는 방법을 사용하면 객체 스냅 설정을 따로 하지 않아도 '접선, 접선, 접선' 옵션을 사용하여 접하는 원을 작성할 수 있습니다.

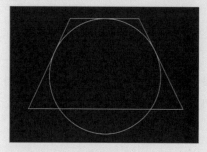

리본 메뉴의 원 그리기(접선, 접선, 접선)

① [홈] 탭의 [그리기] 패널에서 [원]을 확장한 후 [접선, 접선, 접선]을 클릭합니다.

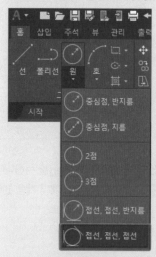

② 원이 접하는 모서리를 차례대로 클릭합니다(모서리 클릭 순서는 상관없습니다).

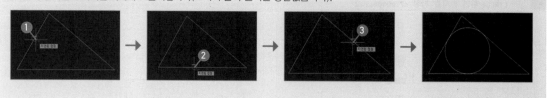

STEP 3 호(Arc)

Arc(A) 명령은 원의 일부인 호를 작성할 때 사용합니다.

🔍 실행 방법

❶ 실행 단축키 : Ⓐ
❷ 실행 아이콘 : [홈] 탭 – [그리기] 패널 – 호 아이콘(◪)

◎ 명령 실행 과정

```
명령: A ARC
호의 시작점 지정 또는 [중심(C)]:
호의 두 번째 점 또는 [중심(C)/끝(E)] 지정:
▼ ARC 호의 끝점 지정:
```

❶ 명령 : Ⓐ + Enter
❷ 호의 시작점 지정 : 호가 시작되는 점을 클릭
❸ 호의 두 번째 점 지정 : 호가 지나는 점을 클릭
❹ 호의 끝점 지정 : 호가 끝나는 점을 클릭

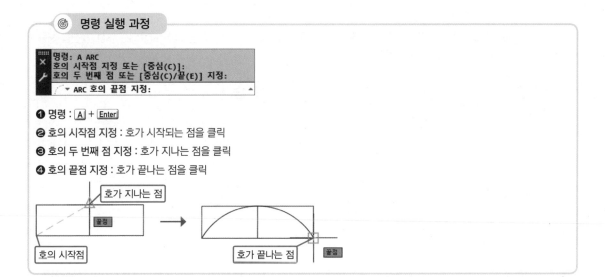

실습 Arc의 '3점' 옵션과 '시작점, 끝점, 반지름' 옵션

총 11가지 작성방법 중 많이 사용되는 '3점' 옵션과 '시작점, 끝점, 반지름' 옵션을 사용해 호를 작성해 보겠습니다.

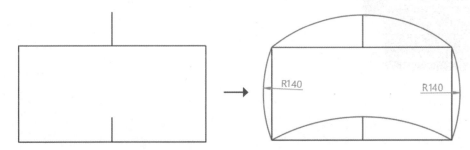

01 [P02₩Ch02₩Arc.dwg] 실습 파일을 불러옵니다. Arc 명령의 **단축키 'A'를 입력**하고 Enter를 누른 다음 **통과점(❶, ❷, ❸)을 클릭**합니다.

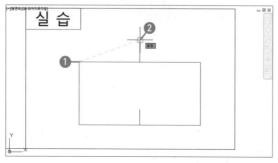
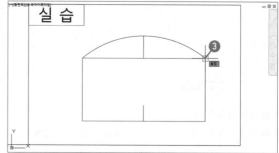

02 다시 Enter를 눌러 Arc 명령을 실행하고 **통과점(❶, ❷, ❸)을 클릭**합니다. 가장 많이 사용되는 '3점' 옵션을 사용하면 방향과 무관하게 호를 작성할 수 있습니다.

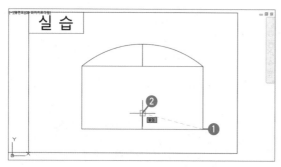
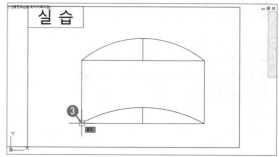

03 '시작점, 끝점, 반지름' 옵션을 사용해 호를 작성해 보겠습니다. [홈] 탭(❶)의 [그리기] 패널에서 [호]의 확장(❷)을 클릭하고, [시작점, 끝점, 반지름](❸)을 클릭합니다.

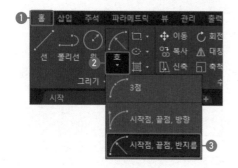

04 호의 시작점(**❶**)을 클릭하고 끝점(**❷**)을 클릭합니다. 반지름 값으로 '150'을 입력한 후 Enter를 누릅니다. '시작점, 끝점, 반지름' 옵션은 시작점을 기준으로 반시계 방향으로 작성됩니다. 좌측의 호도 동일한 방법으로 작성합니다.

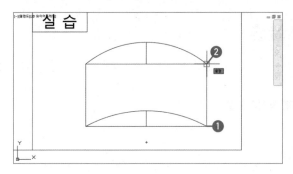 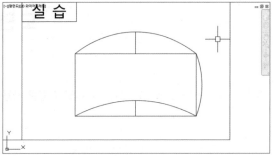

05 남은 도형을 이용해 다음과 같이 호를 작성해 봅니다.

[-][평면도][2D 와이어프레임]

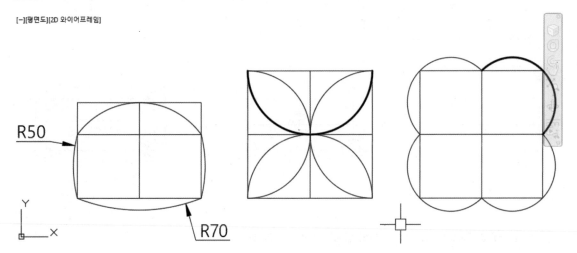

R50

R70

도면실습

01 다음 도면을 Circle(C), Osnap(OS) 명령을 사용해 작성하시오.

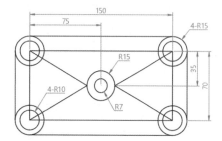

작성 과정의 예

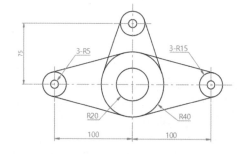

02 다음 도면을 Circle(C), Osnap(OS) 명령을 사용해 작성하시오.

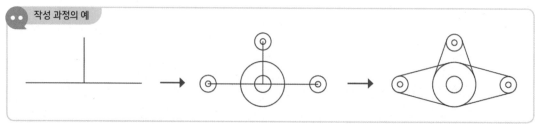

작성 과정의 예

03 다음 도면을 Circle(C), Arc(A), Osnap(OS) 명령을 사용해 작성하시오.

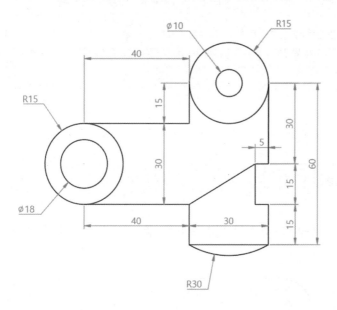

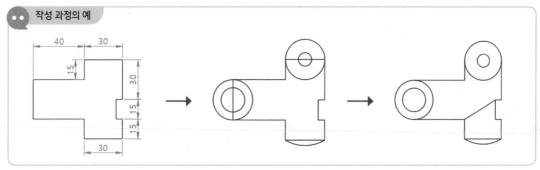

작성 과정의 예

CHAPTER

03

간격띄우기(Offset), 자르기(Trim)

Offset 명령을 실행하면 간격을 두고 선, 호, 원을 복사할 수 있습니다. 주로 기준이 되는 선이나 형태를 표시합니다. Trim 명령은 선을 잘라내 다듬어내는 기능으로 가장 많이 사용하는 편집 명령입니다.

STEP 1 간격띄우기(Offset)

지정 거리 또는 점을 통해 간격을 띄우는 Offset 명령은 도면 작성 시 평행선을 만들거나 위치를 표시하는 용도로 매우 많이 사용됩니다.

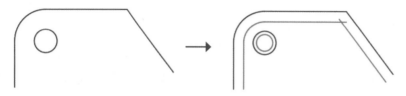

🔍 실행 방법

❶ 실행 단축키 : O

❷ 실행 아이콘 : [홈] 탭 – [수정] 패널 – 간격띄우기 아이콘(⊆)

🎯 명령 실행 과정

```
명령: O OFFSET
현재 설정: 원본 지우기=아니오   도면층=원본   OFFSETGAPTYPE=0
간격띄우기 거리 지정 또는 [통과점(T)/지우기(E)/도면층(L)] <1.0000>: 10
간격띄우기할 객체 선택 또는 [종료(E)/명령 취소(U)] <종료>:
⊆ ▾ OFFSET 간격띄우기할 면의 점 지정 또는 [종료(E) 다중(M) 명령 취소(U)] <종료>:  ▲
```

❶ 명령 : O + Enter

❷ 간격띄우기 거리 지정 : 거리 값 입력 후 Enter

❸ 간격띄우기할 객체 선택 : 간격띄우기 객체를 클릭

❹ 간격띄우기할 면의 점 지정 : 간격띄우기할 방향을 클릭

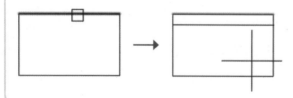

Offset(O) 명령을 사용해 외형 부분을 작성하고, 원 작성을 위한 위치를 표시해 아래 도면을 완성해 보겠습니다.

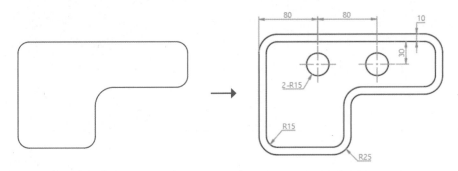

01 AutoCAD를 실행하고 [P02\Ch02\Offset.dwg] 실습 파일을 불러옵니다. Offset 명령과 Circle 명령으로 미완성된 도면을 마무리하겠습니다. 실습 영역을 확대합니다.

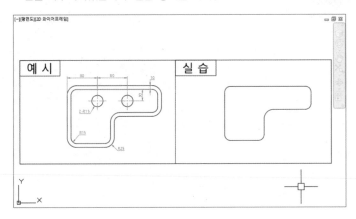

02 Offset 명령의 **단축키 'O'를 입력**하고 [Enter]를 누른 다음 **거리 값 '10'을 입력**하고 다시 한번 [Enter]를 누릅니다. **선 분 ❶을 클릭**하고 복사할 방향인 ❷ **지점을 클릭**하면 선분이 복사됩니다.

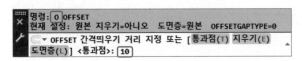

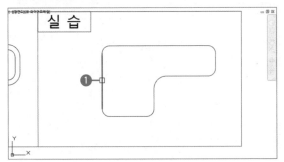
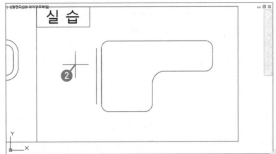

03 반복 작업이 가능하므로 계속해서 **선분 ❶을 클릭**하고 복사 방향인 **❷ 지점을 클릭**합니다. 동일한 방법으로 다음과 같이 Offset 명령을 실행하여 복사하고 작업이 끝나면 [Enter]를 눌러 명령을 종료합니다.

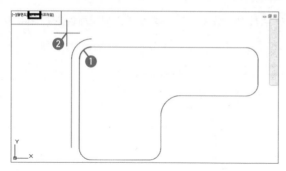
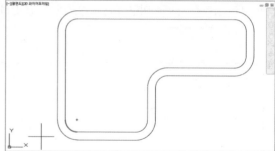

04 다시 [Enter]를 눌러 Offset 명령을 실행하고 **거리 값 '80'을 입력**한 후 [Enter]를 누릅니다. **선분 ❶을 클릭**하고 복사 방향 **❷ 지점을 클릭**한 다음, 만들어진 **선분(❸)을 클릭**하고 복사 방향으로 **❹ 지점을 클릭**합니다.

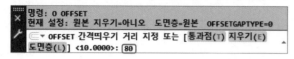

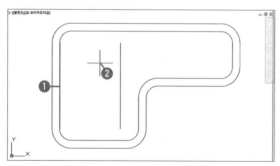
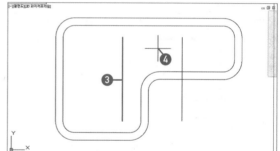

05 거리 값을 변경하기 위해 [Enter]를 눌러 명령을 종료하고, 다시 [Enter]를 눌러 명령을 반복 실행합니다. **거리 값 '30' 을 입력**하고 [Enter]를 누릅니다. **선분 ❶을 클릭**하고 복사 방향으로 **❷ 지점을 클릭**한 후 [Enter]를 눌러 명령을 종료합니다.

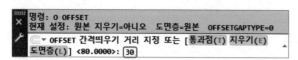

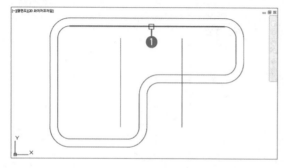
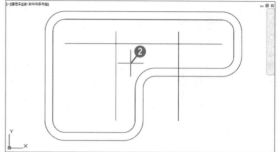

06 Circle 명령의 **단축키 'C'를 입력**하고 [Enter]를 누른 다음 ❶ **지점을 클릭**합니다. **반지름 값 '15'를 입력**하고 [Enter]를 누르면 원이 작성됩니다. **우측 나머지 원도 동일한 방법으로 마저 작성**하고 작업을 종료합니다.

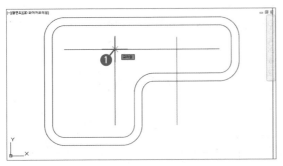 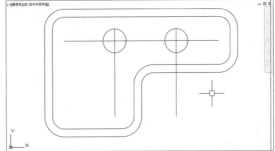

Offset, Circle 명령 등에서 입력하는 값은 분수도 가능합니다.

· '2690/3'을 입력하면 896.666666...으로 간격을 띄울 수 있습니다.

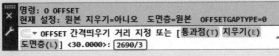

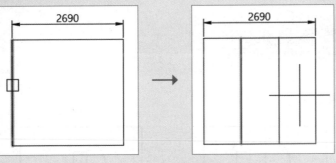

· '75/2'를 입력하면 반지름을 37.5로 하는 원이 작성됩니다.

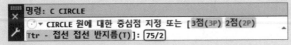

· 소수점은 분수 입력이 불가능하므로 20.5/3을 입력해야 할 경우 '205/30'으로 바꾸어 입력합니다.

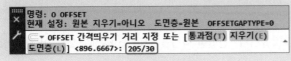

STEP 2 자르기(Trim)

Trim(TR) 명령은 선, 호, 원 등 객체의 일부를 잘라냅니다. AutoCAD 2021 버전부터는 '빠른 작업 모드'와 '표준 모드' 두 가지 모드를 사용할 수 있습니다.

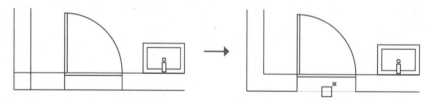

🔍 **실행 방법**

❶ 실행 단축키 : T R
❷ 실행 아이콘 : [홈] 탭 – [수정] 패널 – 자르기 아이콘( )

◎ **명령 실행 과정**

```
명령: TR TRIM
현재 설정: 투영=UCS, 모서리=없음, 모드=빠른 작업
자를 객체를 선택하거나 Shift 키를 누른 채로 선택하여 확장 또는
  ▼ TRIM [절단 모서리(T) 걸치기(C) 모드(O) 프로젝트(P) 지우기(R)]:
```

❶ 명령 : T R + Enter
❷ 자를 객체를 선택 : 객체의 자를 부분을 클릭

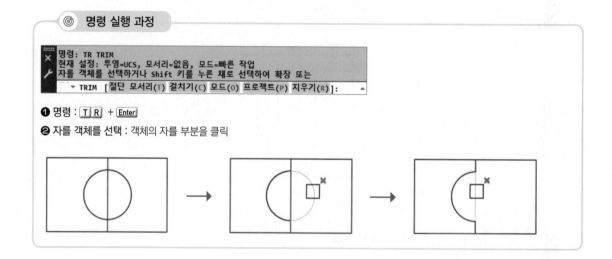

Trim 명령의 모드 설정

AutoCAD 2020 버전까지는 빠른 작업을 지원하지 않습니다. 원만한 학습을 위해 AutoCAD 2021 버전 이상 사용자는 작업 모드를 표준으로 변경하는 것이 좋습니다.

Trim 명령을 활성화한 상태에서 O + Enter, S + Enter 를 순서대로 눌러 '표준(S)' 옵션을 선택하고, Enter 를 눌러 작업 모드 변경 작업을 완료합니다.

```
명령: *취소*
명령: TR TRIM
현재 설정: 투영=UCS, 모서리=없음, 모드=빠른 작업
자를 객체를 선택하거나 Shift 키를 누른 채로 선택하여 확장 또는
  ▼ TRIM
[절단 모서리(T)/걸치기(C)/모드(O)/프로젝트(P)/지우기(R)]: O
자르기 모드 옵션 입력
빠른 작업(Q) 표준(S)] <빠른 작업(Q)>: S
```

Trim 명령을 사용해 우측의 도면과 같이 완성해 보겠습니다.

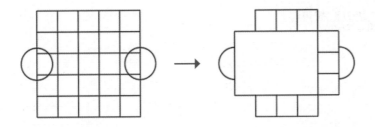

01 AutoCAD를 실행하고 [P02₩Ch03₩Trim.dwg] 실습 파일을 불러옵니다. 작업의 편의를 위해 실습 영역을 확대합니다.

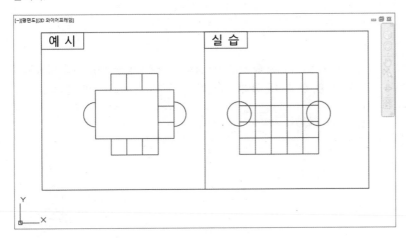

02 먼저 Trim 명령의 **단축키 'TR'을 입력**하고 Enter 를 눌러 현재 작업 모드가 '표준'으로 설정되어 있는지 확인합니다. '표준'으로 되어 있다면 Enter 를 두 번 눌러 설정을 종료합니다. '빠른 작업'으로 되어 있는 경우 'O + Enter → S + Enter → Enter (종료)'를 입력해 모드를 '표준'으로 변경합니다.

```
명령: TR TRIM
현재 설정: 투영=UCS, 모서리=없음, 모드=표준
절단 모서리 선택...
▼ TRIM 객체 선택 또는 [모드(O)] <모두 선택>:
```

03 'TR'을 **입력**하고 Enter를 누른 다음 '모두 선택'을 적용하기 위해 다시 Enter를 누릅니다. **선분 ❶과 ❷를 차례로 클릭**합니다.

```
명령: TR TRIM
현재 설정: 투영=UCS, 모서리=없음, 모드=표준
절단 모서리 선택...
객체 선택 또는 [모드(O)] <모두 선택>:
자를 객체를 선택하거나 Shift 키를 누른 채로 선택하여 확장 또는
 ▼ TRIM [절단 모서리(T) 울타리(F) 걸치기(C) 모드(O)
프로젝트(P) 모서리(E) 지우기(R)]:
```

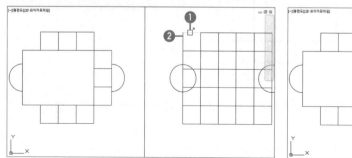
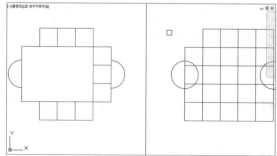

04 계속해서 자르기가 가능합니다. 걸침 선택으로 자르기 위해 **❶ 지점에서 클릭**하고 **❷ 지점을 클릭**합니다. 녹색 영역을 지나는 선이 모두 선택되어 도면에서 잘라집니다. **❸, ❹ 지점을 클릭**하여 나머지 모서리도 연속해서 잘라냅니다.

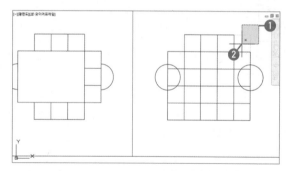
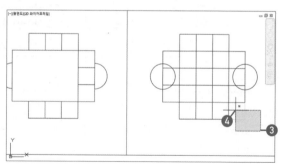

> **TIP** ✓
>
> Trim 명령 실행 중에는 오른쪽에서 왼쪽, 왼쪽에서 오른쪽 모두 걸침 선택으로 적용됩니다.

05 기준선을 지정해 잘라 보겠습니다. Trim 명령을 실행한 후 **기준선 ❶과 ❷를 클릭**하고 **Enter**를 누릅니다. **잘라낼 부분인 ❸, ❹를 클릭**하고 **Enter**를 눌러 명령을 종료합니다.

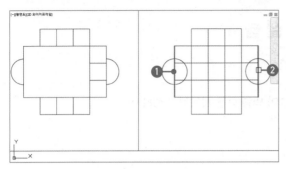 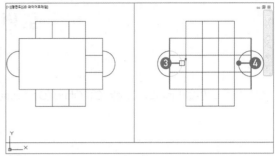

06 다시 **Enter**를 눌러 Trim 명령을 실행한 후 **기준선 ❶을 클릭**하고 **Enter**를 누릅니다. 잘라낼 선을 걸침 선택으로 지정하기 위해 **❷, ❸ 지점을 클릭**하고 **Enter**를 눌러 작업을 종료합니다.

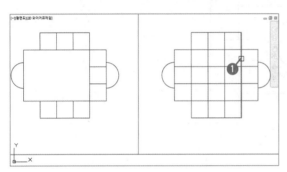 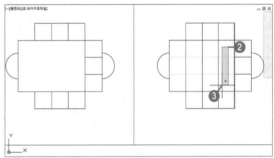

07 계속해서 **Enter**를 눌러 Trim 명령을 실행하고, '모두 선택'을 적용하기 위해 다시 **Enter**를 누릅니다. **❶ 지점을 클릭**하고 **❷ 지점을 클릭**해 걸침 선택으로 잘라내고 **Enter**를 눌러 작업을 종료합니다.

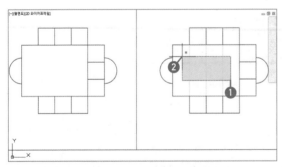 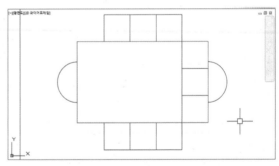

※ Trim 명령은 '모두 선택', '기준선 선택'의 두 가지 방법이 있습니다. CAT 2급 시험에서는 정확한 절단과 불필요한 부분의 제거를 위해 가급적이면 '기준선 선택'을 적용하는 것이 좋습니다.

도면실습

01 다음 도면을 Line(L), Circle(C), Offset(O), Trim(TR) 명령 등을 사용해 작성하시오.

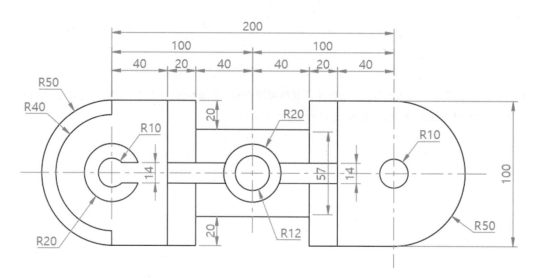

작성 과정의 예

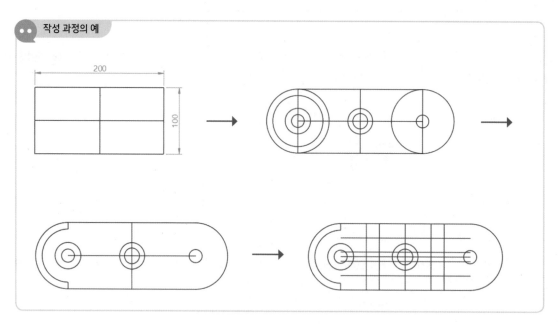

02 다음 도면을 Line(L), Circle(C), Offset(O), Trim(TR) 명령 등을 사용해 작성하시오.

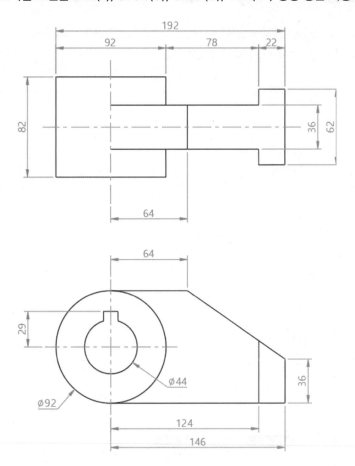

💬 작성 과정의 예

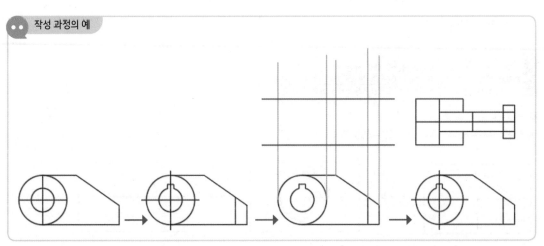

CHAPTER

04

연장(Extend), 이동(Move), 복사(Copy)

작업 중 선분의 길이가 짧아 늘여야 하는 경우가 있습니다. Extend 명령으로 선분을 연장해보고, Move 와 Copy 명령으로 객체의 이동과 복사를 실습합니다.

STEP 1 │ 연장(Extend)

선이나 호를 연장하여 다른 객체의 모서리와 만나도록 하는 명령입니다. AutoCAD 2021 버전부터 '빠른 작업 모드'와 '표준 모드' 두 가지 모드를 사용할 수 있습니다.

🔍 실행 방법

❶ 실행 단축키 : [E][X]
❷ 실행 아이콘 : [홈] 탭 – [수정] 패널 – [자르기] 확장(🔪 자르기 ▼) – 연장 아이콘(⟶ 연장)

⊙ 명령 실행 과정

```
명령: EX EXTEND
현재 설정: 투영=UCS, 모서리=없음, 모드=빠른 작업
연장할 객체 선택 또는 shift 키를 누른 채 선택하여 자르기 또는
▼ EXTEND [경계 모서리(B) 걸치기(C) 모드(O) 프로젝트(P)]:
```

❶ 명령 : [E][X] + [Enter]
❷ 연장할 객체를 선택 : 객체가 연장될 부분을 클릭

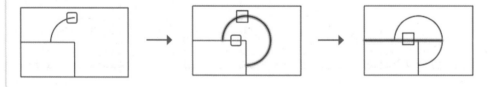

Extend 명령의 모드 설정

AutoCAD 2020 버전까지는 빠른 작업을 지원하지 않습니다. 원만한 학습을 위해 AutoCAD 2021 버전 이상 사용자는 작업 모드를 표준으로 변경하는 것이 좋습니다.

Extend 명령을 활성화한 상태에서 ⓞ + Enter, ⓢ + Enter를 순서대로 눌러 '표준(S)' 옵션을 선택하고, Enter 를 눌러 작업 모드 변경 작업을 완료합니다.

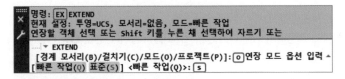

Trim과 Extend 명령의 작업 모드를 이전 버전의 형식으로 변경

명령행에 'Trimextendmode'를 입력하고 Enter를 누릅니다. 시스템 설정값으로 '0'을 입력하고 Enter를 누릅니다.

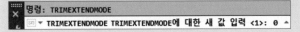

실습 Extend 명령으로 선 연장하기

Extend 명령으로 미완성된 선을 다른 선의 위치까지 연장하여 아래 도면을 완성해 보겠습니다.

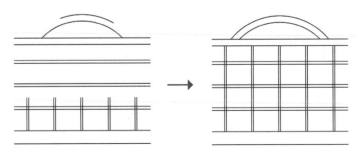

01 AutoCAD를 실행하고 [P02₩Ch04₩Extend.dwg] 실습 파일을 불러옵니다. 편집을 위해 실습 영역을 확대합니다.

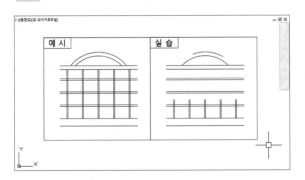

02 먼저 Extend 명령의 **단축키 'EX'를 입력**하고 [Enter]를 눌러 현재 작업 모드가 '표준'으로 되어 있는지 확인합니다. '표준'으로 되어 있다면 [Enter]를 두 번 눌러 설정을 종료합니다. '빠른 작업'으로 되어 있는 경우 '[O] + [Enter] → [S] + [Enter] → [Enter](종료)'를 입력해 모드를 '표준'으로 변경하고 명령을 종료합니다.

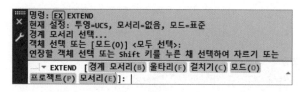

03 'EX'를 입력하고 [Enter]를 누른 다음 '모두 선택'을 적용하기 위해 다시 한번 [Enter]를 누릅니다. **선분 ❶와 ❷를 차례로 클릭**합니다.

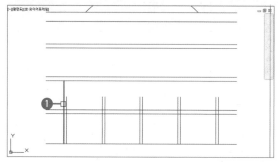
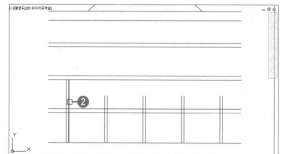

04 계속해서 ❶ 지점과 ❷ 지점을 순서대로 클릭하여 녹색 영역을 걸치는 선은 모두 선택되어 연장되도록 합니다.

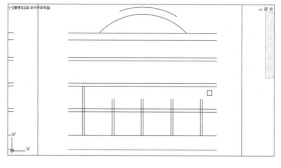
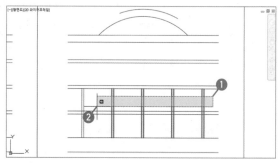

05 단축키 'EX'를 입력한 후 [Enter]를 누른 다음, **기준선(연장 목적지) ❶을 클릭**하고 [Enter]를 누릅니다. 연장할 대상인 **❷, ❸을 클릭**하고 [Enter]를 눌러 종료합니다.

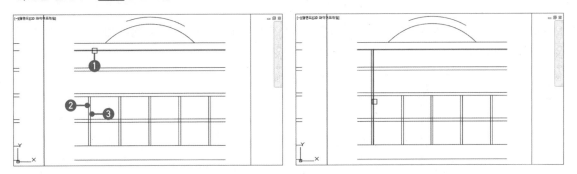

06 다시 [Enter]를 눌러 Extend 명령을 실행한 후 **기준선 ❶을 클릭**하고 [Enter]를 누릅니다. 늘일 객체를 선택하기 위해 **❷, ❸ 지점을 클릭**하고 [Enter]를 눌러 종료합니다.

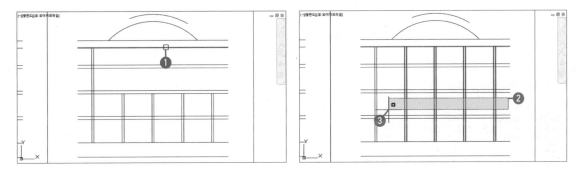

07 계속해서 Extend 명령을 실행해 **곡선 부분도 다음과 같이 완성**해 봅니다.

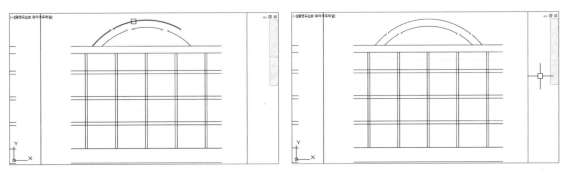

Move 명령은 객체를 다른 위치로 이동할 때 사용됩니다. 위치를 직접 지정하거나 정확한 거리 값을 입력해 이동할 수 있습니다.

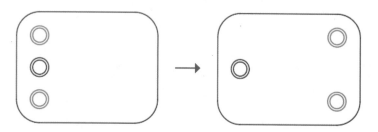

🔍 실행 방법

❶ 실행 단축키 : M
❷ 실행 아이콘 : [홈] 탭 – [수정] 패널 – 이동 아이콘(✛)

🎯 명령 실행 과정

```
× 명령: M MOVE
  객체 선택: 1개를 찾음
🔧 객체 선택:
  기준점 지정 또는 [변위(D)] <변위>:
   ▼ MOVE 두 번째 점 지정 또는 <첫 번째 점을 변위로 사용>:     ▲
```

❶ 명령 : M + Enter
❷ 객체 선택 : 이동할 객체 클릭 후 Enter
❸ 기준점 지정 : 이동의 기준점을 클릭
❹ 두 번째 점 지정 : 이동할 목적지를 클릭

실습 **Move 명령으로 가구 옮기기**

Move 명령을 사용해 가구의 위치를 이동해 보겠습니다.

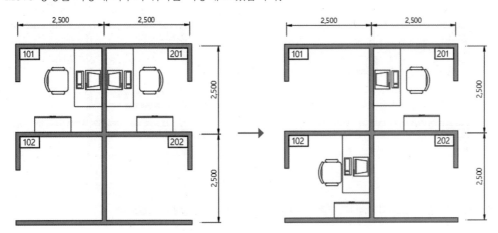

01 AutoCAD를 실행하고 [P02₩Ch04₩ Move Copy.dwg] 실습 파일을 선택해 불러옵니다. 실습 영역에서 101호를 확대합니다.

02 Move 명령의 **단축키 'M'을 입력**하고 [Enter]를 눌러 명령을 실행합니다. 이동할 객체인 **책장(❶)을 클릭**하고 [Enter]를 누릅니다. 이동의 **기준점(❷)을 클릭**하고 **목적지(❸)를 클릭**하면 책장이 이동됩니다.

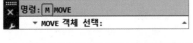

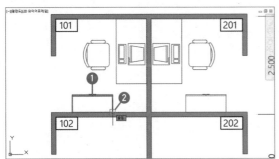

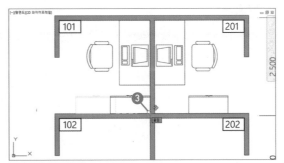

03 다시 Enter를 눌러 Move 명령을 실행합니다. 이동할 객체인 **의자(❶)를 클릭**하고 Enter를 누릅니다. 이동 **기준점 (❷)을 클릭**한 후 이동 방향인 **❸ 지점으로 커서를 이동**한 상태에서 **거리 값 '150'을 입력**하고 Enter를 누릅니다(거리 값을 입력할 때 커서의 방향과 직교모드가 'On'으로 되어 있음을 확인합니다).

TIP ⌄

거리 값을 입력할 경우 기준점은 중요하지 않습니다. 클릭한 기준점으로부터의 커서 이동 방향이 중요합니다.

04 다시 Enter를 눌러 Move 명령을 실행합니다. 이동할 객체인 **의자(❶)를 클릭**하고 Enter를 누릅니다. 이동의 **기준 점(❷)을 클릭**한 후 **상대좌표 '@300,−150'을 입력**하고 Enter를 누릅니다(우측 그림의 파선과 치수는 이해를 돕기 위해 표현된 것입니다).

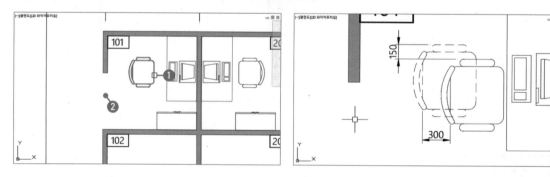

TIP ⌄

상대좌표를 입력해 이동할 경우에는 기준점과 커서의 방향, 직교모드의 여부가 무의미합니다.

05 다시 Move 명령을 실행하고 ❶ 지점과 ❷ 지점을 클릭해 101호의 가구를 모두 선택한 다음 Enter 를 누릅니다. 이동의 **기준점인** ❸ **지점을 클릭**하고 **목적지인** ❹ **지점을 클릭**해 가구를 102호로 이동합니다(현재 실습 파일을 저장하고 Step 3에서 계속 사용하도록 합니다).

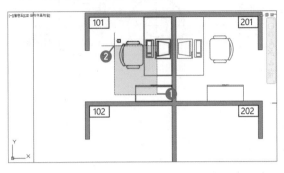 

STEP **3**　　**복사(Copy)**　　⌂

Copy는 객체를 복사할 때 사용하는 명령이며, Move와 실행 과정이 동일합니다. 위치를 직접 지정하거나 정확한 거리 값을 입력해 복사할 수 있습니다.

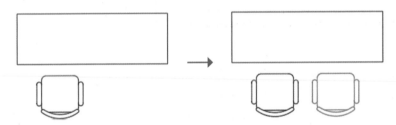

🔍 **실행 방법**

❶ 실행 단축키 : C O , C P
❷ 실행 아이콘 : [홈] 탭 – [수정] 패널 – 복사 아이콘(🖱)

🎯 **명령 실행 과정**

```
명령: CO COPY
객체 선택: 1개를 찾음
객체 선택: 1개를 찾음, 총 2개
객체 선택:
현재 설정: 복사 모드 = 다중(M)
기본점 지정 또는 [변위(D)/모드(O)] <변위>:
COPY 두 번째 점 지정 또는 [배열(A)] <첫 번째 점을 변위로 사용>:
```

❶ 명령 : C O + Enter
❷ 객체 선택 : 복사할 객체 클릭 후 Enter

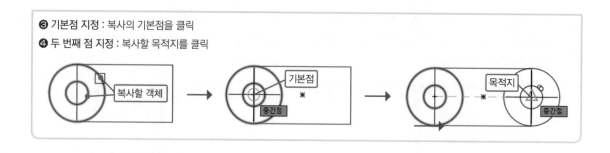

❸ 기본점 지정 : 복사의 기본점을 클릭
❹ 두 번째 점 지정 : 복사할 목적지를 클릭

실습 Copy 명령으로 가구 복사하기

Copy 명령을 사용해 컴퓨터 책상과 의자, 캐비닛을 복사해 보겠습니다.

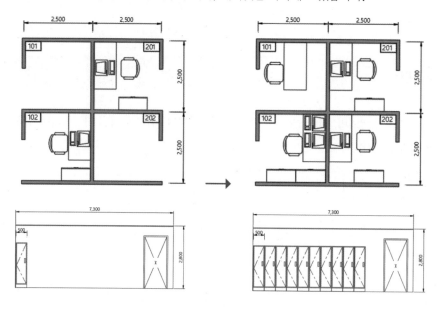

01 Copy 명령의 **단축키 'CO(또는 CP)'를 입력**하고 Enter를 눌러 명령을 실행합니다. 복사할 객체인 **책장(❶)을 클릭**하고 Enter를 누릅니다. 복사의 **기본점(❷)을 클릭**하고 **목적지(❸)를 클릭**하면 책장이 복사됩니다.

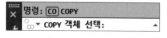

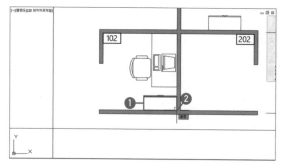

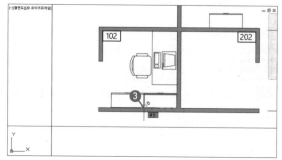

02 다시 Enter를 눌러 Copy 명령을 실행합니다. 복사할 객체인 **컴퓨터(❶)를 클릭**하고 Enter를 누릅니다. 복사의 **기본점인 ❷ 지점을 클릭**한 후 복사 방향인 **❸ 지점으로 커서를 이동**한 상태에서 **거리 값 '600'을 입력**하고 Enter를 누릅니다(거리 값을 입력할 때 커서의 방향과 직교모드가 'On'으로 되어 있음을 확인합니다).

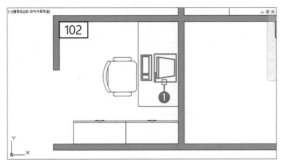 

TIP ⌄

거리 값을 입력할 경우 기본점이 어디인지는 중요하지 않으며, 기본점으로부터의 커서 이동 방향이 중요합니다.

03 다시 Enter를 눌러 Copy 명령을 실행합니다. 복사할 객체인 **의자(❶)와 책상(❷)을 클릭**하고 Enter를 누릅니다. 복사의 **기본점인 ❸ 지점을 클릭**한 후 **상대좌표 '@-700,2500'을 입력**하고 Enter를 누릅니다.

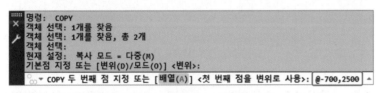

 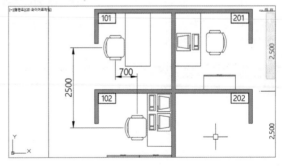

TIP ⌄

상대좌표를 입력해 복사할 경우 기준점과 커서의 방향, 직교모드의 여부는 관계가 없습니다.

04 다음 그림과 같이 201호의 가구를 202호로 복사해 봅니다.

05 우측 하단의 실습 영역을 화면 중앙에 보이도록 배치합니다. Copy 명령의 **단축키 'CO'를 입력**하고 Enter 를 눌러 명령을 실행합니다. 배열할 객체인 **캐비닛(❶)을 클릭**하고 Enter 를 누른 후 복사의 **기본점(❷)을 클릭**합니다.

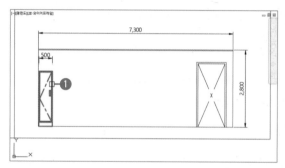 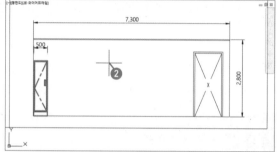

06 배열 옵션 'A'를 입력하고 Enter 를 누릅니다. **항목 수로 '10'을 입력**하고 Enter 를 누릅니다. **커서를 복사할 방향(❶)으로 이동**한 상태에서 **거리 값 '510'을 입력**하고 Enter 를 누릅니다. 다시 한번 Enter 를 눌러 작업을 종료합니다(커서의 위치인 ❶ 지점에서 직교모드가 'On'으로 되어 있는지 확인합니다).

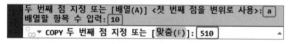

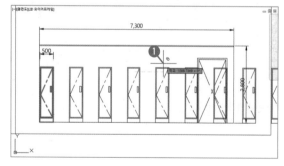 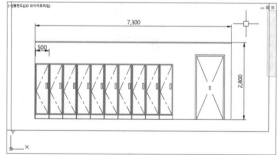

도면실습

01 다음 도면을 Offset(O), Move(M), Copy(CO) 명령을 활용해 작성하시오.

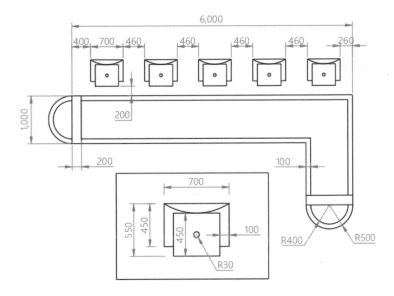

02 다음 도면을 Circle(C), Move(M), Copy(CO) 명령을 활용해 작성하시오.

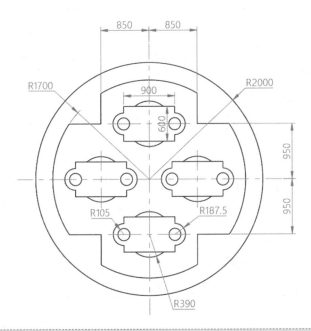

CHAPTER

05

직사각형(Rectang), 폴리곤(Polygon)

Rectang 명령과 Polygon 명령을 학습하여 폴리선의 특성을 갖는 사각형과 정다각형을 작성해 봅니다.

STEP 1 │ 직사각형(Rectang)

사각형의 크기(면적, 치수, 좌표)를 입력해 직사각형 모양의 폴리선을 빠르게 작성합니다.

🔍 실행 방법

❶ 실행 단축키 : R E C

❷ 실행 아이콘 : [홈] 탭 – [그리기] 패널 – 직사각형 아이콘(▱)

◎ 명령 실행 과정

```
명령: REC RECTANG
첫 번째 구석점 지정 또는 [모따기(C)/고도(E)/모깎기(F)/두께(T)/폭(W)]:
▱ ▾ RECTANG 다른 구석점 지정 또는 [영역(A) 치수(D) 회전(R)]:
```

❶ 명령 : R E C + Enter

❷ 첫 번째 구석점 지정 : 사각형의 첫 번째 구석점 클릭

❸ 다른 구석점 지정 : 사각형의 반대쪽 구석점 클릭 또는 상대좌표(@x,y) 입력

Rectang 명령을 사용해 직사각형을 작성하고, 폴리선의 특징을 활용해 도면을 완성해 보겠습니다.

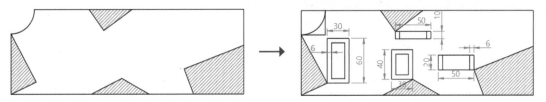

01 AutoCAD를 실행하고 [P02\Ch05\Rectang.dwg] 실습 파일을 불러옵니다. 작업의 편의를 위해 실습 영역을 확대합니다.

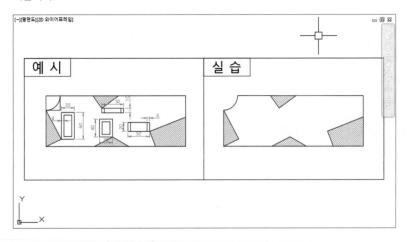

02 Rectang 명령의 **단축키 'REC'를 입력**하고 Enter 를 누릅니다. **구석점 ❶과 ❷를 차례대로 클릭**하여 사각형을 작성합니다.

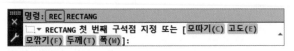

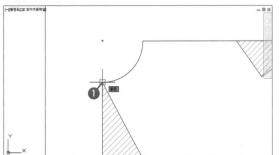
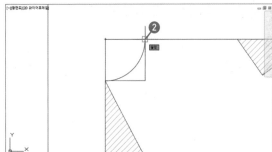

03 'REC'를 입력하고 Enter 를 누릅니다. 명령이 실행되면 **구석점(❶)을 클릭**합니다. 사각형의 가로, 세로에 **'@30,60'**
을 **입력**하고 Enter 를 누르면 사각형이 그려집니다.

명령: REC RECTANG
첫 번째 구석점 지정 또는 [모따기(C)/고도(E)/모깎기(F)/두께(T)/폭(W)]:
▼ RECTANG 다른 구석점 지정 또는 [영역(A) 치수(D) 회전(R)]: @30,60

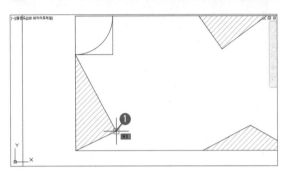
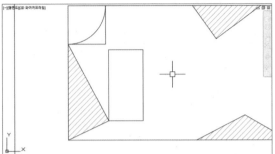

04 Offset 명령의 **단축키 'O'를 입력**하고 Enter 를 누릅니다. **거리 값 '6'을 입력**하고 Enter 를 누릅니다. **선분 ❶을 클릭**
하고 간격띄우기 방향인 **❷ 지점을 클릭**하면 선분이 복사됩니다. 다시 Enter 를 눌러 작업을 종료합니다.

명령: O OFFSET
현재 설정: 원본 지우기=아니오   도면층=원본   OFFSETGAPTYPE=0
▼ OFFSET 간격띄우기 거리 지정 또는 [통과점(T) 지우기(E) 도면층(L)] <1.0000>: 6

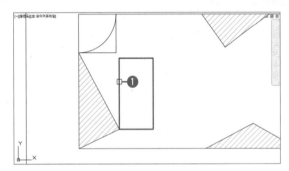
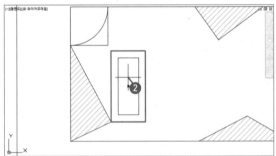

직사각형(Rectang)은 폴리선(Polyline)의 한 종류로, 작성된 사각형의 선분이 하나로 이어져 있습니다. 이런 특성 때문에 간격띄우기
(Offset)를 하면 4개의 선이 한 번에 복사됩니다.

05 다시 Rectang 명령을 실행합니다. **구석점(❶)을 클릭**한 후 사각형의 가로, 세로에 '**@50,−10'을 입력**하고 Enter 를 눌러 사각형을 그립니다.

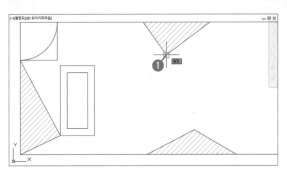
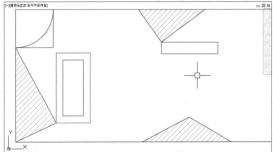

TIP ✅

좌표의 축 방향은 양수, 축 반대 방향은 음수를 입력합니다.

06 작성된 사각형을 분해(Explode)하여 편집하겠습니다. Explode 명령의 **단축키 'X'를 입력**하고 Enter 를 누릅니다. **사각형 ❶을 클릭**하고 Enter 를 누르면 하나의 선으로 연결된 사각형이 각각의 선분 4개로 분해됩니다. 분해된 직사각형에 커서를 올려보거나 클릭하여 분해된 것을 확인할 수 있습니다.

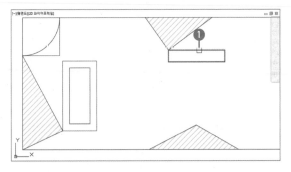
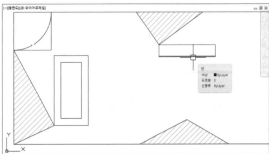

TIP ✅

분해된 폴리선은 결합 명령인 Join(단축키 J) 명령으로 다시 붙일 수 있습니다. 명령을 실행하고 붙이고자 하는 선을 클릭한 후 Enter 를 누르면 됩니다.

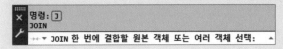

07 Offset 명령의 **단축키 'O'를 입력**하고 Enter를 누릅니다. **거리 값 '6'을 입력**하고 Enter를 누릅니다. **선분 ❶과 ❷를 안쪽으로 복사**하고 Enter를 눌러 작업을 종료합니다.

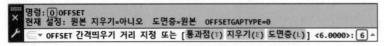

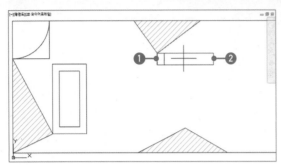
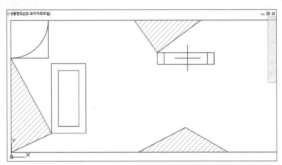

08 동일한 방법으로 **나머지 사각형을 작성하고 편집하여 도면을 완성**합니다.

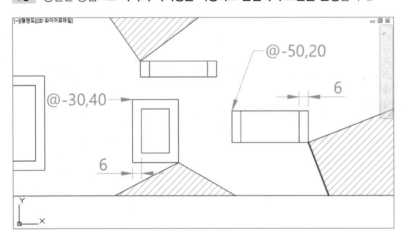

Polygon 명령을 사용하면 '원의 내접/외접' 또는 '모서리의 길이'를 기준으로 다양한 다각형 형태를 작성할 수 있습니다.

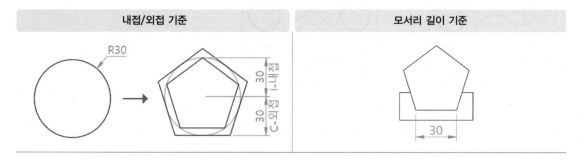

내접/외접 기준	모서리 길이 기준

🔍 **실행 방법**

❶ 실행 단축키 : P O L
❷ 실행 아이콘 : [홈] 탭 – [그리기] 패널 – [직사각형] 확장( ) – 폴리곤 아이콘( )

◎ **명령 실행 과정**

```
명령: POL
POLYGON 면의 수 입력 <4>: 5
폴리곤의 중심을 지정 또는 [모서리(E)]:
옵션을 입력 [원에 내접(I)/원에 외접(C)] <I>:
▾ POLYGON 원의 반지름 지정: 20
```

❶ 명령 : P O L + Enter
❷ 면의 수 입력 : 다각형의 면의 수를 입력 후 Enter
❸ 폴리곤의 중심을 지정 : 다각형의 중심점을 클릭
❹ 옵션 입력 : 원의 내접(I) 또는 외접(C)을 입력 후 Enter
❺ 원의 반지름 지정 : 작성할 다각형의 반지름을 입력 후 Enter

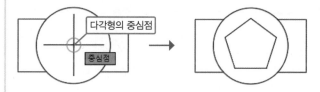

Polygon 명령의 내접/외접 및 모서리 옵션을 사용해 다각형을 작성해 보겠습니다.

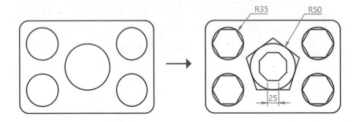

01 AutoCAD를 실행하고 [P02₩Ch05₩Polygon.dwg] 실습 파일을 불러옵니다. 편집을 위해 실습 영역을 확대합니다.

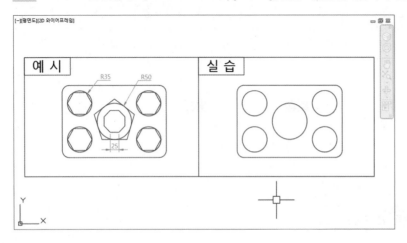

02 Polygon 명령의 **단축키 'POL'을 입력**하고 Enter를 눌러 명령을 실행합니다. 폴리곤 **면의 수로 '6'을 입력**하고 Enter를 누릅니다. **폴리곤의 중심(❶)을 클릭**합니다. 내접 기준 폴리곤을 만들기 위해 **'I'를 입력**하고 Enter를 누른 후 **반지름 '35'를 입력**하고 Enter를 누르면 정육각형이 그려집니다.

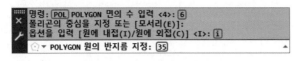

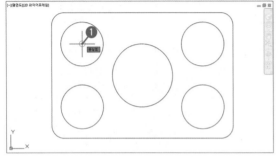

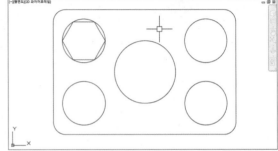

원의 내접(I)과 외접(C)

원의 내접은 그려낼 다각형이 입력한 반지름 값과 같은 크기의 원 안에 접하는 것이며, 외접은 입력한 반지름 값과 같은 크기의 원 밖에 접하는 것을 뜻합니다.

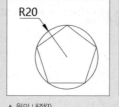

▲ 원의 내접(I)

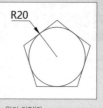

▲ 원의 외접(C)

03 다시 Enter를 눌러 Polygon 명령을 실행합니다. 폴리곤 **면의 수로 '5'를 입력**하고 Enter를 누릅니다. 그려낼 **폴리곤의 중심(❶)을 클릭**합니다. 이번에는 외접을 기준으로 폴리곤을 만들기 위해 **'C'를 입력**하고 Enter를 누릅니다. **반지름 '50'을 입력**하고 Enter를 눌러 정오각형을 그립니다.

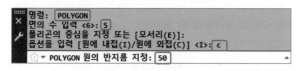

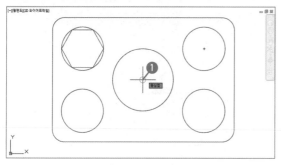

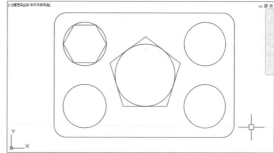

04 모서리 길이를 입력해 그려보겠습니다. Polygon 명령을 실행한 후 폴리곤 **면의 수로 '8'을 입력**하고 Enter를 누릅니다. **모서리 옵션 'E'를 입력**하고 Enter를 누릅니다.

05 빈 공간(❶)을 클릭하여 모서리의 끝점을 지정합니다. 직교모드를 켜고 **커서를 ❷ 지점으로 이동**한 상태에서 **모서리 길이 값 '25'를 입력**하고 Enter를 누릅니다.

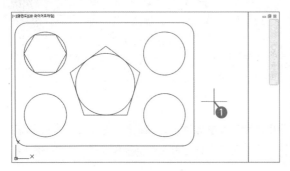
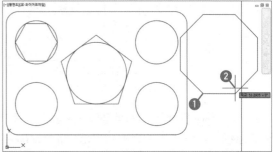

06 Move 명령의 **단축키 'M'을 입력**하고 Enter를 누릅니다. 이동할 **팔각형(❶)을 클릭**하고 Enter를 누릅니다. **기준점 (❷)을 클릭**하고 **목적지(❸)를 클릭**해 도형을 이동합니다. 나머지 다각형도 작성해 봅니다(기준점(❷)과 목적지(❸)의 무게 중심 표식이 나타나지 않는 경우 객체 스냅 설정(OS)을 실행하고 '기하학적 중심' 항목에 체크합니다).

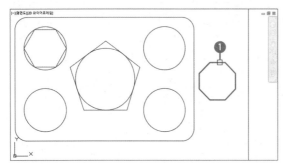
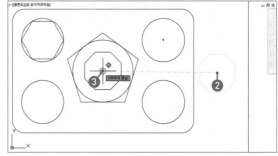

> **TIP** ✓
>
> 폴리곤으로 작성된 다각형은 직사각형(Rectang)과 마찬가지로 폴리선(Polyline)의 성격을 가지기 때문에 각각의 선분을 편집하려면 Explode 명령을 사용하여 분해해야 합니다.

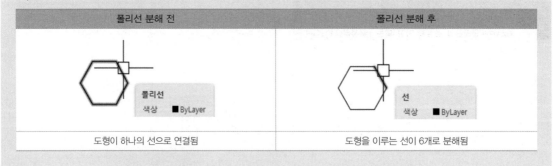

폴리선 분해 전	폴리선 분해 후
폴리선 색상 ■ByLayer	선 색상 ■ByLayer
도형이 하나의 선으로 연결됨	도형을 이루는 선이 6개로 분해됨

01 다음 도면을 Rectang(REC), Explode(X) 명령 등을 사용해 작성하시오.

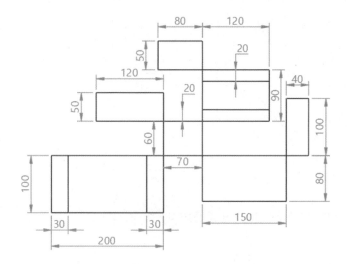

02 다음 도면을 Circle(C), Polygon(POL), Explode(X) 명령 등을 사용해 작성하시오.

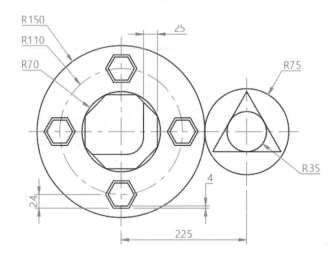

03 다음 도면을 Circle(C), Polygon(POL), Explode(X) 명령 등을 사용해 작성하시오.

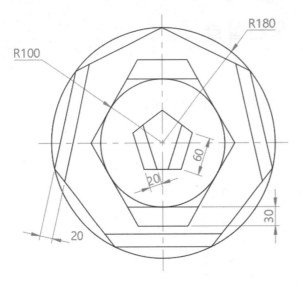

04 다음 도면을 Circle(C), Polygon(POL), Explode(X) 명령 등을 사용해 작성하시오.

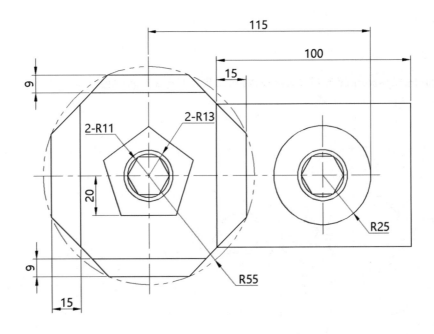

CHAPTER

06

구성선(Xline), 모깎기(Fillet), 모따기(Chamfer)

Xline 명령을 사용해 각도선을 효율적으로 작성하는 방법을 학습하고, Fillet 명령과 Chamfer 명령을 활용한 모서리 편집을 연습합니다.

STEP 1 구성선(Xline)

구성선 명령은 길이가 무한인 선을 작성합니다. 옵션을 사용하면 절대각도 및 상대각도를 쉽게 입력할 수 있습니다.

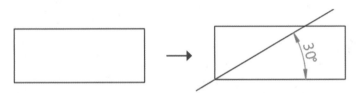

🔍 실행 방법

❶ 실행 단축키 : X L
❷ 실행 아이콘 : [홈] 탭 – [그리기] 패널 – [그리기] 확장(그리기 ▼) – 구성선 아이콘()

◎ 명령 실행 과정

```
명령: XL XLINE
점 지정 또는 [수평(H)/수직(V)/각도(A)/이등분(B)/간격띄우기(O)]: a
▼ XLINE X선의 각도 입력 (0) 또는 [참조(R)]: 45
```

❶ 명령 : X L + Enter
❷ 옵션 : A 입력 후 Enter
❸ X선의 각도 입력 : 절대각도 값 입력 후 Enter

실습 Xline 명령으로 무한 각도선 작성하기

Xline 명령을 사용해 무한 각도선을 작성하고 참조(R) 옵션을 활용해 상대각도를 효과적으로 입력해 보겠습니다.

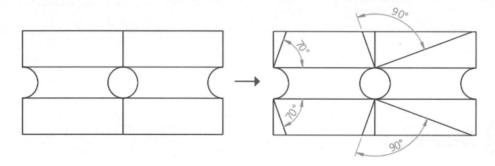

01 AutoCAD를 실행하고 [P02₩Ch06₩Xline.dwg] 실습 파일을 불러옵니다. 편집을 위해 실습 영역을 확대합니다.

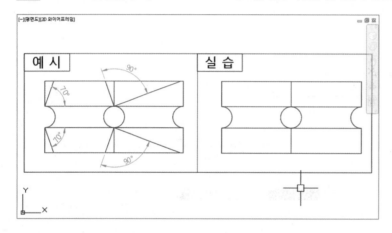

02 Xline 명령의 **단축키 'XL'을 입력**하고 Enter를 누릅니다. **각도 옵션 'A'를 입력**하고 Enter를 누른 후 **각도 값 '70'을 입력**하고 Enter를 누릅니다. 각도선이 지나게 되는 ❶ **지점**과 ❷ **지점**을 클릭한 다음 Enter를 눌러 작업을 종료합니다.

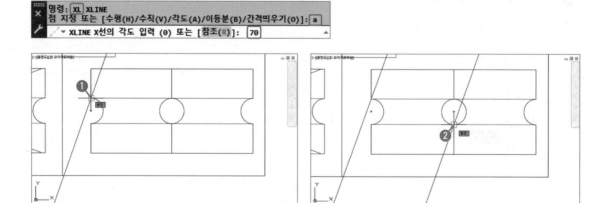

03 다시 Enter를 눌러 Xline 명령을 실행합니다. **각도 옵션 'A'를 입력**하고 Enter를 누릅니다. **각도 값 '-70'을 입력**하고 Enter를 누릅니다. 각도선이 지나가게 되는 ❶ 지점과 ❷ 지점을 클릭한 후 Enter를 눌러 작업을 종료합니다.

명령: XLINE
점 지정 또는 [수평(H)/수직(V)/각도(A)/이등분(B)/간격띄우기(O)]: a
▼ XLINE X선의 각도 입력 (0) 또는 [참조(R)]: -70

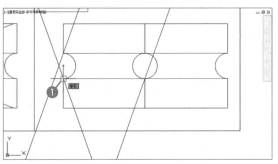
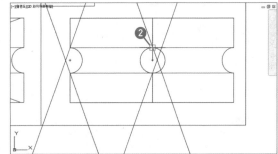

TIP ⌄

각도 입력의 기준

구성선 및 각도를 입력하는 명령에서는 항상 수평(0°)을 기준으로 반시계 방향은 '양수'를 입력하고, 시계 방향은 '음수'를 입력합니다.

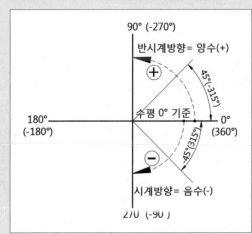
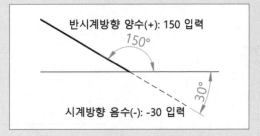

---

04 Trim 명령의 **단축키 'TR'을 입력**하고 Enter를 누른 다음 **기준선 ❶, ❷, ❸, ❹를 클릭**하고 Enter를 누릅니다.

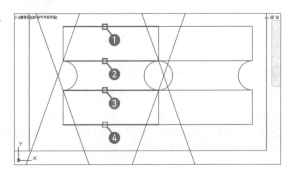

05 잘라낼 선을 영역 지정으로 선택하기 위해 ❶과 ❷, ❸과 ❹, ❺와 ❻, ❼과 ❽을 클릭하고 [Enter]를 눌러 명령을 종료합니다.

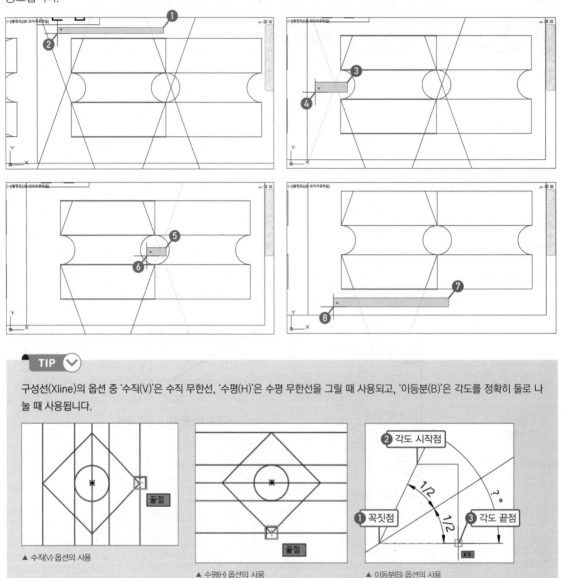

TIP

구성선(Xline)의 옵션 중 '수직(V)'은 수직 무한선, '수평(H)'은 수평 무한선을 그릴 때 사용되고, '이등분(B)'은 각도를 정확히 둘로 나눌 때 사용됩니다.

▲ 수직(V) 옵션의 사용

▲ 수평(H) 옵션의 사용

▲ 이등분(B) 옵션의 사용

06 Xline 명령의 **단축키 'XL'을 입력**하고 [Enter]를 누릅니다. **각도 옵션 'A'를 입력**하고 [Enter]를 누릅니다. 절대각도가 아닌 상대각도를 입력하기 위해 **참조 옵션 'R'을 입력**하고 [Enter]를 누릅니다.

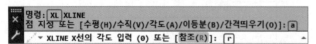

명령: **XL** XLINE
점 지정 또는 [수평(H)/수직(V)/각도(A)/이등분(B)/간격띄우기(O)]: **a**
XLINE X선의 각도 입력 (0) 또는 [참조(R)]: **r**

07 참조할 선(❶)을 클릭합니다. 참조선에서부터 시작되는 **각도 '90'을 입력**하고 Enter를 누릅니다. 각도선이 지나는
❷ **지점을 클릭**하고 Enter를 눌러 작업을 종료합니다.

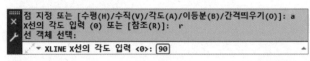

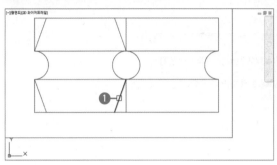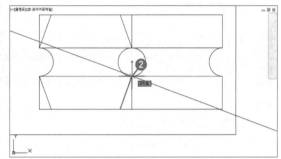

08 다시 Enter를 눌러 Xline 명령을 실행합니다. **참조 옵션을 사용해 나머지 각도선을 작성**하고 **Trim 명령을 사용해
도면을 완성**합니다.

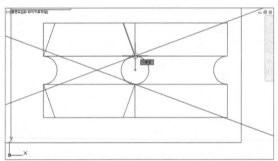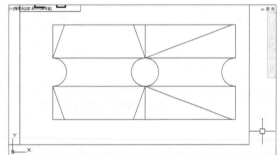

STEP 2 모깎기(Fillet)

Fillet은 모서리를 둥글게 편집하는 명령입니다. 설정에 따라 모서리 선을 잘라내거나 연장할 수 있어 활용도가
높습니다.

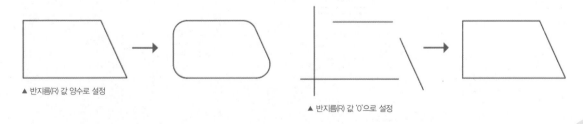

▲ 반지름(R) 값 양수로 설정

▲ 반지름(R) 값 '0'으로 설정

실행 방법

❶ 실행 단축키 : F
❷ 실행 아이콘 : [홈] 탭 – [수정] 패널 – 모깎기 아이콘( )

명령 실행 과정

```
명령: F FILLET
현재 설정: 모드 = 자르기, 반지름 = 10.0000
첫 번째 객체 선택 또는 [명령 취소(U)/폴리선(P)/반지름(R)/자르기(T)/다중(M)]: r 모깎기 반지
름 지정 <10.0000>: 20
▼ FILLET 첫 번째 객체 선택 또는 [명령 취소(U) 폴리선(P) 반지름(R) 자르기(T) 다중(M)]:
```

❶ 명령 : F + Enter
❷ 현재 설정 : 모드와 반지름 값을 확인
❸ 옵션 : 반지름(R) 입력 후 Enter
❹ 모깎기 반지름 지정 : 반지름 입력 후 Enter
❺ 객체 선택 : 모깎기 할 두 모서리를 순서에 상관없이 클릭

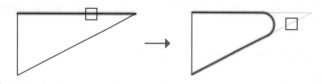

실습 Fillet 명령의 '반지름' 옵션과 '자르기' 옵션

Fillet 명령의 반지름 옵션과 자르기 옵션을 사용해 도면을 편집해 보겠습니다.

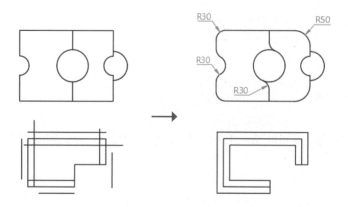

01 AutoCAD를 실행하고 [P02₩Ch06₩Fillet.dwg] 실습 파일을 불러옵니다. 편집을 위해 실습 영역을 확대합니다.

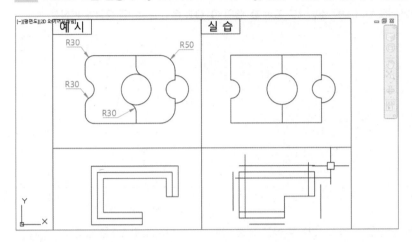

02 단축키 'F'를 **입력**하고 Enter 를 눌러 Fillet 명령을 실행합니다. 명령이 실행되면 명령행에서 현재 설정 상태를 확인해야 합니다. 현재 모드는 '자르기'이며, 반지름(R)은 '0'으로 설정되어 있습니다. **반지름 옵션 'R'을 입력**하고 Enter 를 누릅니다. **반지름 값 '30'을 입력**하고 Enter 를 눌러 모깎기 값을 설정합니다.

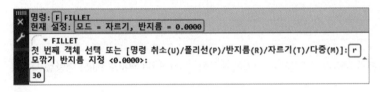

03 반지름 설정을 마치고 모깎기 할 **모서리 ❶, ❷를 클릭**하면, 모서리가 편집되면서 작업이 자동으로 종료됩니다(모서리 클릭 순서는 작업 결과와 관계가 없습니다).

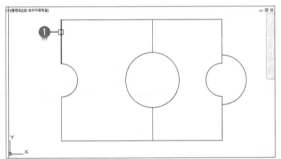 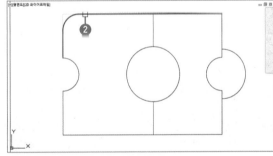

04 다시 Enter 를 눌러 Fillet 명령을 실행합니다. 명령행을 보면 이전 작업에 사용된 반지름 값이 저장되어 있습니다. **모서리 ❶과 ❷를 클릭**합니다. 다시 Enter 를 눌러 같은 방법으로 ❸과 ❹, ❺와 ❻, ❼과 ❽의 모서리를 둥글게 편집합니다.

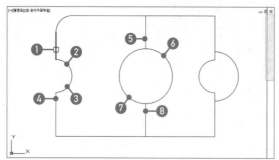 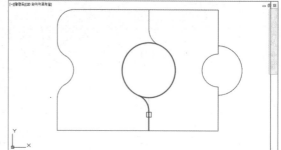

05 계속해서 Enter 를 눌러 Fillet 명령을 실행하고 **반지름 옵션 'R'을 입력**합니다. **반지름 값 '50'을 입력**하고 Enter 를 눌러 모깎기 값을 설정합니다(반지름을 변경할 때마다 옵션 'R'을 입력해야 합니다).

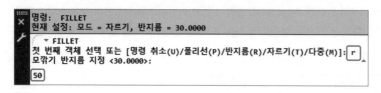

06 모깎기 할 **모서리 ❶, ❷를 클릭**하면 모서리가 편집되면서 작업이 종료됩니다. **나머지 부분도 Fillet 명령을 사용해 모서리를 둥글게 편집**합니다.

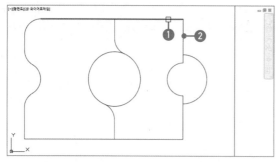 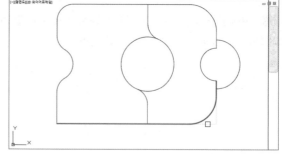

TIP ⌄

모깎기(Fillet) 모드는 '자르기(Trim)'와 '자르지 않기(No Trim)' 두 가지로, 기본 설정은 '자르기'입니다. '자르지 않기'로 설정하면 반대편 선이 잘라지지 않고 유지됩니다.

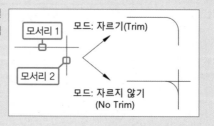

07 Fillet 명령으로 모서리를 자른 다음 연장해 보겠습니다. **단축키 'F'를 입력**하고 [Enter]를 눌러 명령을 실행합니다. 현재 모드는 '자르기', 반지름은 '50'으로 설정되어 있습니다. **반지름 옵션 'R'을 입력**하고 [Enter]를 누릅니다. **반지름 값은 '0'을 입력**하고 [Enter]를 누릅니다.

```
명령: FILLET
현재 설정: 모드 = 자르기, 반지름 = 50.0000
  ▼ FILLET
첫 번째 객체 선택 또는 [명령 취소(U)/폴리선(P)/반지름(R)/자르기(T)/다중(M)]: r
모깎기 반지름 지정 <50.0000>:
0
```

08 모깎기 할 **모서리 ❶, ❷를 클릭**합니다. 반지름 값이 '0'으로 설정되면 선택한 선이 맞닿게 됩니다.

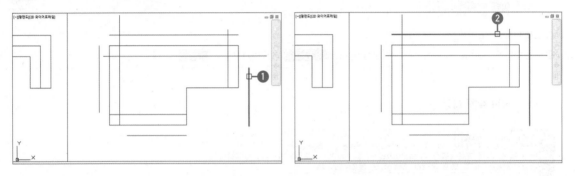

09 다시 [Enter]를 눌러 Fillet 명령을 실행합니다. **모서리 ❶과 ❷를 클릭**합니다. [Enter]를 누르고 **❸과 ❹를 클릭**합니다.

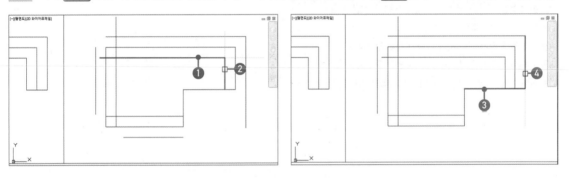

10 같은 방법으로 **나머지 모서리를 완성 도면과 같이 편집**합니다.

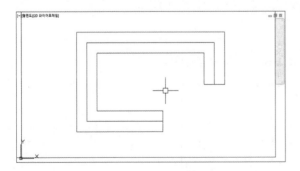

Chamfer 명령은 모서리를 사선으로 따내는 데 사용됩니다. 작업방법과 과정은 모깎기(Fillet)와 동일합니다.

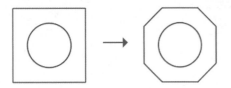

🔍 실행 방법

❶ 실행 단축키 : C H A
❷ 실행 아이콘 : [홈] 탭 – [수정] 패널 – [모깎기] 확장(모깎기 ▾) – 모따기 아이콘(모따기)

🎯 명령 실행 과정

```
명령: CHA CHAMFER
(자르기 모드) 현재 모따기 거리1 = 0.0000, 거리2 = 0.0000
첫 번째 선 선택 또는 [명령 취소(U)/폴리선(P)/거리(D)/각도(A)/자르기(T)/메서드
(E)/다중(M)]: d 첫 번째 모따기 거리 지정 <0.0000>: 15
▼ CHAMFER 두 번째 모따기 거리 지정 <15.0000>: 30
```

❶ 명령 : C H A + Enter
❷ 현재 설정 : 자르기 모드와 거리1, 거리2의 값을 확인
❸ 옵션 : 거리(D) 입력 후 Enter
❹ 첫 번째 모따기 거리 지정 : 거리1 입력 후 Enter
❺ 두 번째 모따기 거리 지정 : 거리2 입력 후 Enter
❻ 객체 선택 : 거리1 값이 적용되는 모서리를 먼저 클릭

실습 Chamfer 명령의 '반지름' 옵션과 '자르기' 옵션

Chamfer 명령의 반지름 옵션과 자르기 옵션을 사용해 도면을 편집해 보겠습니다.

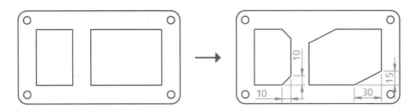

01 AutoCAD를 실행하고 [P02₩Ch06₩Chamfer.dwg] 실습 파일을 불러옵니다. 편집을 위해 실습 영역을 확대합니다.

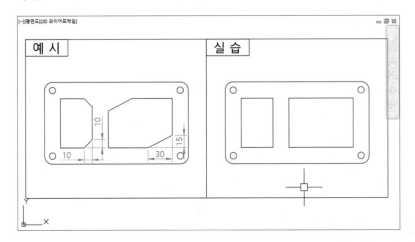

02 Chamfer 명령의 **단축키 'CHA'를 입력**하고 [Enter]를 눌러 명령을 실행합니다. Chamfer의 현재 모드는 '자르기'이며, 거리1과 거리2는 '0'으로 설정되어 있습니다. **거리 옵션 'D'를 입력**하고 [Enter]를 누릅니다. **첫 번째 거리로 '10'을 입력**하고 [Enter]를 누른 후, 이어서 **두 번째 거리도 '10'을 입력**한 다음 [Enter]를 눌러 모따기 값을 설정합니다.

```
명령: CHA CHAMFER
(자르기 모드) 현재 모따기 거리1 = 0.0000, 거리2 = 0.0000
첫 번째 선 선택 또는 [명령 취소(U)/폴리선(P)/거리(D)/각도(A)/자르기(T)/메서드
(E)/다중(M)]: d
첫 번째 모따기 거리 지정 <0.0000>: 10
▼ CHAMFER 두 번째 모따기 거리 지정 <10.0000>: 10
```

03 모따기 할 **모서리 ❶, ❷를 클릭**하면 모서리가 편집되면서 작업이 종료됩니다. 모서리 ❶과 ❷의 거리가 같으므로 클릭 순서는 무관합니다.

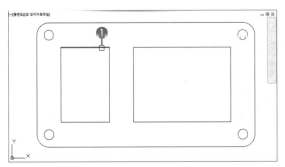
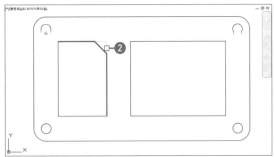

04 다시 [Enter]를 눌러 Chamfer 명령을 실행합니다. 명령행을 보면 이전 작업에 사용된 거리 값이 저장되어 있습니다. **모서리 ❶과 ❷를 클릭**합니다.

```
명령: CHAMFER
(자르기 모드) 현재 모따기 거리1 = 10.0000, 거리2 = 10.0000
▼ CHAMFER 첫 번째 선 선택 또는 [명령 취소(U) 폴리선(P) 거리(D) 각도(A)
자르기(T) 메서드(E) 다중(M)]:
```

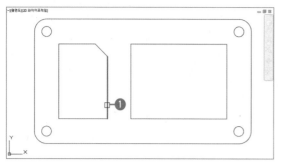 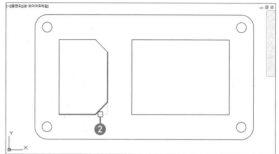

05 Enter를 눌러 Chamfer 명령을 실행하고, **거리 옵션 'D'를 입력**한 후 Enter를 누릅니다. **첫 번째 거리에 '15'를 입력**하고 Enter를 누른 다음, 이어서 **두 번째 거리는 '30'을 입력**하고 Enter를 눌러 모따기 값을 설정합니다.

```
명령: CHAMFER
(자르기 모드) 현재 모따기 거리1 = 10.0000, 거리2 = 10.0000
첫 번째 선 선택 또는 [명령 취소(U)/폴리선(P)/거리(D)/각도(A)/자르기(T)/메서드
(E)/다중(M)]: d 첫 번째 모따기 거리 지정 <10.0000>: 15
▼ CHAMFER 두 번째 모따기 거리 지정 <15.0000>: 30
```

06 동일한 방법으로 모따기 할 **모서리 ❶, ❷를 클릭**하면 모서리가 편집되면서 작업이 종료됩니다.

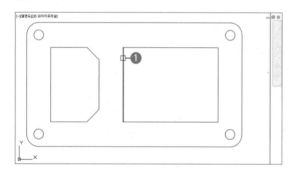 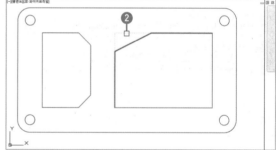

07 다시 Enter를 눌러 Chamfer 명령을 실행하고, **모서리 ❶과 ❷를 클릭**해 작업을 종료합니다(거리1에 입력한 값은 첫 번째 클릭한 모서리에 적용되고, 거리2에 입력한 값은 두 번째 클릭한 모서리에 적용됩니다).

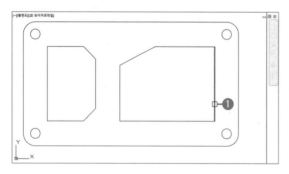 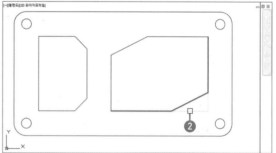

도면실습

01 다음 도면을 Xline(XL), Fillet(F), Chamfer(CHA) 명령 등을 사용해 작성하시오.

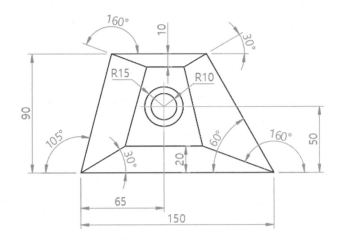

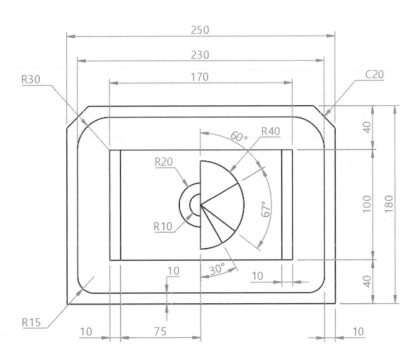

02 다음 도면을 Xline(XL) 명령을 활용해 작성하시오.

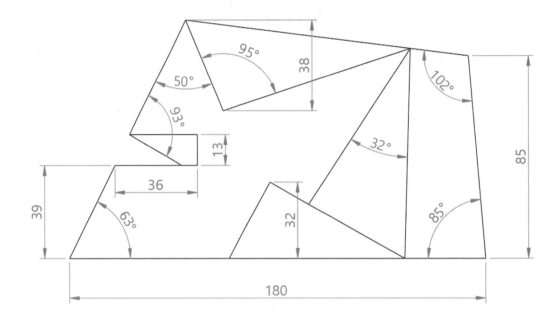

CHAPTER

07

축척(Scale), 회전(Rotate), 대칭(Mirror)

형태는 동일하지만 비율, 각도, 방향 등이 다른 도면 요소를 작성할 때 작업을 보다 효율적으로 만들어 주는 편집 명령을 학습하도록 하겠습니다.

※ 이 Chapter에서 학습할 축척(Scale), 회전(Rotate), 대칭(Mirror) 명령은 실제 업무에서의 활용도는 매우 높지만, CAT 2급 시험에서는 사용되지 않습니다.

STEP 1 | 축척(Scale)

Scale(SC) 명령을 사용하면 선택한 객체의 비율을 동일하게 유지하면서 확대 또는 축소할 수 있습니다.

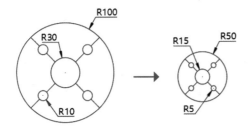

🔍 실행 방법

❶ 실행 단축키 : S C
❷ 실행 아이콘 : [홈] 탭 – [수정] 패널 – 축척 아이콘()

⊙ 명령 실행 과정

```
명령: SC SCALE
객체 선택: 1개를 찾음
객체 선택:
기준점 지정:
▼ SCALE 축척 비율 지정 또는 [복사(C) 참조(R)]: 2
```

❶ 명령 : S C + Enter
❷ 객체 선택 : 축척을 적용할 객체를 선택 후 Enter
❸ 기준점 지정 : 위치가 고정되는 기준점을 클릭
❹ 축척 비율 지정 : 축척 값을 입력 후 Enter

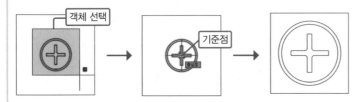

Scale 명령과 Copy 명령을 사용하여 형태는 동일하지만 크기가 다른 도면 요소를 효과적으로 작성해 보겠습니다.

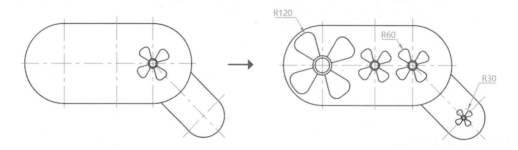

01 AutoCAD를 실행하고 [P02₩Ch07₩Scale.dwg] 실습 파일을 불러옵니다. 작업을 위해 실습 영역을 확대합니다.

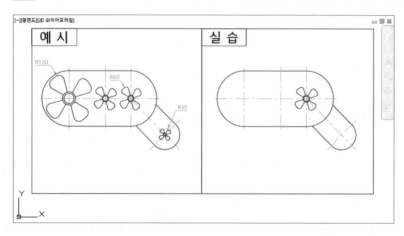

02 Copy 명령을 실행한 후 복사할 **객체(①)를 클릭**하고 Enter 를 누릅니다. 복사의 **기준점(②)을 클릭**한 후, 복사 **목적지인 ③, ④, ⑤ 지점을 클릭**하고 Enter 를 누릅니다(작성된 날개는 하나의 요소(Block)로 묶여 있습니다).

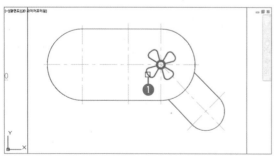 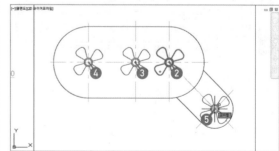

03 Scale 명령의 **단축키 'SC'를 입력**하고 Enter를 눌러 명령을 실행합니다. **❶ 지점을 클릭**해 객체를 선택하고 Enter 를 누른 후 축척의 **기준점인 ❷ 지점을 클릭**합니다. **축척 비율 '2'를 입력**하고 Enter를 누릅니다.

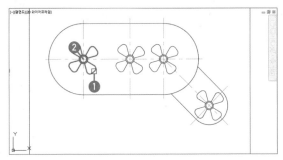
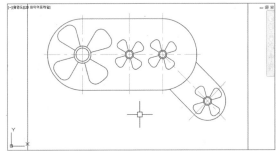

04 다시 Enter를 눌러 Scale 명령을 실행합니다. **❶ 지점을 클릭**해 객체를 선택하고 Enter를 누른 후 축척의 **기준점 인 ❷ 지점을 클릭**합니다. **축척 비율 '0.5'를 입력**하고 Enter를 누릅니다.

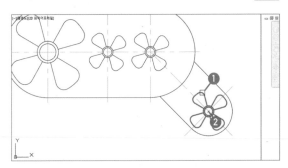
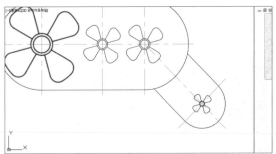

기준점의 역할은 기준의 위치를 고정시키는 것입니다. 기준점을 객체의 중심으로 지정하였으므로 중심의 위치는 변경되지 않습니다. 배율 값은 0.5(소수), 1/2(분수) 등으로도 입력할 수 있습니다.

Rotate 명령은 객체를 회전시킵니다. 복사 옵션을 사용하면 원본 객체를 유지하고 회전된 객체를 추가할 수 있습니다.

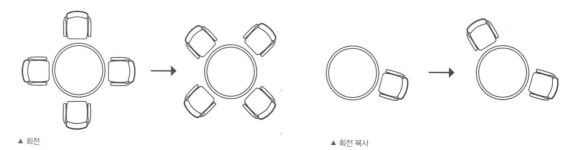

▲ 회전   ▲ 회전 복사

🔍 **실행 방법**

❶ 실행 단축키 : R O
❷ 실행 아이콘 : [홈] 탭 – [수정] 패널 – 회전 아이콘(↺)

🎯 **명령 실행 과정**

```
명령: RO ROTATE
현재 UCS에서 양의 각도:  측정 방향=시계 반대 방향 기준 방향=0
객체 선택: 1개를 찾음
객체 선택:
기준점 지정:
▼ ROTATE 회전 각도 지정 또는 [복사(C) 참조(R)] <0>: 90  ▲
```

❶ 명령 : R O + Enter
❷ 객체 선택 : 회전시킬 객체 선택 후 Enter
❸ 기준점 지정 : 회전의 기준점을 클릭
❹ 회전 각도 지정 : 회전 각도 입력 후 Enter

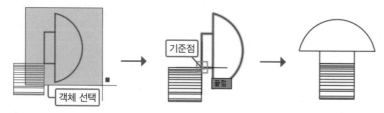

Rotate 명령으로 회전 및 회전 복사 실행하기

Rotate 명령의 회전 및 회전 복사 옵션을 활용해 도면을 편집해 보겠습니다.

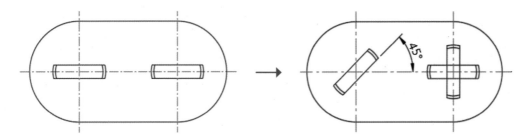

01 AutoCAD를 실행하고 [P02₩Ch07₩Rotate.dwg] 실습 파일을 불러옵니다. 편집을 위해 실습 영역을 확대합니다.

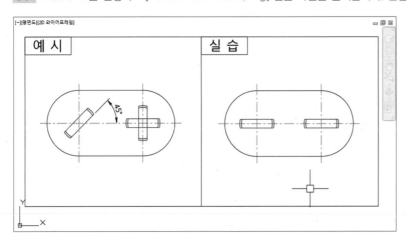

02 Rotate 명령의 **단축키 'RO'를 입력**하고 [Enter]를 눌러 명령을 실행합니다. ❶ **지점과** ❷ **지점을 클릭**해 회전할 객체를 선택하고 [Enter]를 누릅니다. 회전의 **기준점인** ❸ **지점을 클릭**한 후 **회전 각도 '45'를 입력**하고 [Enter]를 누릅니다.

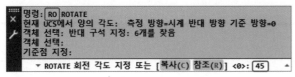

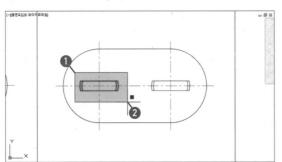

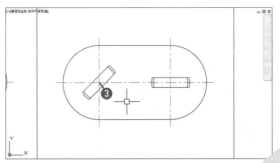

03 다시 Enter 를 눌러 Rotate 명령을 실행한 후 **❶ 지점과 ❷ 지점을 클릭**해 회전할 객체를 선택하고 Enter 를 누릅니다. 회전의 **기준점인 ❸ 지점을 클릭**합니다.

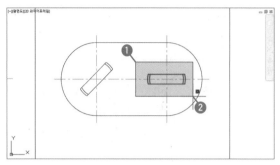 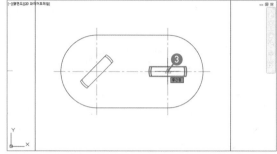

04 옵션 항목에서 복사를 적용하기 위해 **'C'를 입력**하고 Enter 를 누릅니다. **각도 '90'을 입력**하고 Enter 를 누르면 원본은 유지되고 회전된 객체가 복사됩니다.

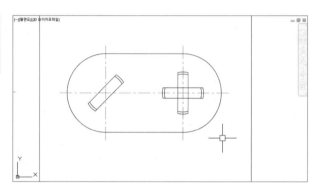

TIP ✓

Scale 명령에서와 마찬가지로 기준점의 역할은 기준의 위치를 고정시키는 것입니다. 이번에도 기준점을 객체의 중심으로 클릭하였으므로 중심의 위치는 변경되지 않습니다.

Mirror 명령은 객체를 대칭 이동 또는 대칭 복사를 하는 데 사용됩니다.

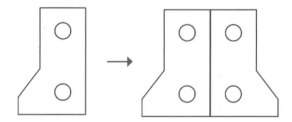

🔍 **실행 방법**

❶ 실행 단축키 : M I

❷ 실행 아이콘 : [홈] 탭 – [수정] 패널 – 대칭 아이콘(⚠)

🎯 **명령 실행 과정**

```
명령: MI MIRROR
객체 선택: 반대 구석 지정: 8개를 찾음
객체 선택: 대칭선의 첫 번째 점 지정:
대칭선의 두 번째 점 지정:
⚠ MIRROR 원본 객체를 지우시겠습니까? [예(Y) 아니오(N)] <아니오>:
```

❶ 명령 : M I + Enter

❷ 객체 선택 : 대칭 이동 및 복사 객체를 선택 후 Enter

❸ 대칭선의 첫 번째 점 지정 : 대칭의 축이 되는 첫 번째 위치를 클릭

❹ 대칭선의 두 번째 점 지정 : 대칭의 축이 되는 두 번째 위치를 클릭

❺ 원본 객체 삭제 유무 : '예(Y)' → 대칭 이동, '아니오(N)' → 대칭 복사

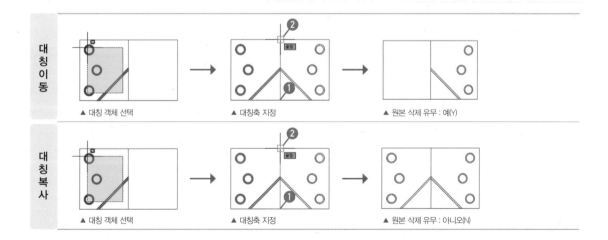

대칭 이동 ▲ 대칭 객체 선택 　　▲ 대칭축 지정 　　▲ 원본 삭제 유무 : 예(Y)

대칭 복사 ▲ 대칭 객체 선택 　　▲ 대칭축 지정 　　▲ 원본 삭제 유무 : 아니오(N)

Mirror 명령의 대칭 이동 및 복사 기능을 사용해 도면을 편집해 보겠습니다.

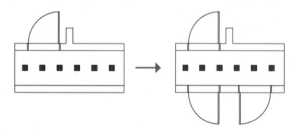

01 AutoCAD를 실행하고 [P02₩Ch07₩Mirror.dwg] 실습 파일을 불러옵니다. 작업을 위해 실습 영역을 확대합니다.

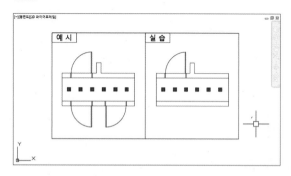

02 Mirror 명령의 **단축키 'MI'를 입력**하고 [Enter]를 눌러 명령을 실행합니다. ❶ **지점과** ❷ **지점을 클릭**해 객체를 선택하고 [Enter]를 누릅니다. 대칭선이 될 ❸, ❹ **지점을 클릭**하고 [Enter]를 누릅니다(마지막 원본 삭제 유무는 기본값이 '아니오'이므로 [Enter]만 누르면 됩니다).

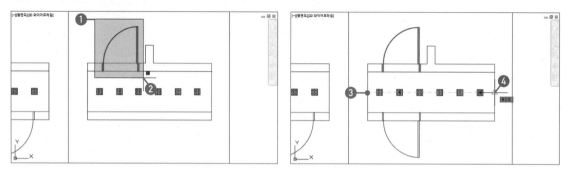

TIP ✓

대칭선의 위치는 좌우대칭인 경우 상하에, 상하대칭인 경우 좌우에 두 점을 클릭합니다.

03 다시 Enter 를 눌러 Mirror 명령을 실행합니다. 이전에 선택한 객체를 다시 선택하기 위해 **'P'를 입력**하고 Enter 를 누른 뒤, 한 번 더 Enter 를 누릅니다. 대칭선이 될 ❶, ❷ 지점을 클릭하고 Enter 를 누릅니다.

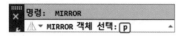

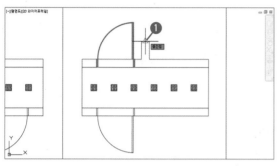 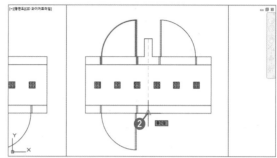

TIP ⌄

명령 실행 시 '객체 선택' 과정에서 'P(이전 선택)'를 입력하면 이전에 선택했던 객체를 그대로 다시 선택할 수 있습니다.

04 계속해서 Enter 를 눌러 Mirror 명령을 실행합니다. ❶ **지점과 ❷ 지점을 클릭**해 객체를 선택하고 Enter 를 누릅니다. 대칭선이 될 ❸, ❹ **지점을 클릭**한 후 **'Y'를 입력**하고 Enter 를 다시 누릅니다(마지막 원본 삭제 유무를 묻는 명령행에서 'Y'를 입력하면 원본이 삭제되면서 대칭 이동이 실행됩니다).

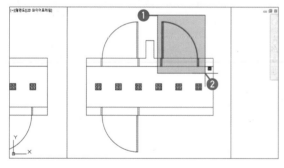 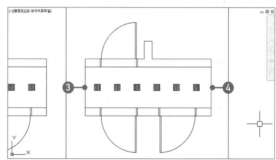

도면실습

01 다음 도면을 Rotate(RO), Scale(SC), Mirror(MI) 명령 등을 사용해 작성하시오.

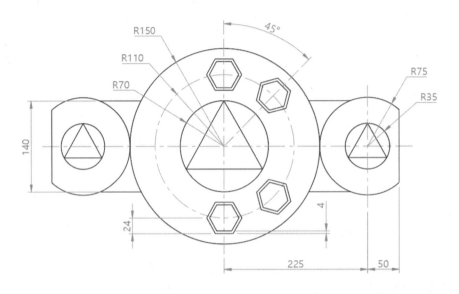

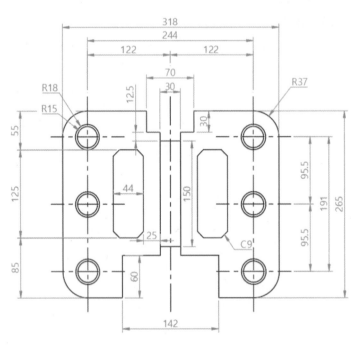

02 다음 정면도와 우측면도를 작성하시오.

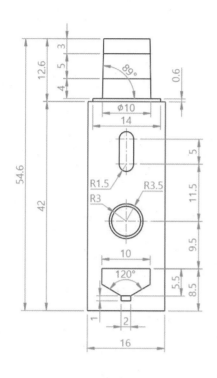

정면도

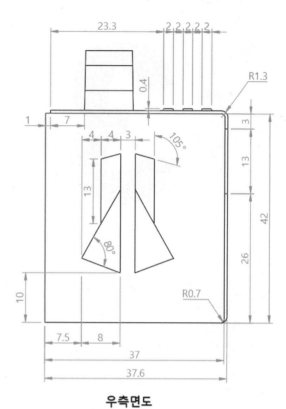

우측면도

03

Part 03은 도면을 작성하고 관리하는 데 있어 효율을 높일 수 있는 명령어와 도면에 치수, 문자 등과 같은 정보를 기입하는 도구들로 구성되어 있습니다. Part 02의 '필수 명령어 1'보다는 내용 및 설정이 다소 많으며 충분한 이해를 요하는 부분이 있으므로 천천히 정독하면서 학습하도록 합니다.

CAT 2급 취득에 필요한
필수 명령어 2

CHAPTER

01 신축(Stretch), 블록(Block), 삽입(Insert)

Stretch 명령을 사용하면 도면 요소의 길이나 폭을 쉽게 변경할 수 있고, Block 명령을 활용하면 도면을
효율적으로 편집하고 관리할 수 있습니다.

STEP 1 | 신축(Stretch)

객체를 한쪽 방향으로 늘이거나 줄이는 명령입니다. 객체 선택 시 걸침 선택으로 신축 영역을 지정합니다.

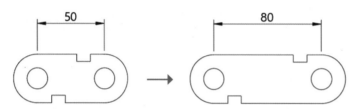

🔍 실행 방법

❶ 실행 단축키 : [S]
❷ 실행 아이콘 : [홈] 탭 – [수정] 패널 – 신축 아이콘(▣)

◎ 명령 실행 과정

```
명령: S STRETCH
걸침 윈도우 또는 걸침 폴리곤만큼 신축할 객체 선택...
객체 선택: 반대 구석 지정: 8개를 찾음
객체 선택:
기준점 지정 또는 [변위(D)] <변위>:
▼ STRETCH 두 번째 점 지정 또는 <첫 번째 점을 변위로 사용>:
```

❶ 명령 : [S] + [Enter]
❷ 객체 선택 : 신축 영역을 걸침 선택 후 [Enter]
❸ 기준점 지정 : 신축의 기준점을 클릭
❹ 두 번째 점 지정 : 신축의 목적지를 클릭

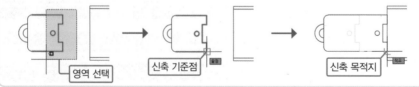

영역 선택   신축 기준점   신축 목적지

Stretch 명령은 도면 요소의 길이나 폭을 빠르게 수정할 수 있는 편집 명령입니다. 명령을 효과적으로 다루기 위해서는 원리를 이해하고 많은 연습을 해야 할 필요가 있습니다.

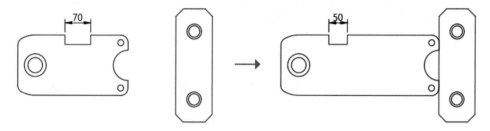

01 AutoCAD를 실행하고 [P03₩Ch01₩Stretch.dwg] 실습 파일을 불러옵니다. 편집을 위해 실습 영역을 확대합니다.

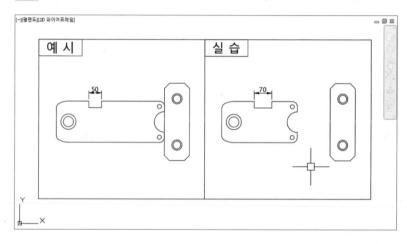

02 Stretch 명령의 **단축키 'S'를 입력**하고 [Enter]를 눌러 명령을 실행합니다. 명령행에 표시된 내용대로 객체 선택 시 '걸침 윈도우'와 '걸침 폴리곤' 중에 한 방법을 선택해야 합니다.

03 ❶ 지점과 ❷ 지점을 클릭해 신축할 부분을 걸침 선택하고 Enter 를 누릅니다. **기준점(❸)을 클릭**한 후 신축 방향인
❹ **지점으로 커서를 이동**한 상태에서 **거리 값 '20'을 입력**하고 Enter 를 누릅니다(직교모드(F8)를 'On'으로 설정합니다).

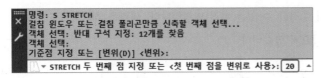

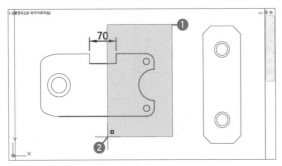

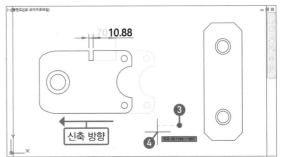

TIP ⌄

걸침 윈도우와 걸침 폴리곤

'걸침 윈도우'는 별도의 옵션 설정 없이 사용이 가능하지만, '걸침 폴리곤'은 객체를 선택해야 하는 명령 사용 시 'CP'를 입력하고 Enter
를 눌러야 한다는 점에서 다릅니다. 여러 번 클릭하면서 선택 영역을 지정할 수 있습니다.

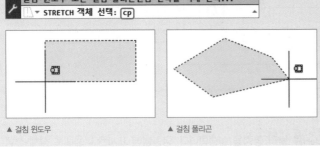

▲ 걸침 윈도우   ▲ 걸침 폴리곤

04 값이 아닌 목적지를 지정해 객체를 늘여 보겠습니다. 다시 Enter 를 눌러 Stretch 명령을 실행합니다. ❶ 지점과 ❷
지점을 클릭해 신축할 부분을 선택하고 Enter 를 누른 후 **기준점(❸)을 클릭**합니다.

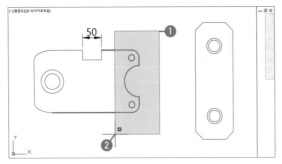

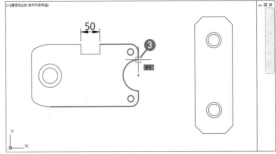

05 신축될 **목적지(❶)를 클릭**하면 **04**에서 선택한 부분이 신축됩니다.

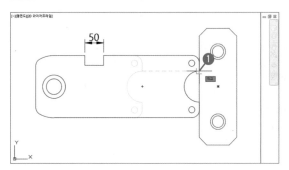 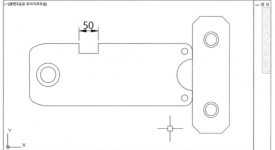

TIP

신축할 부분의 선택

녹색 영역 안에 포함되는 대상은 이동되고 걸쳐지는 대상은 변형됩니다. 오른편의 작은 원과 수직선은 완전히 포함되므로 이동되고, 왼편의 5개 가로 선은 영역에 걸쳐 있으므로 변형됩니다.

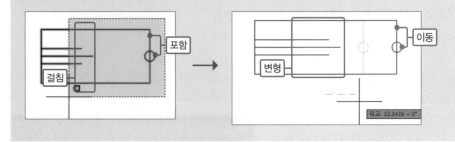

STEP **2** 블록(Block), 삽입(Insert)

Block(B) 관련 명령은 도면의 편집 및 관리에 효율적인 기능을 지원합니다. 도면의 편집과 관리 업무에 있어 중요한 명령입니다.

▲ 도면 요소   ▲ 7개의 객체로 이루어짐   ▲ 1개의 블록 단위

🔍 **실행 방법**

	블록(Block)	삽입(Insert)
① 실행 단축키	B	I
② 실행 아이콘	[삽입] 탭 – [블록] 패널 – 블록 아이콘(▨)	[삽입] 탭 – [블록] 패널 – 삽입 아이콘(▨)

블록(Block) 설정

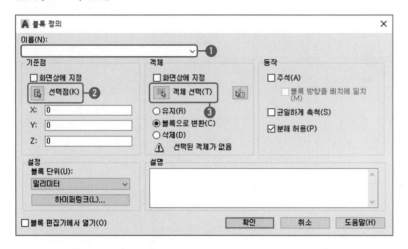

① **이름** : 블록으로 만들 객체의 이름을 지정합니다.

② **기준점** : 선택점 아이콘을 클릭해 블록의 삽입 기준점을 지정합니다.

③ **객체** : 객체 선택 아이콘을 클릭해 블록으로 묶을 객체를 선택합니다.

삽입(Insert) 설정

① **작업 탭**

- [현재 도면] 탭 : 현재 도면에 저장된 블록을 사용합니다.
- [최근] 탭 : 최근 작업한 파일에 저장된 블록을 사용합니다.
- [즐겨찾기] 탭 : 클라우드에 저장된 폴더의 블록을 사용합니다(Autodesk Account에 로그인해야 사용할 수 있습니다).
- [라이브러리] 탭 : 도면 파일 또는 폴더를 직접 선택해 블록을 찾고 사용합니다.

② **옵션** : 블록의 삽입점, 크기, 각도, 분해 여부를 설정합니다.

③ **탐색** : 폴더를 열어 현재 도면에 삽입할 파일을 탐색합니다(탐색 아이콘은 AutoCAD 버전에 따라 위치와 모양이 다를 수 있습니다).

Block 명령으로 도면 요소를 작성하고 Insert 명령으로 미리 작성된 도면 요소를 삽입하여 작업을 효율적으로 수행해 봅니다. 블록의 특징을 활용한 블록 편집까지 학습하겠습니다.

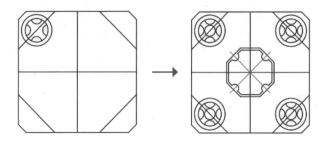

01 AutoCAD를 실행하고 [P03₩Ch01₩Block Insert.dwg] 실습 파일을 불러옵니다. 작업을 위해 실습 영역을 확대합니다. 여러 개의 객체로 구성된 도면 요소를 하나의 블록으로 묶어 도면을 완성하겠습니다.

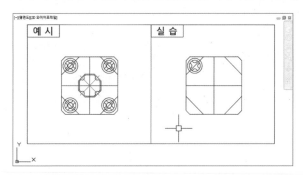

02 복사할 도면 요소를 하나로 묶기 위해 Block 명령의 **단축키 'B'를 입력하고** Enter 를 눌러 명령을 실행합니다. 블록의 **이름(❶)을 'A1'으로 입력하고 객체 특성(❷)을 '블록으로 변환'으로 지정**합니다. 기준점을 지정하기 위해 **선택점 아이콘 (❸)을 클릭**합니다.

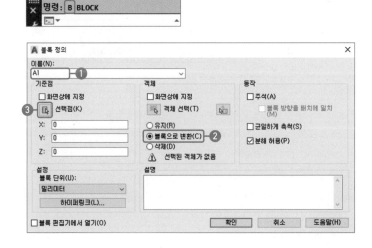

03 기준점(**❶**)을 클릭하고 객체를 선택하기 위해 **객체 선택 아이콘(❷)을 클릭**합니다.

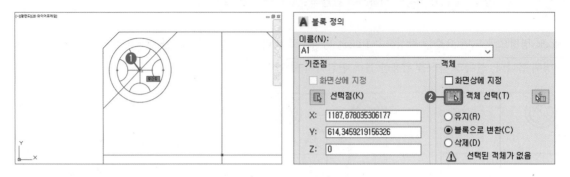

04 **❶ 지점과 ❷ 지점을 클릭**해 하나로 묶을 부분을 선택하고 [Enter]를 누릅니다. 선택된 객체를 미리보기 부분(**❸**)으로 확인한 후 [**확인**](**❹**)을 클릭합니다.

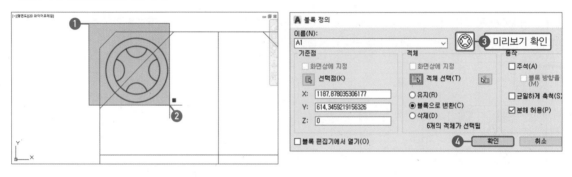

05 Copy 명령의 **단축키 'CO'를 입력**하고 [Enter]를 눌러 명령을 실행합니다. 복사할 **객체(❶)를 클릭**하고 [Enter]를 누릅니다. 복사의 **기준점(❷)을 클릭**하고 **목적지인 ❸, ❹, ❺ 지점을 클릭**한 후 다시 [Enter]를 눌러 명령을 종료합니다.

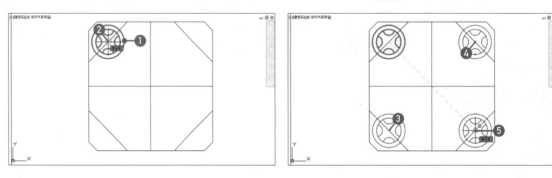

06 미리 작성한 도면 요소를 도면 중앙에 삽입하기 위해 Insert 명령의 **단축키 'I'를 입력**하고 `Enter` 를 눌러 명령을 실행합니다. **파일 탐색 아이콘(❶)을 클릭**합니다.

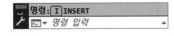

※ Insert의 파일 탐색 아이콘은 각 버전마다 위치 및 모양이 다를 수 있습니다. 찾을 수 없는 경우 CLASSICINSERT 명령을 실행한 후 [찾아보기] 버튼을 클릭하여 파일을 선택합니다.

07 **[P03₩Ch01₩Insert B1.dwg] 파일(❶)을 선택**하고 **[열기](❷)를 클릭**합니다. **❸ 지점을 클릭**하여 'Insert B1' 블록을 도면 중앙에 배치합니다(Insert 명령은 이전에 작업된 파일 외에 현재 파일에서 만들어진 블록 객체도 삽입할 수 있습니다).

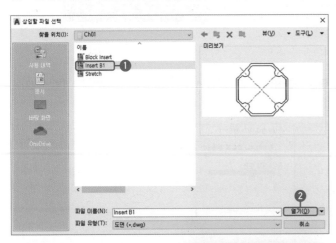

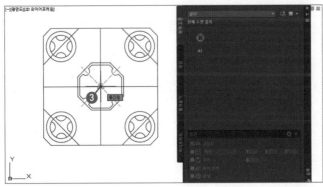

08 작성된 블록 요소의 모양을 수정하겠습니다. 요소를 대기 상태의 커서로 클릭해보면 블록으로 만들어져 하나로 선택됩니다. Esc를 눌러 선택을 해제합니다.

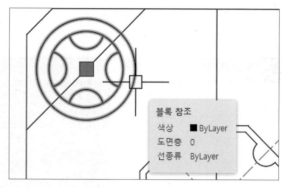

TIP ⌄

리본 메뉴의 블록 삽입

현재 도면에 저장된 블록은 리본의 [삽입] 탭(❶)에서 [삽입](❷)을 클릭하여 쉽게 확인하고 배치할 수 있습니다.

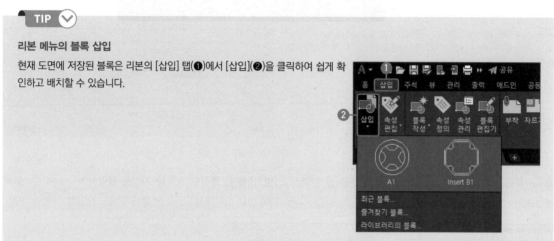

09 블록 편집을 위해 대기 상태의 커서로 **블록 ❶을 더블클릭**합니다. 블록 A1이 미리보기에 나타납니다. **[확인](❷)을 클릭**하여 블록 편집으로 전환합니다.

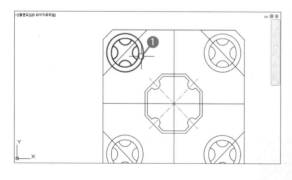 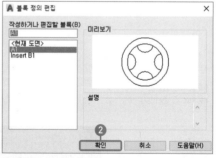

 TIP ⌄

블록 편집은 Blockedit(BE) 명령으로도 실행할 수 있습니다.

10 Circle 명령의 **단축키 'C'를 입력**하고 [Enter]를 눌러 명령을 실행합니다. 중앙에 반지름이 '13.5'인 원을 추가합니다.

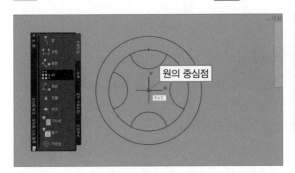
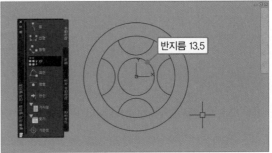

11 블록 편집을 저장하기 위해 **[블록 저장](❶)을 클릭**합니다. 이어서 **[블록 편집기 닫기](❷)를 클릭**하여 블록 편집을 종료합니다. 수정한 A1 블록 외에 이름이 동일한 나머지 3개 블록도 수정된 것을 확인합니다.

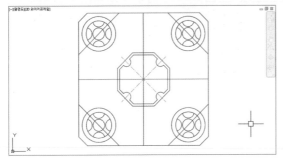

도면실습

01 다음 도면을 Stretch(S), Block(B), Insert(S) 명령 등을 사용해 작성하시오.

- 도면실습은 [P03₩Ch01₩도면실습.dwg] 파일을 불러와 작성합니다.
- 현관문(Door-A)과 제목 블록(Title Block)은 '도면실습' 파일에 저장된 블록을 Insert 명령으로 삽입합니다.
- 큰 창문과 작은 창문은 각각 블록으로 작성합니다.

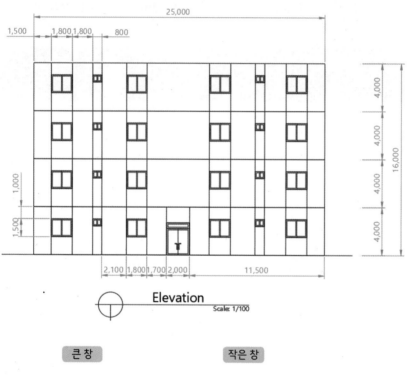

Elevation
Scale: 1/100

큰 창   작은 창

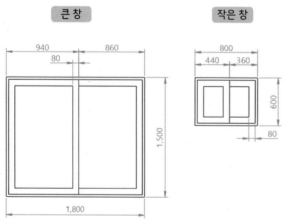

02 문제 **01**에서 작성된 창문의 하부를 다음과 같이 Blockedit 명령으로 수정하시오.

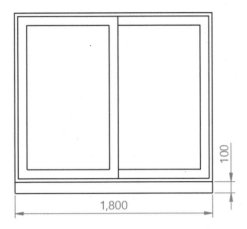

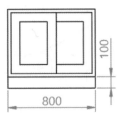

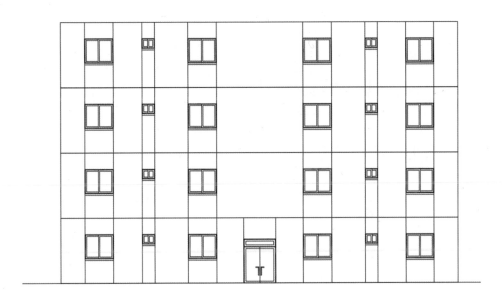

03 다음 물체의 평면도, 정면도, 우측면도를 다음과 같이 작성하시오.

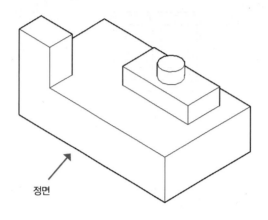

정면

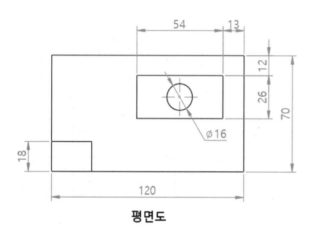

평면도

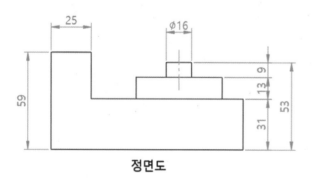

정면도

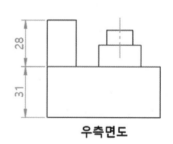

우측면도

CHAPTER 02

타원(Ellipse), 그립(Grip)

Ellipse는 타원을 작성하는 명령으로, 원을 한 방향으로 늘이거나 줄인 모양으로 변형할 수 있습니다. 타원은 CAT 2급 시험에서 중요한 부분을 차지하는 요소이므로 꼼꼼하게 따라 하며 학습합니다.

STEP 1 타원(Ellipse)

지정된 중심 및 축을 기준으로 타원이나 타원형 호를 작성할 수 있습니다.

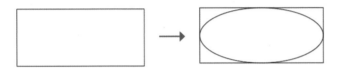

🔍 실행 방법

❶ 실행 단축키 : E L
❷ 실행 아이콘 : [홈] 탭 – [그리기] 패널 – 타원 아이콘(⬭)

🎯 명령 실행 과정

```
명령: EL ELLIPSE
타원의 축 끝점 지정 또는 [호(A)/중심(C)]:
축의 다른 끝점 지정:
⊙▾ ELLIPSE 다른 축으로 거리를 지정 또는 [회전(R)]:    ▲
```

❶ 명령 : E L + Enter
❷ 타원의 축 끝 지정 : 축의 한쪽 끝을 클릭
❸ 축의 다른 끝 지정 : 축의 다른 한쪽 끝을 클릭
❹ 다른 축으로의 거리를 지정 : 다른 축의 끝을 클릭

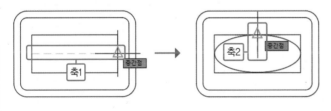

Ellipse 명령은 타원을 작성할 때 사용됩니다. 축의 끝점을 지정해 작성하는 기본적인 방법 및 타원의 중심과의 거리 값을 입력하는 작성 방법까지 실습합니다.

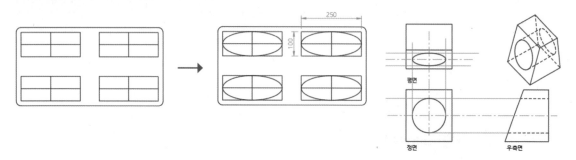

01 AutoCAD를 실행하고 [P03₩Ch02₩Ellipse.dwg] 실습 파일을 불러옵니다. 작성된 도형 내부에 타원을 그려 보겠습니다.

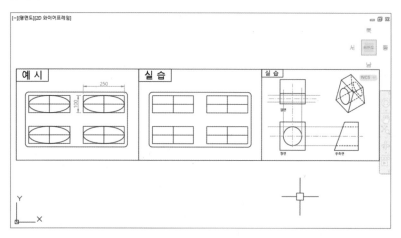

02 Ellipse 명령의 **단축키 'EL'을 입력**하고 Enter 를 누른 다음 **축의 끝점 ❶, ❷, ❸을 클릭**합니다.

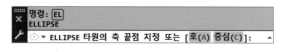

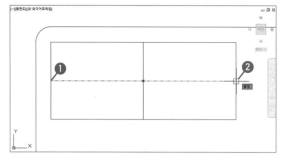
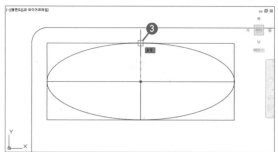

03 다시 Enter를 눌러 Ellipse 명령을 실행합니다. **축의 끝점 ❶, ❷, ❸을 클릭**합니다(짧은 축이나 긴 축 중 어떤 축을 먼저 클릭해도 결과는 같습니다).

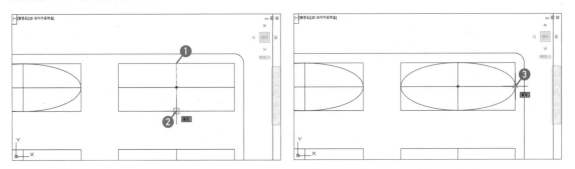

04 중심점을 기준으로 그려 보겠습니다. 다시 Enter를 눌러 Ellipse 명령을 실행합니다. **옵션 'C'를 입력**하고 Enter를 누릅니다. **타원의 중심(❶)을 클릭**하고 **❷, ❸ 지점을 클릭**합니다(❷, ❸ 지점의 클릭 순서는 바뀌어도 상관없습니다).

```
명령: EL ELLIPSE
타원의 축 끝점 지정 또는 [호(A)/중심(C)]: C
ELLIPSE 타원의 중심 지정:
```

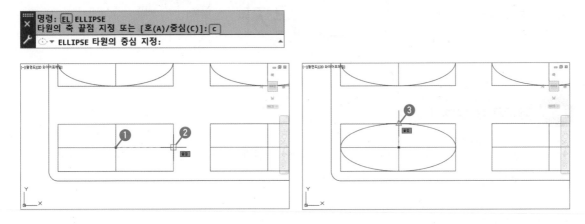

05 경사면에 나공된 부분은 타원으로 직싱해야 하는 경우입니다. 3D 모형에서 경사면에 원형으로 구멍이 나 있어 위에서 내려다보면 원이 타원으로 보이는 것을 확인할 수 있습니다. **Ellipse 명령을 실행**한 후 **❶, ❷, ❸ 지점을 순서대로 클릭**하여 구멍 크기에 맞추어 평면에 타원을 작성합니다.

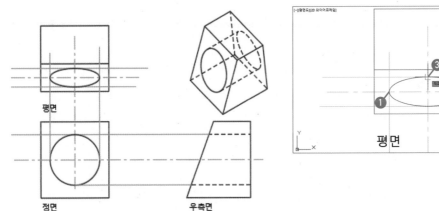

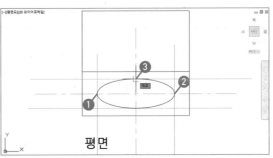

Grip은 객체를 대기 상태의 커서로 클릭했을 때 나타나는 파란색 점을 말합니다. 이 점을 사용하면 객체의 길이나 위치 형태 등을 쉽게 수정할 수 있습니다.

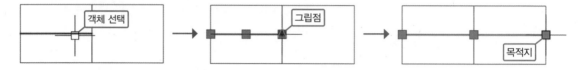

Grip 명령은 선은 물론이고 원, 사각형 등 모든 도형에서 사용할 수 있으며, 앞으로 학습하게 될 문자, 치수와 같은 주석 요소에도 사용할 수 있습니다. 그립의 모양은 객체에 따라 정사각형 또는 직사각형으로 표시됩니다.

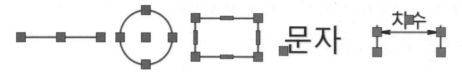

실습 Grip으로 선 연장하기

Grip을 사용해 신축, 이동, 복사, 회전, 축척, 대칭 등 다양한 편집 명령을 수행할 수 있으나, 주로 선을 늘이거나 줄이는 용도로 사용됩니다.

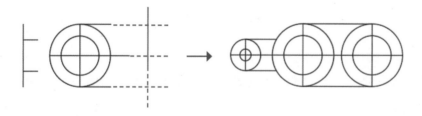

01 AutoCAD를 실행하고 [P03₩Ch02₩Grip.dwg] 파일을 선택해 불러옵니다. 작성된 도면을 Grip 명령을 활용해 편집해 보겠습니다.

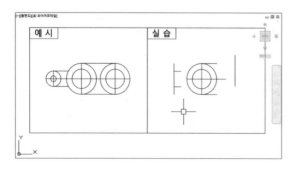

02 양측에 원의 중심을 표시하기 위해 선을 늘여 보겠습니다. 대기 상태의 커서로 **선분(❶)을 클릭**하면 객체 유형에 맞는 그립(Grip)이 나타납니다.

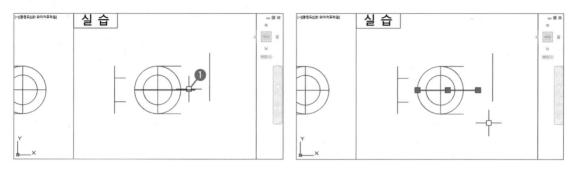

03 **그립점 ❶을 클릭**하고 **❷ 지점을 클릭**합니다(직교모드를 'On'으로 설정한 상태에서 진행합니다).

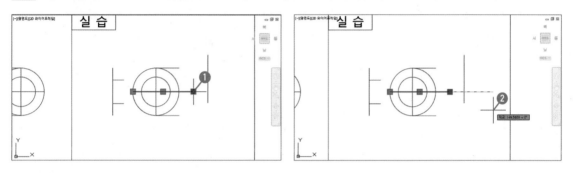

TIP ⌄

일반적으로 객체의 중앙 그립은 이동, 바깥쪽 그립은 형태를 변형시키는 데 사용합니다.

04 계속해서 **그립점 ❶을 클릭**하고 **❷ 지점을 클릭**합니다. **Esc**를 눌러 그립 편집을 종료합니다.

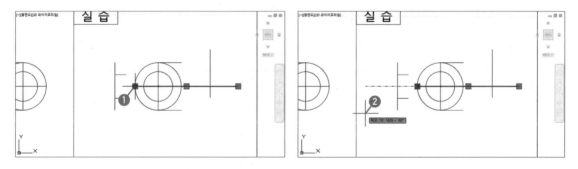

05 Copy 명령의 **단축키 'CO'를 입력**하고 Enter 를 누릅니다. ❶ **지점과** ❷ **지점을 클릭**하고 Enter 를 눌러 객체를 선택한 후 **기준점(❸)을 클릭**하고 **목적지(❹)를 클릭**합니다. 복사가 완료되면 Enter 를 눌러 명령을 종료합니다.

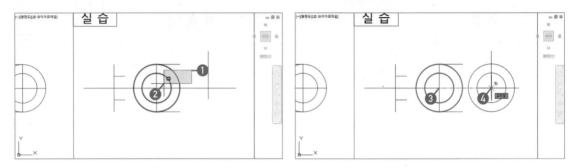

06 대기 상태의 커서로 **선분 ❶과 ❷를 클릭**합니다. **그립 ❸을 클릭**하고 ❹ **지점을 클릭**한 다음 계속해서 **그립 ❺를 클릭**하고 ❻ **지점을 클릭**합니다. Esc 를 눌러 그립 편집을 종료합니다.

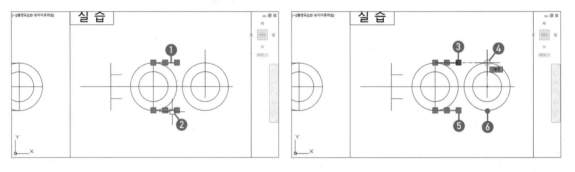

07 다음과 같이 도면을 작성하고 그립을 활용해 **편집**합니다. Trim 명령으로 원 객체를 벗어난 선분을 잘라내 편집을 마무리합니다.

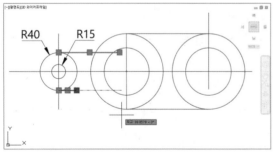 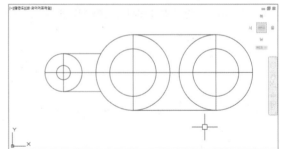

도면실습

01 다음 도면을 Ellipse(EL), Grip 등의 명령을 사용해 작성하시오.

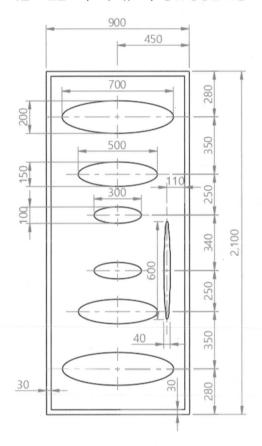

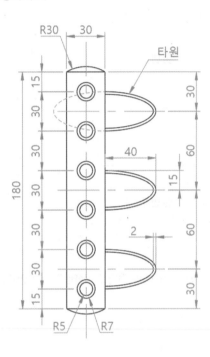

02 다음 경사진 원통의 평면도, 정면도, 우측면도를 작성하시오.

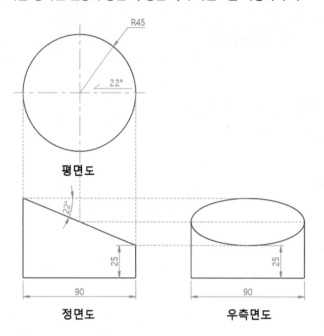

03 다음 경사진 원통의 평면도, 정면도, 우측면도를 작성하시오.

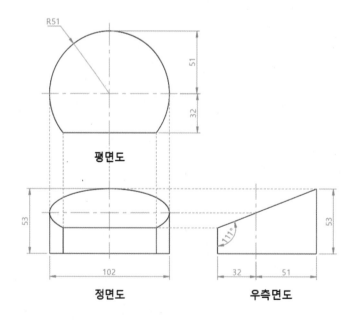

03

도면층(Layer)

도면에 많은 정보를 담기 위해서는 실선과 파선, 일점쇄선, 이점쇄선 등 다양한 선을 사용해야 하며, 도면의 편집과 관리가 용이하도록 도면의 요소를 구분해야 합니다. 이번 Chapter에서는 도면층을 활용해 다양한 선과 색상으로 도면을 작성해 봅니다.

STEP 1 도면층(Layer)

도면층 특성 관리자를 실행해 도면 작성에 필요한 도면층을 추가하고 각 도면층의 특성을 설정합니다.

🔍 실행 방법

❶ 실행 단축키 : L A
❷ 실행 아이콘 : [홈] 탭 – [도면층] 패널 – 도면층 아이콘(🖾)

◎ 명령 실행 과정

```
명령:
명령: LA LAYER
⌨▼ 명령 입력
```

현재 도면층: 0						도면층 검색	
필터	《 상태 이름	▲ 켜기 동결 잠금 플롯	색상	선종류	선가중치		
☰ 🖾 모두	✓ 0	💡 ☀ 🔓 🖨	■ 흰색	Continuous	── 기본값		
└ 🖾 사용돼							

■ 필터 반 《		

모두: 1개 도면층이 전체 1개 도면층 중에서 표시되었음

도면층 특성 관리자

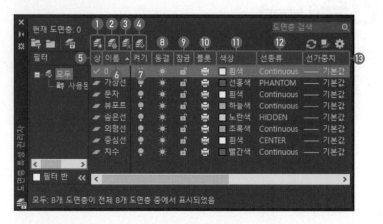

① 새 도면층(New Layer) : 새로운 도면층을 생성합니다.

② 새 도면층 VP가 모든 뷰포트에서 동결됨(New Layer VP Frozen) : 뷰포트를 동결시킨 도면층을 생성합니다.

③ 도면층 삭제(Delete Layer) : 선택한 도면층을 삭제합니다.

④ 현재로 설정(Set Current) : 선택한 도면층을 현재 사용할 도면층으로 설정합니다.

⑤ 상태(Status) : 현재 도면층을 표시합니다.

⑥ 이름(Name) : 도면층의 이름을 설정합니다. 〈, 〉, /, ₩, ", :, ;, ?, *, |, =, ' 등의 기호는 사용할 수 없습니다.

⑦ 켜기/끄기(On/Off) : 도면층을 켜고 끕니다. 'On'으로 설정하면 내용이 보이고 'Off'로 설정하면 내용이 보이지 않습니다.

⑧ 동결(Freeze) : 도면층의 동결 유무를 표시합니다. On/Off와 유사하지만, 계산에 포함되지 않고 처리 속도가 빨라진다는 장점이 있습니다.

⑨ 잠금(Lock) : 도면층을 잠급니다. 잠긴 도면층은 수정이나 편집이 불가능합니다.

⑩ 플롯(Plot) : 도면층의 출력 유무를 설정합니다. 설정을 끄면 출력 대상에서 제외됩니다.

⑪ 색상(Color) : 도면층의 색상을 지정할 수 있습니다.

⑫ 선 종류(Linetype) : 선의 유형을 지정할 수 있습니다.

⑬ 선가중치(Lineweight) : 선의 두께를 지정할 수 있습니다. 지정된 두께로 출력됩니다.

도면층을 사용하면 도면을 효율적으로 작성하고 관리할 수 있습니다. 아래와 같이 도면층을 구성하고 도면을 작성해 보겠습니다.

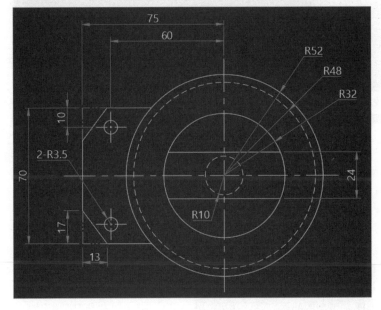

① 도면층 구성

01 AutoCAD를 실행하고 미터법으로 새 도면을 시작합니다. [처음부터 시작](❶)에서 '**미터법(M)**'(❷)**을 선택**하고 [**확인**] (❸)을 클릭합니다.

02 미터법이 적용된 새 창이 열립니다.

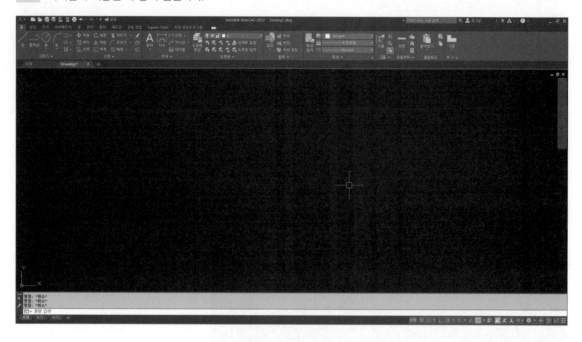

03 도면층을 구성하기 위해 도면층(Layer)의 **단축키 'LA'를 입력**하고 Enter 를 누릅니다. 도면층 특성 관리자 설정 창에서 **새 도면층 아이콘(⬚)(❶)을 클릭**하여 도면층을 추가합니다. **이름을 '외형선'으로 입력**하고 Enter 를 누릅니다.

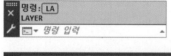

04 다시 **새 도면층 아이콘(⬚)(❶)을 클릭**하거나 Enter 를 눌러 도면층을 추가한 후, **이름을 '중심선'으로 입력**하고 Enter 를 누릅니다. 같은 방법으로 **'숨은선', '가상선'을 추가**합니다.

05 각 도면층에 색상을 지정하기 위해 '**외형선**' 도면층의 [**흰색**](❶)을 클릭하고 색상 선택 설정 창에서 '**초록색(❷)**'을 **선택**합니다. [**확인**](❸)을 클릭합니다.

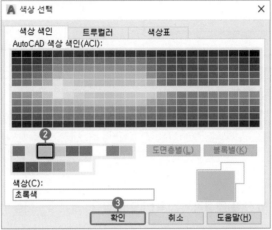

06 **05**와 같은 방법으로 다음과 같이 각 도면층의 색상을 지정합니다.

07 모든 도면층의 선 종류가 'Continuous(실선)'로 설정되어 있습니다. '**중심선**' 도면층의 [**Continuous**](❶)를 클릭합니다. 현재 선 종류 선택 대화상자에서 적용 가능한 선이 'Continuous(실선)'뿐이므로, 다른 선 종류를 확인하기 위해 [**로드**](❷)를 클릭합니다.

08 목록에서 **임의의 선 종류(❶)를 클릭**하고 CENTER(일점쇄선)의 앞글자 **'C'를 눌러 CENTER로 이동**합니다. **[확인]** **(❷)을 클릭**하면 CENTER 선을 사용할 수 있도록 등록됩니다('C'를 누르기 전 한/영 상태를 확인합니다).

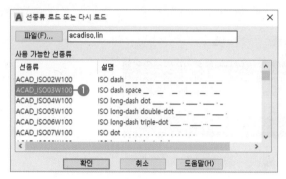

09 등록된 [CENTER] 선(❶)을 클릭하고 [확인](❷)을 클릭하면 해당 도면층에 선택한 선분이 적용됩니다.

10 '숨은선' 도면층의 [Continuous](❶)를 클릭합니다. 적용해야 할 HIDDEN 선이 목록에 없으므로 [로드](❷)를 클릭합니다.

11 이번에도 **임의의 선 종류(①)를 클릭**하고 HIDDEN의 앞글자 **'H'를 눌러 HIDDEN으로 이동**합니다. **[확인](②)을 클릭**하면 HIDDEN 선을 사용할 수 있도록 등록됩니다('H'를 누르기 전 한/영 상태를 확인합니다).

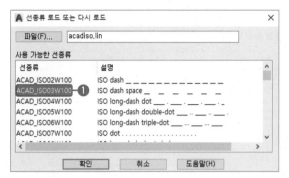
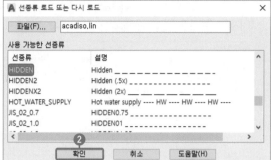

12 등록된 **[HIDDEN] 선(①)을 클릭**하고 **[확인](②)을 클릭**하면 해당 도면층에 선택한 선분이 적용됩니다.

13 계속해서 **'가상선' 도면층의 [Continuous](①)를 클릭**합니다. 적용해야 할 PHANTOM이 목록에 없으므로 **[로드]** **(②)를 클릭**합니다.

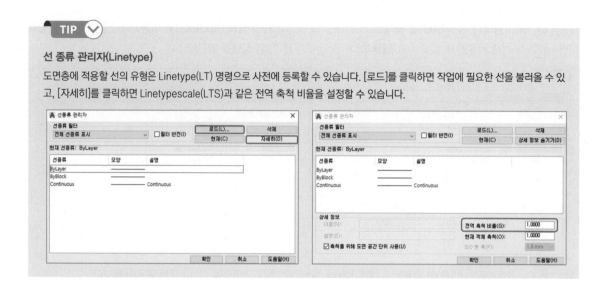

TIP

선 종류 관리자(Linetype)

도면층에 적용할 선의 유형은 Linetype(LT) 명령으로 사전에 등록할 수 있습니다. [로드]를 클릭하면 작업에 필요한 선을 불러올 수 있고, [자세히]를 클릭하면 Linetypescale(LTS)과 같은 전역 축척 비율을 설정할 수 있습니다.

14 임의의 선 종류(❶)를 클릭하고 PHANTOM 선의 앞글자 'P'를 눌러 이점쇄선인 PHANTOM으로 이동합니다. [확인] (❷)을 클릭하여 PHANTOM 선을 사용할 수 있도록 등록합니다('P'를 누르기 전 한/영 상태를 확인합니다).

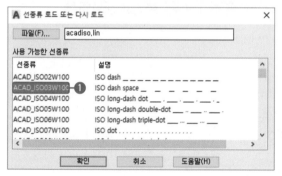

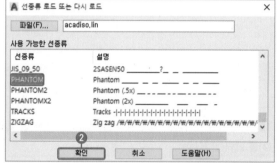

15 등록된 [PHANTOM] 선(❶)을 클릭하고 [확인](❷)을 클릭하면 해당 도면층에 선택한 선분이 적용됩니다.

❸ 적용 확인

16 도면층의 구성이 다음과 같이 설정되었는지 확인하고 **×를 클릭**합니다(CAT 2급 시험에 제시되는 도면층 이름은 변경될 수 있으므로, 시험장에서 확인 후 제시된 이름으로 동일하게 구성합니다).

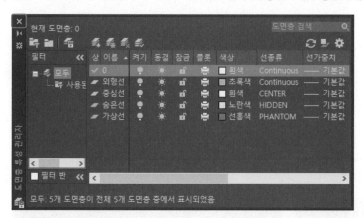

 TIP

도면층의 순서는 관계없으며, 각 도면층마다 켜기, 동결, 잠김 표시가 기본 설정인지 다시 한번 확인합니다. 모양이 다르면 해당 아이콘을 클릭하여 수정합니다.

② 도면층 운영

구성한 도면층을 운영하며 다음의 도면을 작성하고 편집해 보겠습니다.

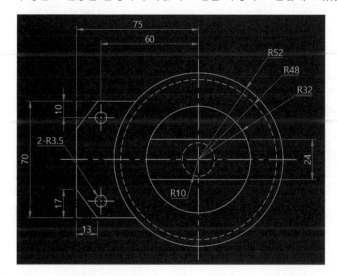

01 사용할 현재 도면층을 지정하기 위해 [홈] 탭의 [도면층] 패널에서 **도면층 목록(❶)을 클릭**하고, '**외형선' 도면층(❷)을 클릭**합니다(도면층 클릭 시 다른 옵션(켜기(💡), 동결(☀️), 잠김(🔒))을 클릭하지 않도록 주의합니다).

02 Circle(C) **명령을 실행**해 다음과 같이 **4개의 원(R10, R32, R48, R52)과 십자 선을 작성**합니다. 현재 도면층이 '외형선(녹색)'이므로 선과 원은 녹색으로 작성됩니다.

▲ 중심이 일치하는 원 4개 작성

▲ 십자 선 작성

03 십자 선을 일점쇄선인 '중심선(흰색)' 도면층으로 변경해 보겠습니다. 대기 상태의 커서로 **십자 선(❶, ❷)을 클릭**합니다. [도면층] 패널에서 **도면층 목록(❸)을 클릭**하고 '**중심선' 도면층(❹)을 선택**합니다. 변경된 도면층을 확인하고 Esc 를 눌러 그립 상태를 해제합니다.

04 계속해서 대기 상태의 커서로 원 **①**, **②**를 클릭합니다. [도면층] 패널에서 **도면층 목록(❸)을 클릭**하고 **'숨은선' 도면층(❹)을 클릭**합니다. 변경된 도면층을 확인하고 Esc를 눌러 그립 상태를 해제합니다.

05 변경된 일점쇄선(중심선)과 파선(숨은선)의 간격을 조정하겠습니다. 선 축척의 **단축키 'LTS'를 입력**하고 Enter를 누릅니다. 현재 축척 비율이 '1'로 표시됩니다. **'0.5'를 입력**하고 Enter를 누르면 선의 축척이 커져 간격이 넓게 표현됩니다 (LTS 값은 작성하는 도면의 크기에 맞추어 보기 좋게 표현하면 됩니다).

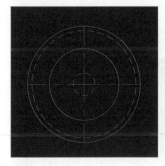
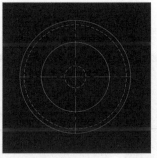

▲ LTS 1   ▲ LTS 0.5

06 Offset 명령과 Trim 명령을 사용해 **원 안쪽 형태를 다음과 같이 작성**합니다.

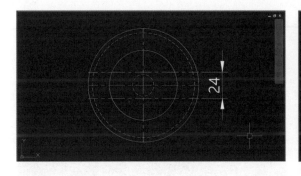

07 특성일치 명령으로 도면층을 변경해 보겠습니다. 특성일치(Matchprop)의 **단축키 'MA'를 입력**하고 Enter 를 누릅니다. **소스 ❶을 클릭**하고 ❷, ❸을 클릭한 후 Enter 를 눌러 명령을 종료합니다.

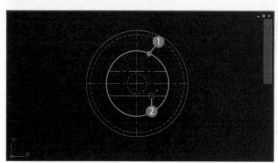 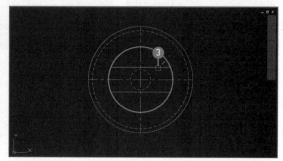

TIP ⌄

특성일치의 소스(원본)가 다른 경우 명령을 종료하고 일치 소스를 다시 선택해야 하며, 일치 대상을 선택할 때는 걸침 선택이나 포함 선택을 사용할 수 있습니다. 해치 패턴, 문자, 치수 등 다른 도면 요소도 특성일치(MA)로 도면층이나 설정값 등을 변경할 수 있습니다.

08 Offset 명령과 Trim 명령을 사용해 **도면 좌측 부분을 작성**하고, Matchprop(MA) 명령으로 **도면층을 변경**합니다.

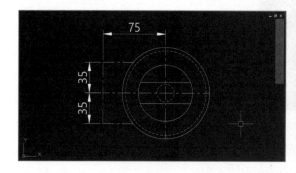 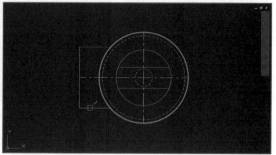

09 계속해서 Offset 명령과 Trim 명령을 사용해 **도면 좌측 부분을 마저 작성**합니다.

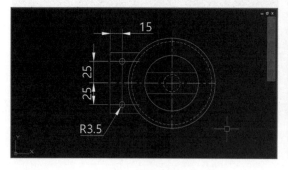 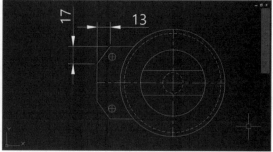

10 Line 명령과 Trim 명령으로 **도면의 남은 부분을 완성**합니다.

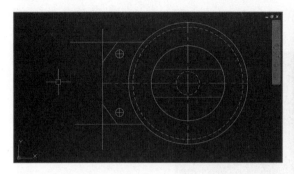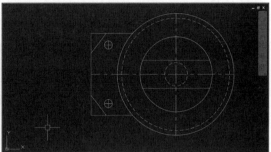

11 대기 상태의 커서로 **선 ❶, ❷, ❸, ❹를 클릭**합니다. [도면층] 패널에서 **도면층 목록(❺)을 클릭**하고 **'가상선' 도면층 (❻)을 클릭**합니다. 변경된 도면층을 확인하고 Esc를 눌러 그립 상태를 해제합니다.

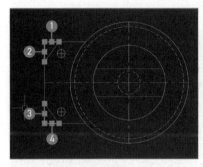

12 가상선 도면층에 이점쇄선을 적용했지만 선이 짧아 실선으로 표현됩니다. '가상선(보라색)'만 별도로 축척을 적용해 보겠습니다. 대기 상태의 커서로 **가상선 ❶, ❷, ❸, ❹를 클릭**하고 Ctrl**을 누른 상태로** 1**을 누릅니다**(키보드의 숫자 키패 드가 아닌 문자열 상단의 '1'을 사용합니다).

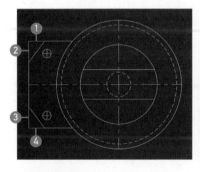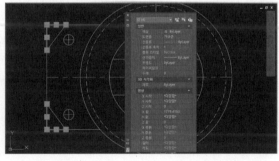

TIP ▼

특성 창에서는 도면층을 포함한 일반적인 정보 외에도 다양한 형상 정보를 확인하고 변경할 수 있습니다.

13 선 종류 축척 값에 '0.3'을 입력하고 Enter 를 눌러 선의 축척을 좀 더 촘촘하게 변경합니다. **커서를 작업 화면으로 이동**한 후 Esc 를 눌러 선택을 해제하고 특성 창을 닫습니다(특성 창의 선 종류 축척은 선택한 객체만 적용되므로 중심선 과 숨은선에는 변화가 없습니다).

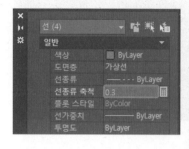 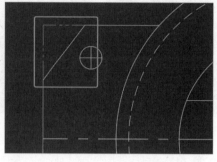

14 중심선을 편집하기 위해 **원(R8)을 작성**합니다. 작성한 원까지 Extend 명령으로 선을 늘인 후 원은 삭제합니다.

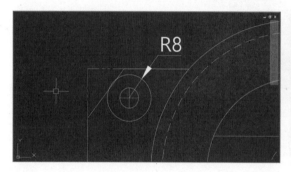 

15 대기 상태의 커서로 **선 ❶, ❷를 클릭**합니다. [도면층] 패널에서 **도면층 목록(❸)을 클릭**하고 '중심선' 도면층(❹)을 **클릭**합니다. 변경된 도면층을 확인하고 Esc 를 눌러 그립 상태를 해제합니다.

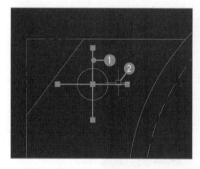 

16 중심선 도면층에 일점쇄선을 적용했지만 선이 짧아 실선으로 표현됩니다. 이번에도 '중심선'만 별도로 축척을 적용해 보겠습니다. 대기 상태의 커서로 **중심선 ❶과 ❷를 클릭**하고 Ctrl을 **누른 상태로 1을 누릅니다.**

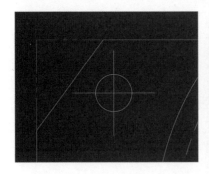 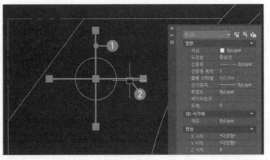

17 **선 종류 축척 값에 '0.4'를 입력**하고 Enter를 누르면 선의 축척이 촘촘해져 일점쇄선으로 표현됩니다. **커서를 작업화면으로 이동**한 후 Esc를 눌러 선택을 해제하고 특성 창을 닫습니다.

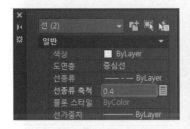 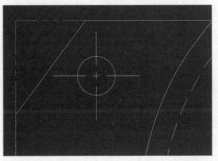

18 아래쪽 원의 중심선도 같은 방법으로 편집하고, 중심선 ❶과 ❷를 그립으로 적절히 늘여 도면을 완성합니다.

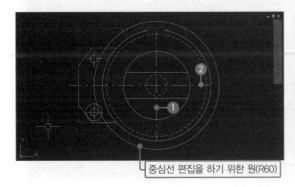 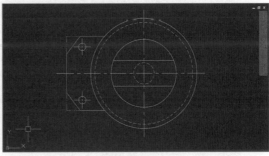

중심선 편집을 하기 위한 원(R60)

도면실습

01 제시된 도면층을 설정하고, 도면층을 적용해 다음 도면을 작성하시오(치수는 기입하지 않습니다).

상	이름 ▲	켜기	동결	잠금	플롯	색상	선종류	선가중치
✓	0					☐ 흰색	Continuous	—— 기본값
	외형선					☐ 초록색	Continuous	—— 기본값
	중심선					☐ 흰색	CENTER	—— 기본값
	숨은선					☐ 노란색	HIDDEN	—— 기본값
	가상선					☐ 선홍색	PHANTOM	—— 기본값

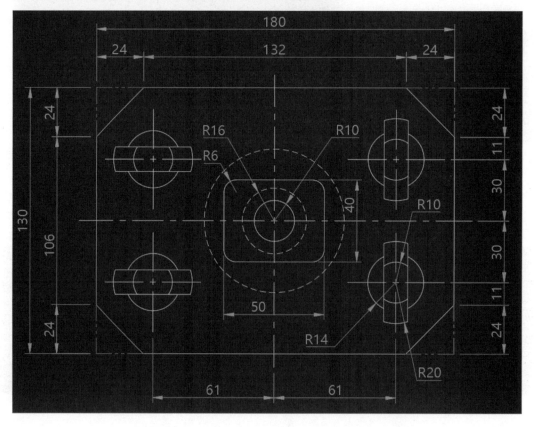

02 제시된 도면층을 설정하고, 도면층을 적용해 다음 평면도와 정면도를 작성하시오(치수는 기입하지 않습니다).

상	이름 ▲	켜기	동결	잠금	플롯	색상	선종류	선가중치
✓	0	💡	☀	🔓	🖨	⬜ 흰색	Continuous	── 기본값
◢	외형선	💡	☀	🔓	🖨	⬜ 초록색	Continuous	── 기본값
◢	중심선	💡	☀	🔓	🖨	⬜ 흰색	CENTER	── 기본값
◢	숨은선	💡	☀	🔓	🖨	⬜ 노란색	HIDDEN	── 기본값
◢	가상선	💡	☀	🔓	🖨	⬜ 선홍색	PHANTOM	── 기본값

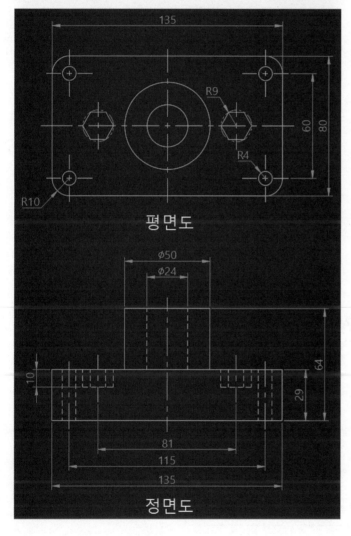

3각법의 활용

물체를 투상하는 방법으로는 '1각법'과 '3각법'이 있습니다. 1각법은 유럽과 일본에서 많이 사용되고, 3각법은 미국과 한국에서 많이 사용됩니다. CAT 2급 시험에서는 3각법을 기준으로 물체를 투상하여 도면을 작성하고 배치합니다.

STEP 1 · 3각법

3각법을 사용한 투상 및 도면의 배치는 정면도(Front)를 기준으로 상단에는 평면도(Top)를, 우측에는 우측면도(Right)를 두는 것을 원칙으로 합니다.

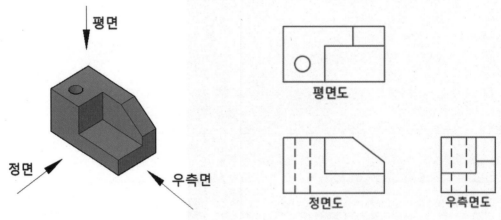

▲ 3각법으로 작성한 도면의 배치

1각법은 물체를 제1사분면에 두고 투영면을 정투영하는 방법으로, 우측면도는 정면도를 기준으로 좌측에 배치하고 평면도는 정면도의 아래쪽에 배치합니다. 측면도 및 정면도의 위치가 반대가 되기 때문에 3각법에 비해 투상이 어렵습니다.

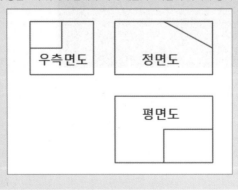

① 도면 작성의 기본 원리

평면도와 정면도는 좌우 폭 치수를, 정면도와 우측면도는 높이 치수를, 우측면도와 평면도는 깊이 치수를 공유합니다. 주어지지 않은 치수는 공유되는 도면에서 위치를 파악해 작성합니다. 우측면도와 평면도의 치수를 공유하기 위해서는 45° 사선을 작성해 활용합니다.

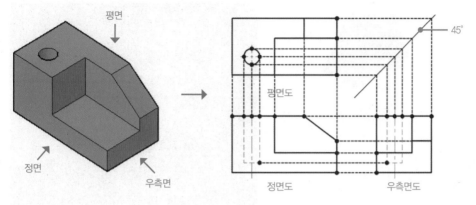

② 원과 타원

원은 바라보는 위치와 형성된 각도에 따라 타원으로 보이게 됩니다.

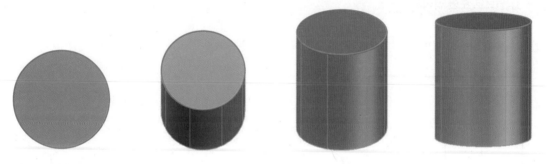

▲ 바라보는 각도에 따른 원통 윗면의 형상

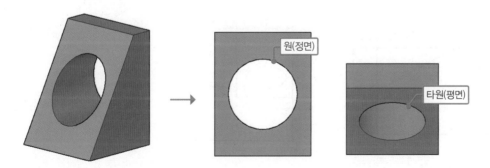

▲ 바라보는 방향에 따른 원의 형상

③ 타원의 작성

원과 타원의 중심은 동일한 위치이며, 타원의 두 축 중에서 한쪽 축의 폭 역시 원과 동일합니다. 중심과 축의 폭이 동일함을 이용해 타원을 작성해야 합니다.

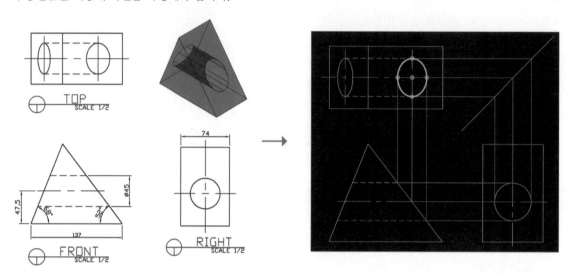

실습 **3각법으로 도면 작성하기**

3각법을 사용해 다음의 평면도, 정면도, 우측면도를 작성해 보겠습니다.

평면도

정면도

우측면도

평면

정면

우측면

01 도면 작성을 위해 다음과 같이 도면층을 설정합니다. [도면층] 패널에서 **현재 사용할 도면층을 '외형선'으로 변경**합니다.

▲ 도면층 설정

▲ 현재 도면층을 '외형선'으로 변경

02 주어진 3개의 도면 중 전체적인 외형의 크기를 알 수 있는 도면부터 작성합니다. 우선 치수가 표기된 **정면도의 전체 외형을 빈 공간에 작성**합니다(직사각형(REC) 명령으로 작성한 경우 분해(X)를 먼저 진행합니다).

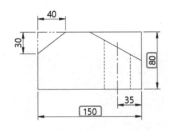

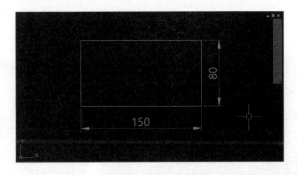

03 정면도와 평면도의 가로 너비가 같고 정면도와 우측면도의 높이가 같은 것을 확인할 수 있습니다. 세 종류의 도면을 나란히 그리기 위해 **Line 명령**으로 **정면도의 외형 끝에서부터 넉넉하게 선을 작성**합니다.

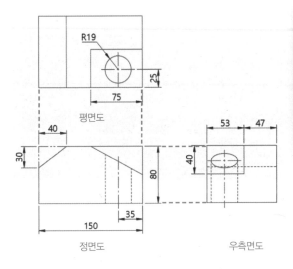

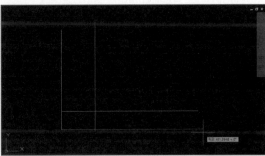

04 우측면도에서 치수가 표시된 부분을 확인하고, **임의의 위치에 선을 그린 후 '100'만큼 Offset**하여 전체 외형을 표시합니다.

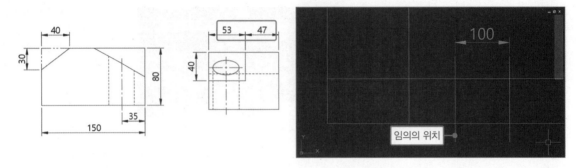

05 우측면도와 평면도의 치수(너비)를 공유하기 위한 기준선(45° 선)이 필요합니다. 먼저 **우측면도의 외형을 Trim 명령으로 편집**한 후 **Xline 명령으로 45° 선을 다음과 비슷한 위치에 표시**합니다(45° 기준선은 우측면도의 위쪽을 지나가야 합니다).

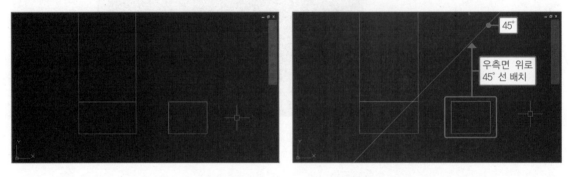

06 우측면도의 좌우 끝 너비를 평면도에 적용하기 위해 **Line 명령을 실행하여 45° 선 너머로 선을 그려줍니다**. 다시 **45° 선과 교차되는 부분에서 평면도 방향으로 선을 그려줍니다**.

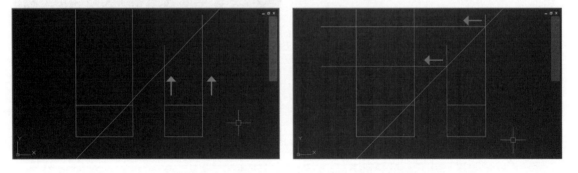

07 평면도, 정면도, 우측면도의 **전체 외형선과 45° 선만 남기고 나머지 부분은 Trim 명령으로 잘라냅니다**(45° 선은 모든 도면이 완성된 후 삭제하도록 합니다).

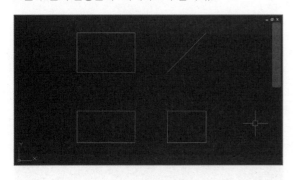

08 치수가 표시된 부분부터 작성해 나갑니다. 먼저 우측면도의 **'40', '53', '47' 부분을 작성**합니다(작성 순서는 작업자에 따라 다를 수 있습니다).

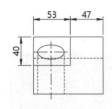

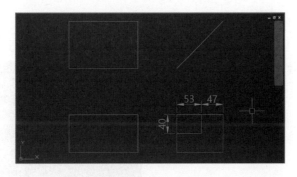

09 이어서 평면도에 표시된 **'75', '25' 부분을 작성**합니다.

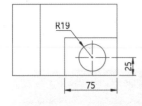

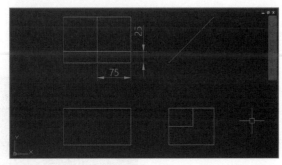

10 선 ❶은 치수가 없어 바로 그릴 수 없으므로 우선 동일한 위치인 **우측면도의 ❷ 지점에서 기준선(45° 선)을 거쳐 가이드 선을 그려줍니다.** 이어서 **선이 만나는 지점에서 평면도 방향으로 선을 그려줍니다.** 이때 수직 수평이 흐트러지지 않도록 주의합니다.

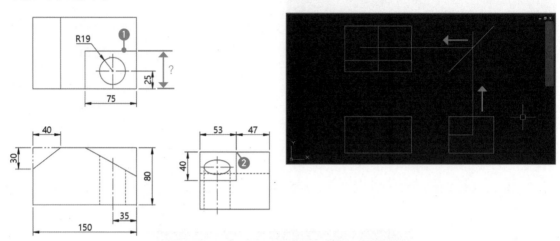

11 평면도의 외형 및 중심선을 다음과 같이 편집합니다.

12 평면도에 표시된 원은 반지름치수가 있지만, 세로 중심선(❶)까지의 치수가 없어 원을 그릴 수 없습니다. 먼저 **정면도의 중심선(❷)을** Offset **명령으로 그려줍니다.**

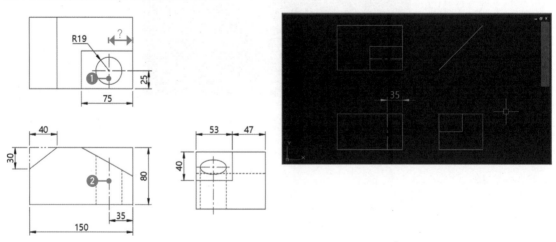

13 원의 세로 중심선과 동일한 위치인 **정면도의 ❶ 지점에서부터 선을 그려줍니다.** Circle(C) 명령으로 교차된 중심 (❷)에 반지름이 '19'인 원을 그려줍니다.

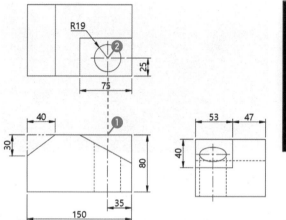

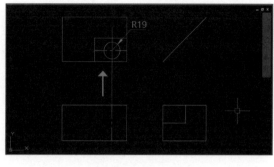

14 평면도를 보면 중심선이 일점쇄선(CENTER)이지만 화면상에서는 표현이 되지 않습니다. **LTScale(LTS) 명령을 실행**한 후 **값을 '0.5'로 설정**합니다.

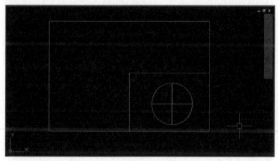

▲ LTS 변경 전

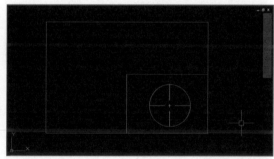

▲ LTS 변경 후(0.5)

15 Grip이나 Lengthen(LEN) 명령의 증분(DE) 옵션을 사용해 **중심선의 길이를 원 밖으로 5 정도 늘여 줍니다.**

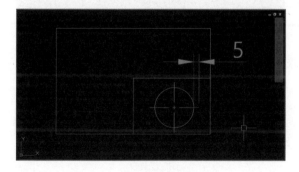

16 정면도에 표시된 '40', '30' 부분을 작성합니다. Offset 명령으로 위치를 표시하고 두 지점을 연결하는 사선을 그립니다. 가이드로 그렸던 선은 지워줍니다.

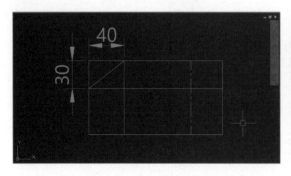 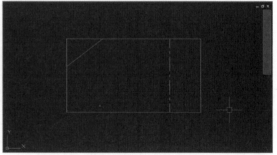

17 Break(BR) 명령을 실행한 후 ❶, ❷ 지점을 클릭하여 선의 일부를 끊습니다.

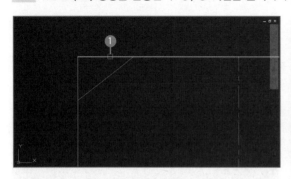 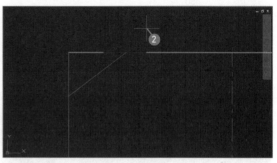

18 다시 Enter를 눌러 Break 명령을 실행합니다. ❶ 지점과 ❷ 지점을 클릭하여 선의 일부를 끊습니다.

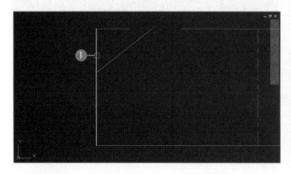 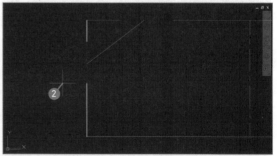

Break 명령의 '첫 번째 점(F)' 옵션을 사용하면 끝점을 시작으로 원하는 위치까지 지정하여 선을 끊을 수 있습니다. 명령을 실행한 후 끊을 선을 클릭하고, 옵션 'F'를 입력한 다음 끊을 위치를 두 번 클릭합니다.

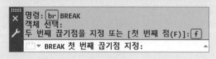  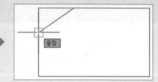

▲ 'BR' 입력 후 끊을 선 클릭   ▲ 'F' 입력 후 끊을 위치 두 번 클릭

19 Extend 명령을 **실행**하고 다시 Enter 를 눌러 '모두 선택'을 적용합니다. ❶, ❷, ❸, ❹를 클릭해 각각의 선을 연장합니다.

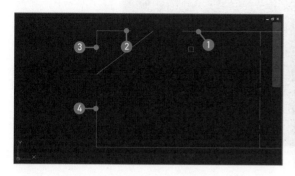
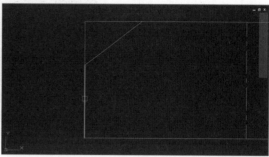

20 모서리 선 ❶, ❷를 **선택**하고 '가상선' 도면층으로 **변경**합니다.

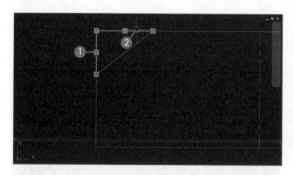
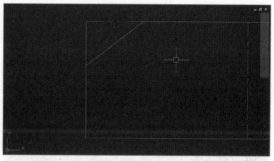

21 변경한 가상선의 세로선이 짧아 화면상에서는 이점쇄선으로 표현되지 않습니다. 다시 **모서리 선 ❶, ❷를 선택**하고 Ctrl + 1 을 **누릅니다.** 특성 창에서 **선 종류 축척 값을 '0.8'로 입력**하고 Enter 를 누릅니다.

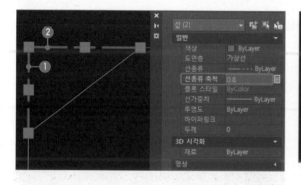
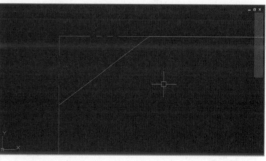

22 평면도와 정면도의 동일한 위치를 선으로 표시합니다.

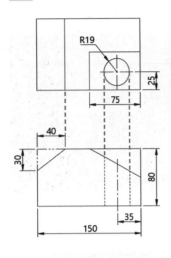 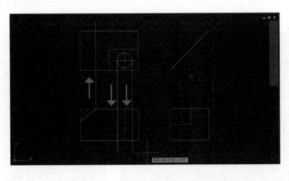

23 Trim 명령으로 다음과 같이 편집한 후 '숨은선' 도면층으로 변경합니다. 정면도의 중심선 길이를 5 정도 늘입니다.

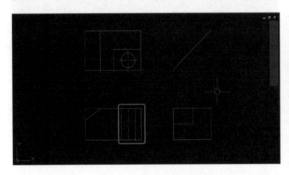 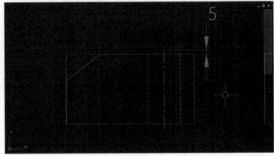

24 평면도의 ❶ 지점과 우측면도의 ❷ 지점에서부터 선을 그려 정면도에 동일한 위치를 표시합니다.

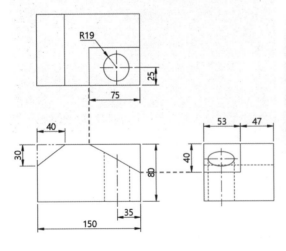 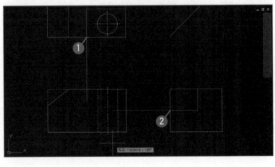

25 정면도에 표시한 **교차점 ❶과 ❷를 연결하는 선을 그려주고 위치를 표시한 선은 삭제**합니다.

 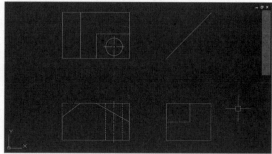

26 우측면에서는 가려져 보이지 않는 **❶ 부분을 선으로 표시**하고 평면도의 타공된 원형 부분(A)은 **기준선(45° 선)을 거쳐 위치를 표시**합니다.

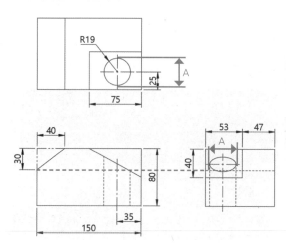 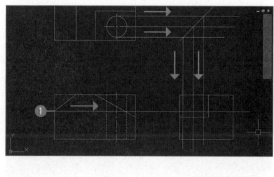

27 선이 많아지면 복잡해지므로 **다음과 같이 편집하고 도면층을 변경**합니다.

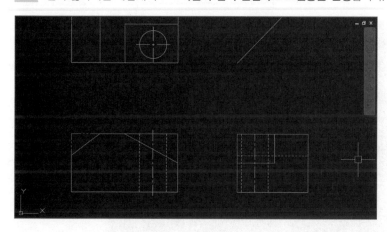

28 타원의 가로 중심선과 상하 폭은 **정면도의 중심(❶)과 타공된 부분의 끝(❷, ❸)**에서부터 선을 그려 위치를 표시합니다(타원 작성은 ❷, ❸ 중 하나의 위치만 알면 가능합니다).

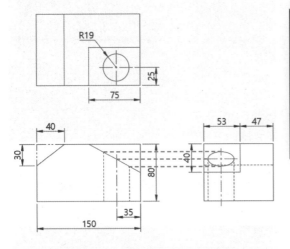

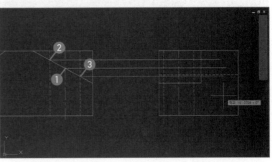

29 Ellipse 명령을 실행합니다. 타원의 좌우 끝점인 ❶, ❷ 지점을 클릭하고 ❸ 또는 ❹ 지점을 클릭합니다.

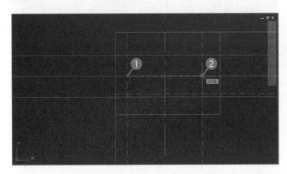

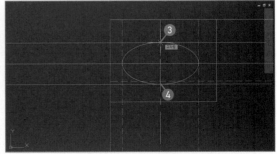

30 제시된 도면과 같이 편집하고 도면층을 변경하여 도면을 완성합니다.

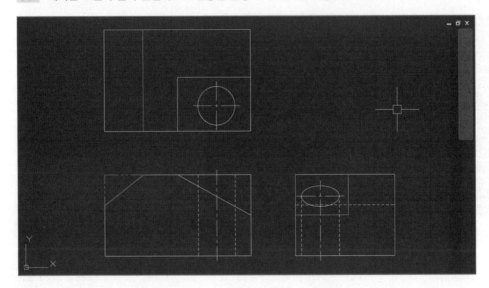

도면실습

01 3각법을 적용해 다음 도면을 작성하시오.

도면층

상 이름 ▲	켜기	동결	잠금	플롯	색상	선종류	선가중치
✓ 0					■ 흰색	Continuous	── 기본값
외형선					■ 초록색	Continuous	── 기본값
중심선					■ 흰색	CENTER	── 기본값
숨은선					■ 노란색	HIDDEN	── 기본값
가상선					■ 선홍색	PHANTOM	── 기본값

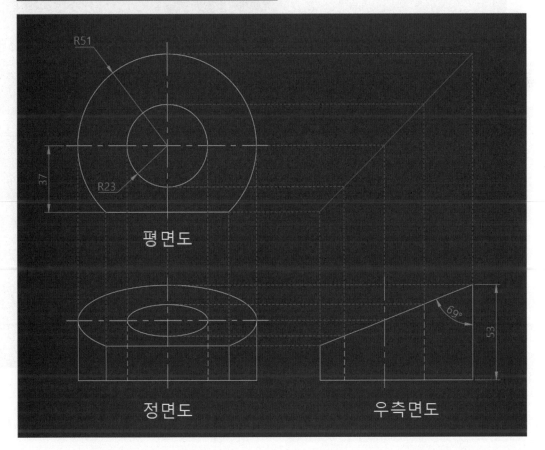

평면도

정면도　　　　　　　우측면도

02 3각법을 적용해 다음 도면을 작성하시오.

도면층

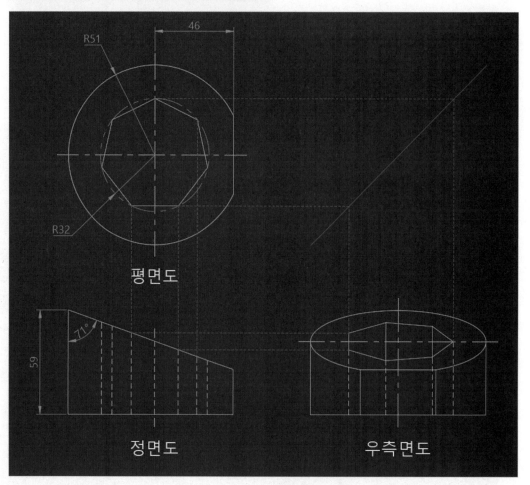

평면도

정면도

우측면도

CHAPTER 05

문자 스타일(Style), 단일 행 문자(Dtext)

문자는 도면의 정보를 표기하는 중요한 요소입니다. 글꼴을 설정하는 문자 스타일과 짧은 단어를 표기할 때 사용되는 단일 행 문자 명령을 학습합니다.

STEP 1 문자 스타일(Style)

문자 쓰기에 적용할 글꼴을 설정합니다. 하나의 스타일에는 하나의 글꼴만 적용할 수 있으므로 도면 작성에 필요한 글꼴의 수만큼 스타일을 등록해야 합니다.

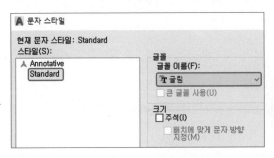

▲ 굴림 글꼴 적용

▲ 맑은 고딕 글꼴 적용

🔍 실행 방법

❶ 실행 단축키 : S T
❷ 실행 아이콘 : [홈] 탭 - [주석] 확장(주석 ▼) - 문자 스타일 아이콘(A)

🎯 명령 실행 과정

문자 스타일 설정

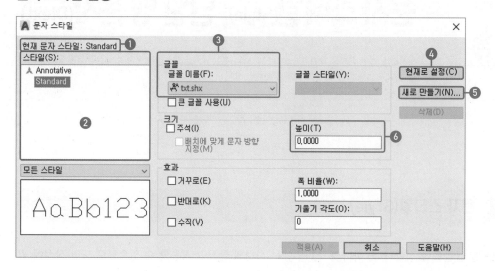

① **현재 문자 스타일 :** 현재 지정된 문자 스타일로, 문자쓰기(DT, MT) 명령을 실행했을 때 기본값으로 적용됩니다.

② **스타일 :** 등록된 스타일 목록을 나타냅니다. 스타일을 선택하면 지정된 글꼴 및 설정을 확인할 수 있습니다.

③ **글꼴 :** 선택된 스타일에 적용할 글꼴을 선택할 수 있습니다.

④ **현재로 설정 :** 좌측 목록에서 문자 스타일을 선택 후 '현재로 설정'을 클릭하면 선택된 문자 스타일이 현재 설정으로 변경됩니다(스타일 목록에서 더블클릭해도 현재 스타일로 설정됩니다).

⑤ **새로 만들기 :** 새로운 문자 스타일을 추가합니다.

⑥ **높이 :** 입력되는 문자의 높이는 해당 스타일의 절대적인 값이 됩니다. 높이가 0인 경우 문자 작성 시 높이를 변경할 수 있습니다(일반적으로 '0'의 값을 설정합니다).

도면 작성에 필요한 문자 스타일을 설정하고, AutoCAD에서 사용되는 글꼴의 유형을 이해합니다.

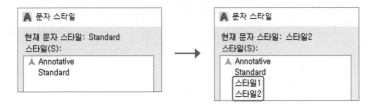

01 AutoCAD를 실행해 '미터법(M)'으로 새 도면을 시작합니다. 문자 스타일을 설정하기 위해 Style 명령의 **단축키 'ST'**
를 입력하고 Enter를 누릅니다.

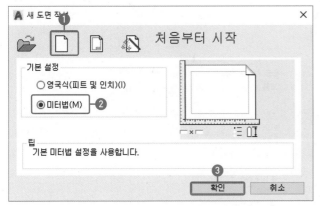

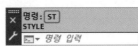

02 좌측 목록의 Standard(❶)는 기본 스타일입니다. 기본 스타일의 **글꼴(❷)을 '굴림'으로 변경**하고 **[적용](❸)을 클릭합**
니다(앞에 '@'가 붙은 글꼴은 수직쓰기 글꼴이므로 선택에 주의합니다).

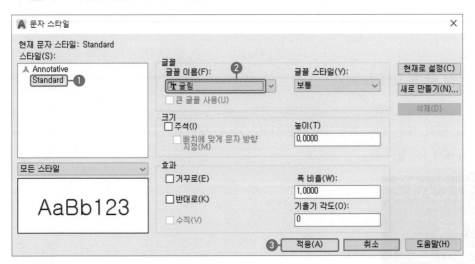

03 새로운 문자 스타일을 추가하기 위해 [새로 만들기](❶)를 클릭합니다. 스타일 이름(❷)을 'T1'으로 입력하고 [확인] (❸)을 클릭합니다.

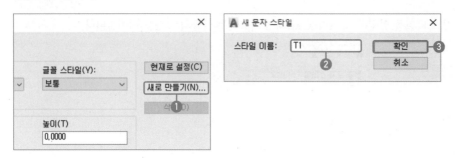

04 글꼴(❶)을 '맑은 고딕'으로 설정하고 [적용](❷)을 클릭합니다. 현재 적용된 문자 스타일(❸)이 'T1'으로 변경된 것을 확인하고 [닫기](❹)를 클릭합니다.

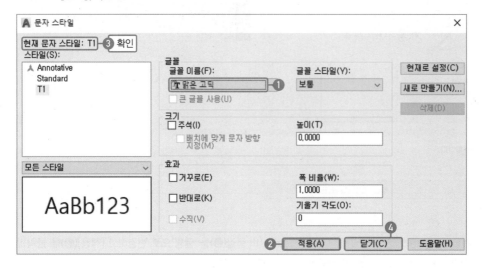

STEP **2** | 단일 행 문자(Dtext)

도면에 표기되는 재료, 규격, 도면 제목, 축척 등의 짧은 단어는 Dtext 명령을 이용해 작성합니다. 사용할 글꼴은 문자 스타일(Style)에서 설정합니다.

▲ Dtext 명령으로 표기한 문자

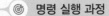
실행 방법

❶ 실행 단축키 : D T
❷ 실행 아이콘 : [홈] 탭 – [주석] 패널 – [문자] 확장( ) – 단일 행 아이콘( )

명령 실행 과정

```
명령: DT TEXT
현재 문자 스타일: "T1" 문자 높이: 2.5000 주석: 아니오
자리맞추기: 왼쪽
문자의 시작점 지정 또는 [자리맞추기(J)/스타일(S)]:
높이 지정 <2.5000>: 10
문자의 회전 각도 지정 <0>:
▼ TEXT
```

❶ 명령 : D T + Enter
❷ 현재 문자 스타일 : 현재 적용된 스타일과 높이를 확인
❸ 문자의 시작점 지정 : 문자의 시작 위치를 클릭
❹ 높이 지정 : 문자 높이를 입력 후 Enter
❺ 문자의 회전 각도 지정: 문자의 각도를 입력 후 Enter

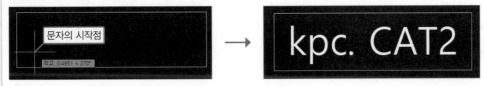

실습 Dtext 명령으로 문자 표기하기

단일 행 문자를 쓸 수 있는 Dtext 명령을 사용해 각 실의 명칭, 표시기호, 도면 이름, 축척을 표기해 보겠습니다.

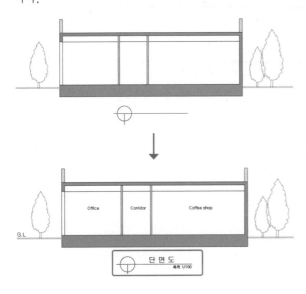

01 AutoCAD를 실행하고 [P03₩Ch05₩Dtext.dwg] 실습 파일을 불러옵니다.

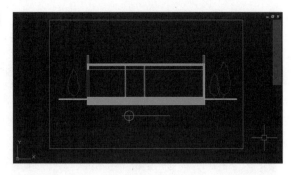

02 Layer 명령을 실행해 '문자' 도면층을 다음과 같이 추가합니다.

03 사용할 문자 스타일을 설정하기 위해 Style 명령의 **단축키 'ST'를 입력**하고 Enter를 누릅니다. Standard의 **글꼴(❶)**을 **'굴림'으로 변경**한 후 **[적용](❷)과 [닫기](❸)을 순서대로 클릭**합니다(앞에 '@'가 붙은 글꼴은 수직쓰기 글꼴로, 선택에 주의합니다).

04 Dtext 명령의 **단축키 'DT'를 입력**하고 Enter를 눌러 명령을 실행합니다. 문자의 **시작 지점(❶)을 클릭**한 후 **높이 '200'을 입력**하고 Enter를 누릅니다. 그리고 한 번 더 Enter를 눌러 각도를 '0'으로 설정합니다.

```
명령: DT TEXT
현재 문자 스타일:  "Standard"  문자 높이:  2.5000   주석:  아니오
자리맞추기:  왼쪽
문자의 시작점 지정 또는 [자리맞추기(J)/스타일(S)]:
높이 지정 <2.5000>: 200
TEXT 문자의 회전 각도 지정 <0>:
```

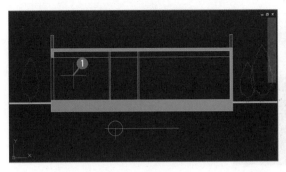
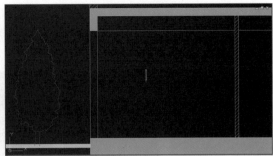

05 내용을 '**Office**'라고 **입력**하고 Enter 를 누르면 행이 변경됩니다. 한 번 더 Enter 를 눌러 명령을 종료합니다. 문자가 한쪽으로 치우친 경우 Move 명령을 실행해 중앙 부분으로 이동시켜 줍니다.

TIP

텍스트 입력 시 Enter 는 행간, Space Bar 는 자간을 띄우는 기능으로 구분됩니다.

06 작성된 문자를 복사하기 위해 **Copy** 명령을 실행합니다. **복사한 문자를 선택**하고 **기준점(❶)을 클릭**한 다음 **우측의 ❷, ❸ 지점을 클릭**해 복사합니다.

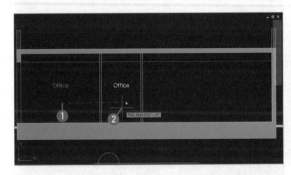
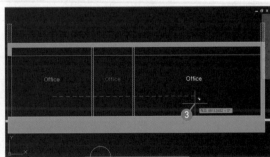

07 대기 상태의 커서로 **두 번째 문자를 더블클릭**합니다. 내용을 **'Corridor'로 수정**하고 [Enter]를 누릅니다. 계속해서 **세 번째 문자를 더블클릭**하고 내용을 **'Coffee shop'으로 변경**합니다. [Enter]를 두 번 눌러 명령을 종료합니다(문자 수정은 DDedit(ED) 명령으로도 가능합니다).

> **TIP** ✓
>
> **더블클릭으로 문자 수정이 되지 않는 경우**
> Pickfirst 명령을 실행해 값이 '1'로 설정되어 있는지 확인합니다. 시스템 설정에 따라 더블클릭으로 문자 수정 및 도면층 변경이 되지 않는 경우가 있습니다.

08 도면 제목을 작성하기 위해 Dtext 명령을 실행합니다. **단축키 'DT'를 입력**한 후 [Enter]를 누릅니다. ❶ **지점을 시작점으로 클릭**한 후 **높이 '350'을 입력**하고 [Enter]를 누릅니다. 한 번 더 [Enter]를 눌러 각도를 '0'으로 설정합니다.

```
명령: DT TEXT
현재 문자 스타일: "Standard" 문자 높이: 200.0000 주석: 아니
오  자리맞추기:  왼쪽
문자의 시작점 지정 또는 [자리맞추기(J)/스타일(S)]:
높이 지정 <200.0000>: 350
TEXT 문자의 회전 각도 지정 <0>:
```

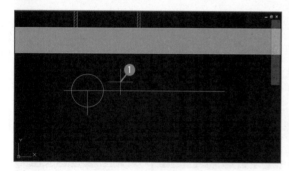

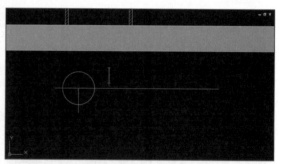

09 **'단면도'라고 입력**합니다. 문자 입력 시 [Space Bar]를 눌러 띄어쓰기를 합니다. [Enter]를 두 번 눌러 명령을 종료하고, **Move 명령을 실행**해 보기 좋게 배치합니다.

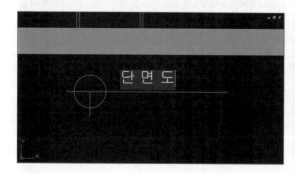

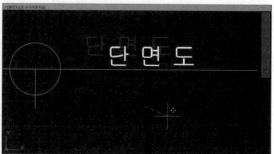

10 계속해서 Dtext 명령을 실행합니다. 높이를 '180'으로 설정하고, '축척 1/100'이라고 입력한 후 **제목 블록 우측에 배치**합니다.

11 Copy 명령을 실행합니다. 문자 **❶**을 선택해 **❷** 지점으로 복사합니다. 복사된 문자의 내용과 높이를 수정하겠습니다. 복사한 문자 **❸**을 대기 상태의 커서로 클릭하고 Ctrl을 누른 상태로 1을 누릅니다.

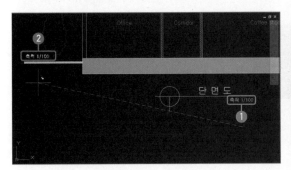 

12 특성 창에서 문자 카테고리의 **내용은 'G.L', 높이는 '250'으로 수정**하고 Enter를 누릅니다. 특성 창을 닫고 Esc를 눌러 문자 선택을 해제합니다.

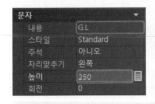 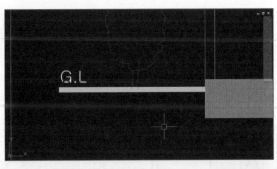

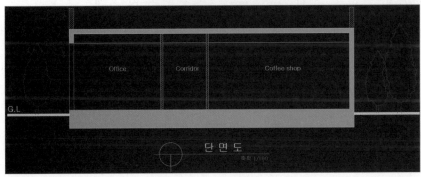

도면실습

01 제시된 도면층 및 문자 스타일을 설정하고, 도면층을 사용해 다음 도면을 작성하시오(단, 문자의 높이는
도면에 표기된 값으로 하며, 치수는 기입하지 않습니다).

도면층

상태	이름	켜기	동결	잠금	플롯	색상	선종류	선가중치
✓	0					■ 흰색	Continuous	── 기본값
	기호					■ 파란색	Continuous	── 기본값
	문자					■ 흰색	Continuous	── 기본값
	외형선					■ 초록색	Continuous	── 기본값
	중심선					■ 빨간색	CENTER	── 기본값

문자 스타일

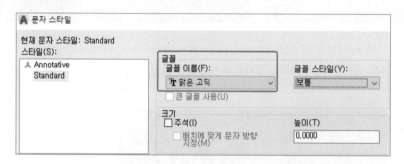

A 문자 스타일

현재 문자 스타일: Standard
스타일(S):
- Annotative
- Standard

글꼴
글꼴 이름(F):
T 맑은 고딕
☐ 큰 글꼴 사용(U)

글꼴 스타일(Y):
보통

크기
☐ 주석(I)
☐ 배치에 맞게 문자 방향 지정(M)

높이(T):
0.0000

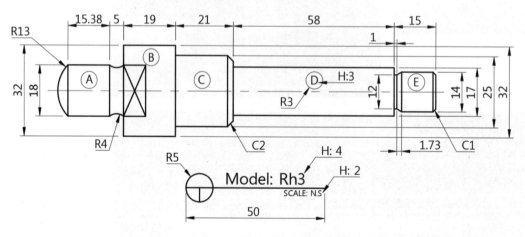

02 제시된 도면층을 설정하고, 도면층을 사용해 다음 도면을 작성하시오(단, 문자의 글꼴은 '굴림', 높이는 도면에 표기된 값으로 하며, 치수는 기입하지 않습니다).

도면층

상태	이름	켜기	동결	잠금	플롯	색상	선종류	선가중치
✓	0	♀	☀	🔓	🖨	■ 흰색	Continuous	—— 기본값
✍	기호	♀	☀	🔓	🖨	■ 흰색	Continuous	—— 기본값
✍	문자	♀	☀	🔓	🖨	■ 하늘색	Continuous	—— 기본값
✍	중심선	♀	☀	🔓	🖨	■ 빨간색	CENTER	—— 기본값
✍	외형선	♀	☀	🔓	🖨	■ 초록색	Continuous	—— 기본값
✍	숨은선	♀	☀	🔓	🖨	■ 노란색	HIDDEN	—— 기본값

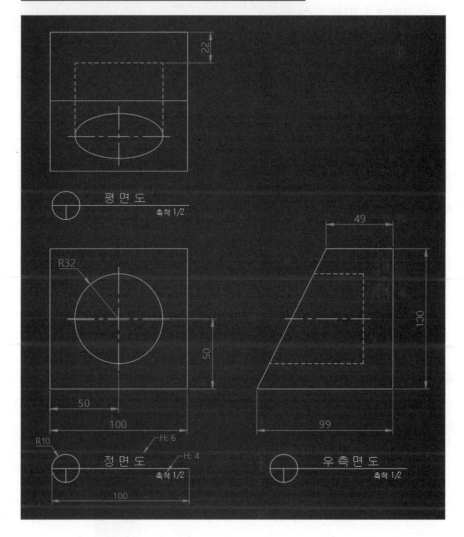

CHAPTER

06

치수 기입(Dimension)

도면에 표기된 치수는 물체의 크기를 파악하기 쉽고 계산하지 않고도 값을 확인할 수 있도록 부분 치수
와 전체 치수를 모두 표기하는 것이 기본입니다.

STEP 1 치수 기입 1 - 기본치수

AutoCAD에서는 작성된 객체의 길이, 각도, 반지름, 지름 등을 쉽게 표기할 수 있습니다. 객체의 형태 및 위치
에 따라 적절한 형태로 치수를 기입할 수 있어야 합니다.

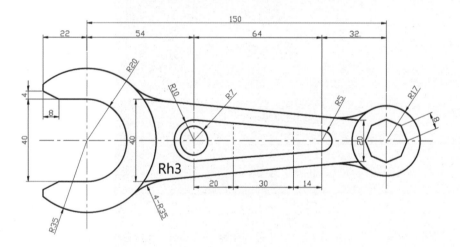

🔍 실행 방법

❶ 실행 단축키

명령	단축키
① 선형(Dimlinear)	D L I
② 정렬(Dimaligned)	D A L
③ 각도(Dimangular)	D A N
④ 반지름(Dimradius)	D R A
⑤ 지름(Dimradius)	D D I
⑥ 지시선(QLeader)	L E

❷ 실행 아이콘 : [홈] 탭 – [주석] 패널 – [선형] 확장

① 선형(Dimlinear)

명령을 실행한 후 치수를 기입할 구간을 지정하고 치수선의 위치를 지정합니다.

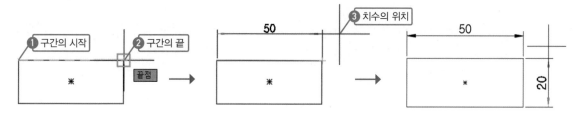

② 정렬(Dimaligned)

명령을 실행한 후 치수를 기입할 구간을 지정하고 치수선의 위치를 지정합니다.

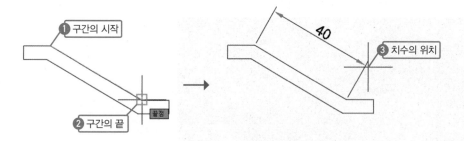

③ 각도(Dimangular)

명령을 실행한 후 각도를 이루는 두 선분을 선택하고 치수선의 위치를 지정합니다.

④ 반지름(Dimradius)

명령을 실행한 후 원이나 호를 선택하고 치수선의 위치를 지정합니다.

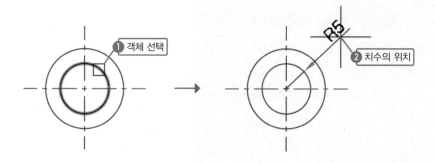

⑥ 지시선(Qleader)

사용자가 지시선(3Point)을 그리고 내용이나 값을 직접 입력합니다.

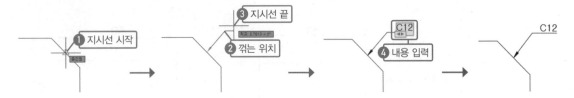

실습 지시선 및 치수 기입하기

작성된 도면에 선형, 정렬, 각도, 반지름, 지름 치수를 기입하고, 지시선을 작성하는 방법을 학습합니다.

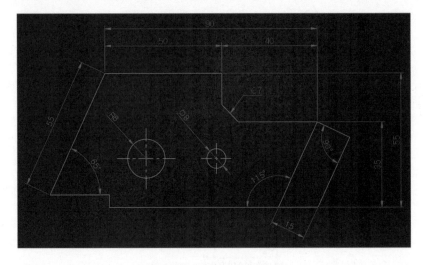

01 AutoCAD를 실행하고 [P03₩Ch06₩Dimension.dwg] 실습 파일을 불러옵니다. 작성된 도면에 치수를 작성해 보겠습니다.

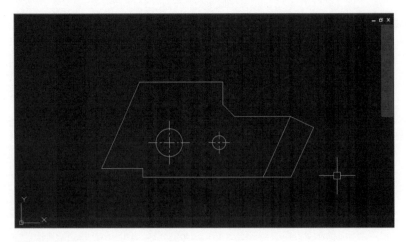

02 Layer 명령을 실행해 '치수' 도면층(❶)을 다음과 같이 추가합니다. ❷ 부분을 더블클릭해 현재 도면층을 '치수' 도면층으로 변경합니다.

03 사용할 문자 스타일을 설정하기 위해 Style 명령의 **단축키 'ST'를 입력**하고 Enter 를 누릅니다. Standard의 **글꼴(❶)을 '굴림'으로 변경**하고, **[적용](❷)과 [닫기](❸)를 순서대로 클릭**합니다(치수에 적용되는 문자 스타일의 기본 설정은 'Standard'입니다. Standard의 글꼴을 변경하면 치수 문자에도 변경된 사항이 적용됩니다).

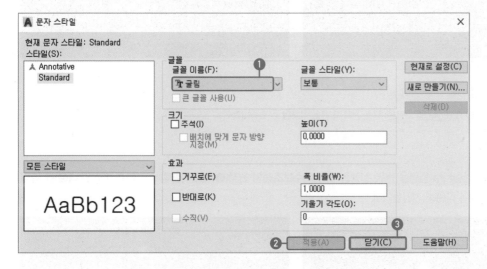

04 선형치수(Dimlinear) 명령의 **단축키 'DLI'를 입력**하고 Enter 를 눌러 명령을 실행합니다. **치수보조선의 원점(❶, ❷)을 클릭**하고 **치수선의 위치(❸)를 클릭**합니다.

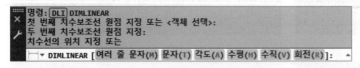

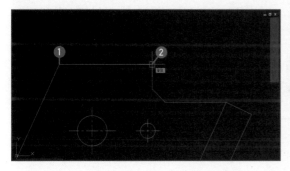
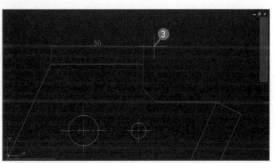

05 `Enter`를 눌러 선형치수 명령을 반복 실행합니다. 한 번 더 `Enter`를 눌러 '객체 선택' 옵션을 적용합니다. **선분 ❶을 클릭**하고 **정렬 위치인 ❷ 지점을 클릭**합니다(선형치수는 X축과 Y축의 수평/수직 거리를 기입합니다).

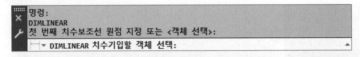

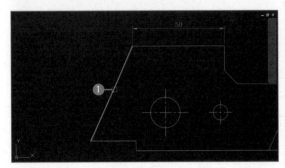

TIP ⌄

명령을 실행한 후 한 번 더 `Enter`를 누르면 '객체 선택' 옵션을 적용할 수 있습니다.

06 `Enter`를 눌러 선형치수 명령을 반복 실행합니다. **치수보조선의 원점(❶, ❷)을 클릭**하고 **치수선의 위치(❸)를 클릭**하면 앞서 기입한 치수와 나란히 기입됩니다.

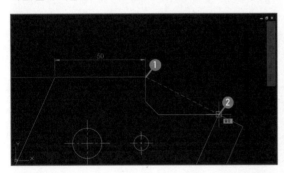
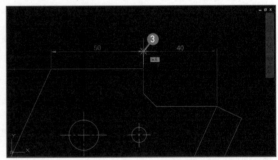

07 정렬치수(Dimaligned) 명령의 **단축키 'DAL'을 입력**하고 `Enter`를 눌러 명령을 실행합니다. **치수보조선의 원점(❶, ❷)을 클릭**하고 **치수선의 위치(❸)를 클릭**합니다.

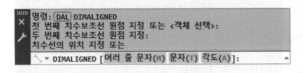

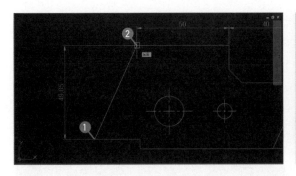

08 각도치수(Dimangular) 명령의 **단축키 'DAN'을 입력**하고 Enter 를 눌러 명령을 실행합니다. 각도를 표시할 **선분 ❶** 과 **❷를 순서에 상관없이 클릭**하고, **치수선의 위치(❸)를 클릭**합니다.

```
명령: DAN DIMANGULAR
DIMANGULAR 호, 원, 선을 선택하거나 <정점 지정>:
```

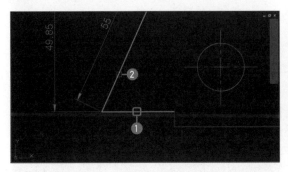

09 Enter 를 눌러 각도치수 명령을 반복 실행합니다. 각도를 표시할 **선분 ❶과 ❷를 순서에 상관없이 클릭**하고, **치수선 의 위치(❸)를 클릭**합니다.

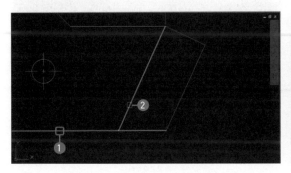

10 반지름치수(Dimradius) 명령의 **단축키 'DRA'를 입력**하고 Enter를 눌러 명령을 실행합니다. 반지름을 표시할 **원 (❶)을 클릭**하고 **치수선의 위치(❷)를** 클릭합니다.

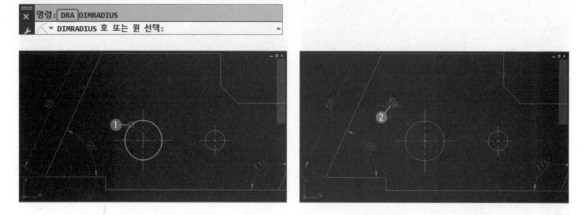

11 지름치수(Dimdiameter) 명령의 **단축키 'DDI'를 입력**하고 Enter를 눌러 명령을 실행합니다. 지름을 표시할 **원(❶)을** 클릭하고 **치수선의 위치(❷)를** 클릭합니다.

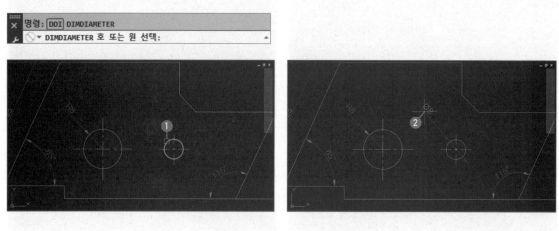

12 계속해서 지시선을 작성해 보겠습니다. 빠른 지시선(QLeader)의 **단축키 'LE'를 입력**하고 Enter를 누릅니다. 설정 을 변경하기 위해 다시 Enter를 누르고, **[부착] 탭(❶)을 클릭**합니다. **'맨 아래 행에 밑줄' 항목(❷)에 체크**하고, **[확인](❸)** 을 클릭합니다.

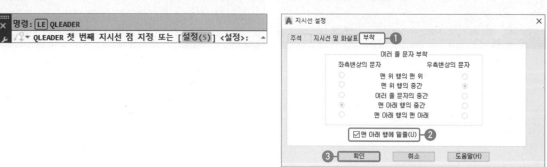

13 지시선의 화살표가 시작되는 부분(❶)을 클릭하고 선이 꺾이는 위치(❷)를 클릭합니다.

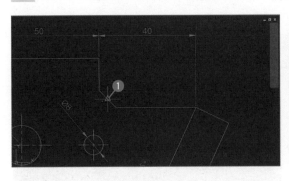 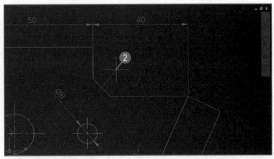

14 문자가 시작될 위치(❶)를 클릭하고 [Enter]를 누릅니다. 다시 [Enter]를 눌러 '여러 줄 문자' 옵션을 적용하고 **'C7'을**
입력합니다.

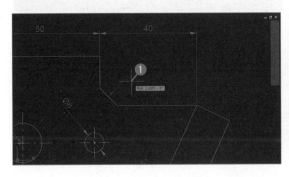 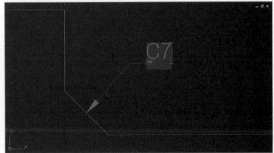

15 리본 메뉴에서 [닫기] – **[문서 편집기 닫기]를** 클릭합니다.

TIP ✓

[문서 편집기 닫기]를 클릭하는 대신 빈 공간을 클릭해도 작업을 완료할 수 있습니다.

16 치수 명령의 옵션을 사용해 보겠습니다. **선형치수(DLI) 명령을 실행**하고 치수를 기입할 구간 ❶ **지점과 ❷ 지점을**
클릭합니다. ❸ **지점으로 커서를 이동**해보면 X축 값이 표기되고 있습니다(선분 ❹와 ❺는 평행으로, 간격은 15입니다).

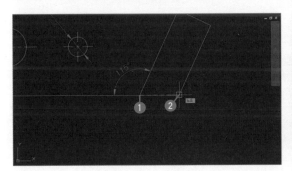 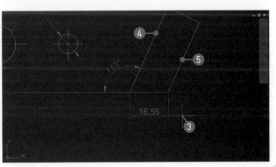

17 명령행에 **회전 옵션 'R'을 입력**하고 Enter를 누릅니다. 치수가 회전할 각도와 동일한 **❶과 ❷를 클릭**하고 **치수선의 위치(❸)를 클릭**합니다.

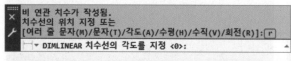

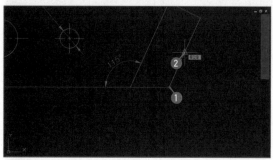
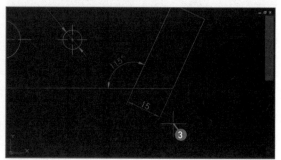

18 계속해서 각도치수의 옵션을 사용해 보겠습니다. **각도치수(DAN) 명령을 실행**한 후 각도를 표시할 **선분 ❶과 ❷를 순서에 상관없이 클릭**합니다. **커서를 ❸, ❹, ❺, ❻ 지점으로 이동**해 보면 각도가 표시됩니다. Esc를 눌러 명령을 취소합니다(표기할 각도는 바깥쪽 245°입니다).

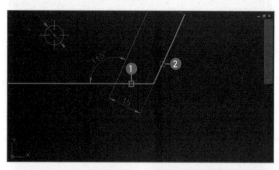

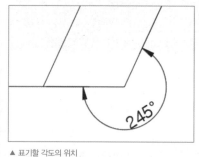

▲ 표기할 각도의 위치

19 각도치수(Dimangular) 명령의 **단축키 'DAN'을 입력**하고 Enter를 눌러 명령을 실행합니다. '정점 지정' 옵션을 사용하기 위해 한 번 더 Enter를 누릅니다. 표시할 각도의 **꼭짓점(❶)을 클릭**하고, 각도의 **시작 부분(❷)과 끝 부분(❸)을 클릭**합니다. **치수각도의 위치(❹)를 클릭**하면 바깥쪽의 각도가 표기됩니다(외형선과 겹치는 보조선의 제어는 Step 2에서 학습합니다).

```
명령: DAN DIMANGULAR
호, 원, 선을 선택하거나 <정점 지정>:
 ▼ DIMANGULAR 각도 정점 지정:
```

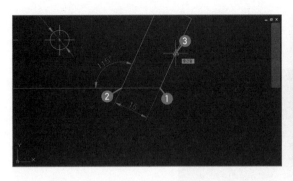 

20 남은 부분도 다음과 같이 치수를 기입해 봅니다.

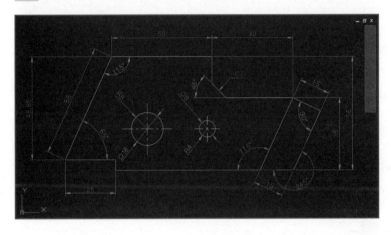

STEP **2**

치수 기입 2 - 기타 치수 및 편집

[주석] 탭의 [치수] 패널도구를 사용해 치수를 빠르게 기입하고, 치수의 내용과 위치를 고려하여 치수의 형태를 편집합니다. Ctrl + 1을 눌러 치수의 특성을 확인하고 치수보조선을 제어할 수 있습니다.

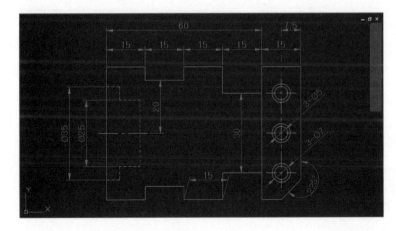

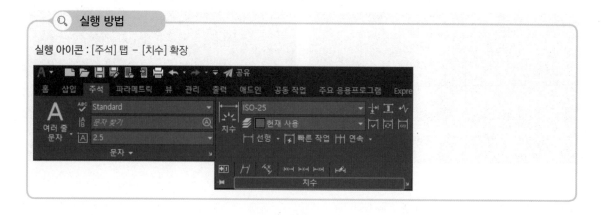
① 빠른 작업(QDim, ▦)

명령을 실행한 후 연속치수의 기입 구간을 선택하고 치수선의 위치를 지정합니다.

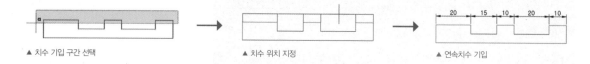

▲ 치수 기입 구간 선택 　　　　 ▲ 치수 위치 지정 　　　　 ▲ 연속치수 기입

② 문자 편집(Textedit, 치수 더블클릭)

명령을 실행한 후 치수를 선택하면 치수 문자의 내용을 수정할 수 있습니다.

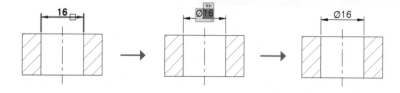

③ 기울기(Dimedit, ▱)

명령을 실행하고 기울기(O) 옵션을 적용하면 치수보조선의 각도를 수정할 수 있습니다.

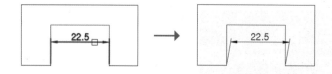

④ 끊기(Dimbreak, ▦)

명령을 실행한 후 교차되는 치수를 선택합니다.

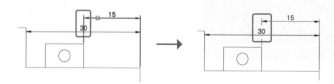

⑤ 치수보조선(Dimse1/Dimse2, Ctrl + 1)

치수를 선택해 특성 창의 '선 및 화살표' 카테고리에서 '치수보조선 1'과 '치수보조선 2' 항목을 '끄기'로 변경하면
기입된 치수의 보조선을 숨길 수 있습니다(Dimse1, Dimse2 명령으로 보조선 억제를 '켜기'로 변경한 후 치수를
기입해도 치수보조선이 억제되어 표기되지 않습니다).

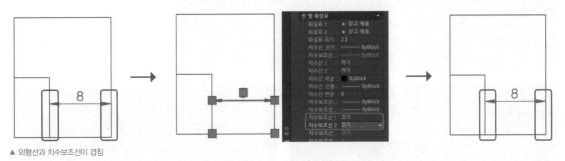

▲ 외형선과 치수보조선이 겹침

실습 치수 편집하기

작성된 도면에 치수 편집 도구 및 옵션을 활용해 다양한 방법으로 치수를 작성해 봅니다.

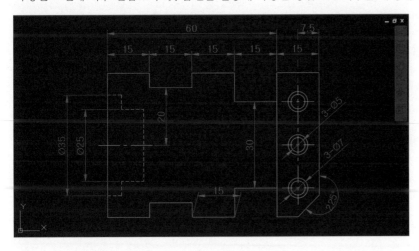

01 AutoCAD를 실행하고 [P03₩Ch06₩Dimension2.dwg] 실습 파일을 불러옵니다.

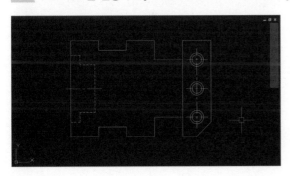

02 [주석] 탭의 [치수] 패널에서 **빠른 작업 아이콘()(❶)을 클릭**하거나 Qdim 명령을 실행합니다. 연속치수를 기입할 객체를 선택하기 위해 ❷ **지점**과 ❸ **지점을 클릭**하고 Enter 를 누릅니다. **치수선의 위치(❹)를 클릭**하면 영역에 걸친 부분 이 연속치수로 기입됩니다(치수를 기입할 구간을 하나씩 클릭해 선택해도 됩니다).

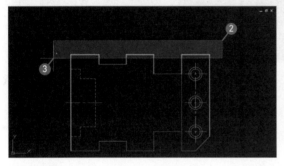

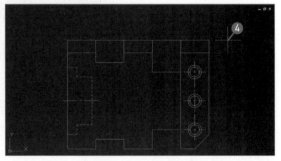

TIP

빠른 작업(Qdim)의 옵션

Qdim 명령의 기본 설정은 연속치수로 옵션 변경 시 다양한 형태의 치수를 신속하게 기입할 수 있습니다.

① 다중(S)

다중치수 기입 후 업데이트 아이콘(▣)을 클릭하면 치수 문자를 가운데로 정렬할 수 있습니다.

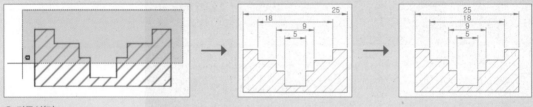

② 기준선(B)

기준선치수 기입 후 공간 조정 아이콘(▣)을 클릭해 치수선 간격을 조정할 수 있으며, 데이텀 점(P) 옵션을 사용하면 기준을 변경할 수 있습니다.

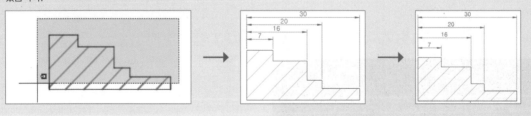

③ 반지름(R)/지름(D)

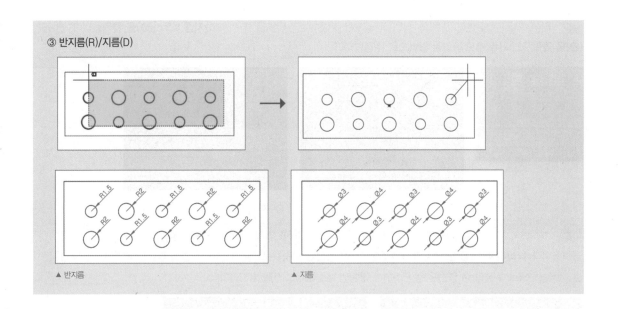

▲ 반지름   ▲ 지름

03 선형치수(DLI) 명령을 실행해 좌측 치수를 기입하고, 지름치수(DDI) 명령으로 우측 치수를 다음과 같이 기입합니다.

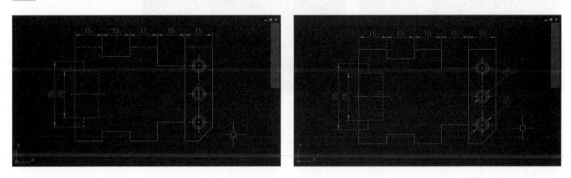

04 기입된 치수의 문자 내용을 수정하겠습니다. 치수 ❶을 대기 상태의 커서로 더블클릭하거나, Textedit(ED) 명령을 실행하고 **치수 ❶을 클릭**합니다.

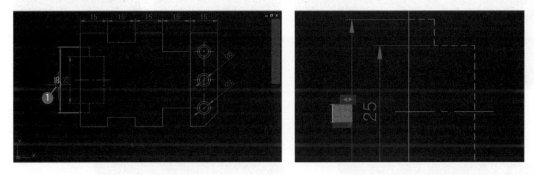

05 리본 메뉴 [문자 편집기] 탭의 [삽입] 패널에서 [기호] 확장 버튼을 클릭하고 **[지름 %%c](❶)**을 클릭합니다. 빈 공간 **(❷)**을 클릭하고 **치수 ❸도 동일한 방법으로 수정**합니다.

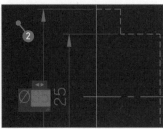
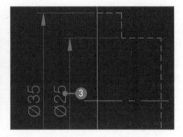

06 계속해서 **우측 치수(❶)를 클릭**합니다. 편집 모드에서 **'3−'를 입력**하고 **빈 공간을 클릭**하거나 [문서 편집기 닫기]를 클릭합니다. **나머지 치수(❷)도 동일하게 수정**한 후 **빈 공간을 클릭**하고 Esc 를 눌러 작업을 종료합니다(문자 및 치수 문자 를 더블클릭으로 수정할 수 없는 경우 Pickfirst 명령의 설정값이 '1'인지 확인합니다).

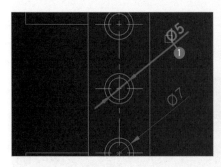
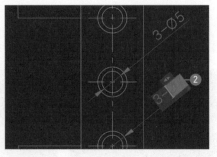

07 **선형치수(DLI) 명령을 실행**합니다. **치수보조선의 원점(❶, ❷)을 클릭**하고 **치수선의 위치(❸)를 클릭**합니다. 치수를 기입하면 치수보조선과 도면의 외형선이 겹치게 나타납니다.

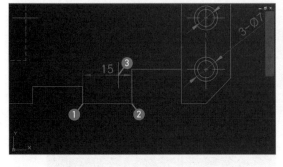
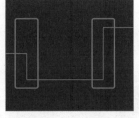
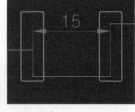

▲ 치수 기입 전   ▲ 치수 기입 후

08 보조선에 기울기를 적용하여 겹치는 부분을 편집하겠습니다. 리본 메뉴의 [주석] 탭(❶)에서 [치수] 확장 버튼(❷)을 클릭하고 기울기 아이콘(/H/)(❸)을 클릭합니다.

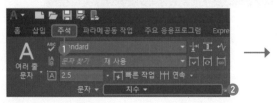

09 편집할 치수(❶)를 클릭하고 Enter 를 누릅니다. **기울기 각도 '80'을 입력**하고 Enter 를 눌러 작업을 완료합니다 (Dimedit(DED) 명령의 기울기(O) 옵션을 사용해서도 편집할 수 있습니다).

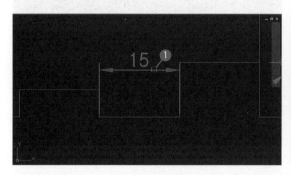
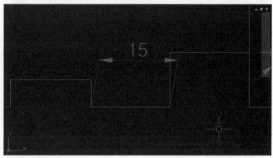

10 **선형치수(DLI) 명령을 실행**합니다. **치수보조선의 원점(❶, ❷)을 클릭**하고 **치수선의 위치(❸)를 클릭**합니다. 치수보조선과 도면의 외형선이 겹칩니다.

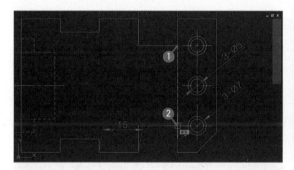
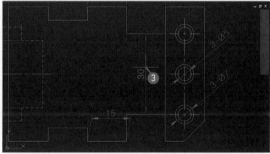

11 기입한 **치수 ❶을 클릭**하고 Ctrl + 1 을 눌러 특성 창을 실행합니다. **치수보조선 1과 치수보조선 2(❷)를 모두 '끄기'로 변경**하면 겹치는 치수보조선이 감춰집니다.

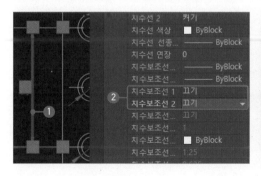

12 치수 **❶**과 **❷**를 마저 **기입**하고 외형선과 치수보조선이 겹치지 않도록 **특성 창(**Ctrl + 1**)에서 설정**합니다.

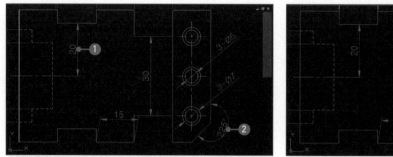
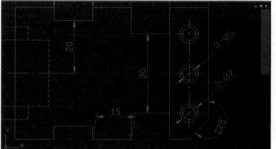

TIP

치수보조선의 1과 2의 구분은 치수 기입 시 보조선의 원점을 클릭한 순서입니다.

13 도면의 우측 상단으로 이동한 후 **선형치수(DLI) 명령을** 실행합니다. **치수보조선의 원점(❶, ❷)을 클릭**하고 **치수선의 위치(❸)를 클릭**합니다. 치수보조선이 앞서 기입한 치수를 교차하면서 기입됩니다.

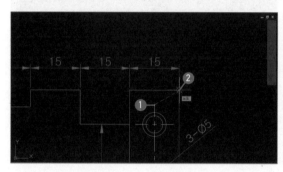
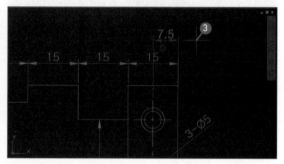

14 치수보조선이 교차하는 부분을 끊기 위해 [주석] 탭의 [치수] 패널에서 **끊기 아이콘(**🔳**)을** 클릭합니다.

15 **편집할 치수(❶)를 클릭**하고 Enter를 누르면 교차 부분이 끊어집니다(Dimbreak 명령을 사용해도 동일한 결과로 편집할 수 있습니다).

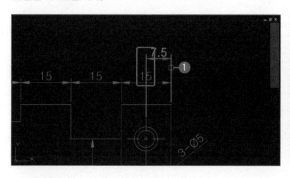 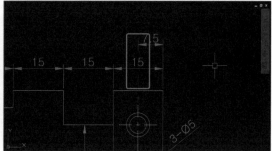

> **TIP** ⌄
>
> **좁은 공간의 치수 화살표**
>
> 치수의 화살표는 공간이 좁은 경우 바깥쪽으로 표기되도록 설정되어 있습니다.
>
>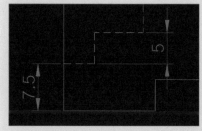
>
> ▲ 공간에 따른 화살표의 위치
>
> 조절점(Grip) 옵션을 사용하면 화살표의 방향을 반전시킬 수 있습니다(아래의 작업 결과는 이해를 돕기 위해 Dimscale 설정을 0.8로 설정하였습니다).
>
>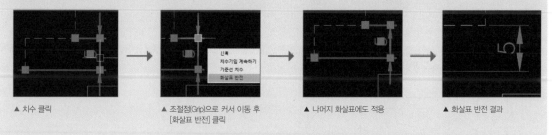
>
> ▲ 치수 클릭   ▲ 조절점(Grip)으로 커서 이동 후 [화살표 반전] 클릭   ▲ 나머지 화살표에도 적용   ▲ 화살표 반전 결과

도면실습

제시된 도면층 및 문자 스타일을 설정하고, 도면층을 사용해 다음 도면을 작성하시오(단, 문자의 높이는 '5'로 설정하며, 표시된 치수까지 모두 동일하게 작성합니다).

도면층

상태	이름	켜기	동결	잠금	플롯	색상	선종류	선가중치
✓	0					■ 흰색	Continuous	—— 기본값
	가상선					■ 선홍색	PHANTOM	—— 기본값
	문자					■ 흰색	Continuous	—— 기본값
	숨은선					■ 노란색	HIDDEN	—— 기본값
	외형선					■ 초록색	Continuous	—— 기본값
	중심선					■ 흰색	CENTER	—— 기본값
	치수					■ 빨간색	Continuous	—— 기본값

문자 스타일

도면1

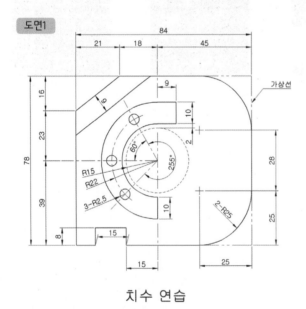

치수 연습

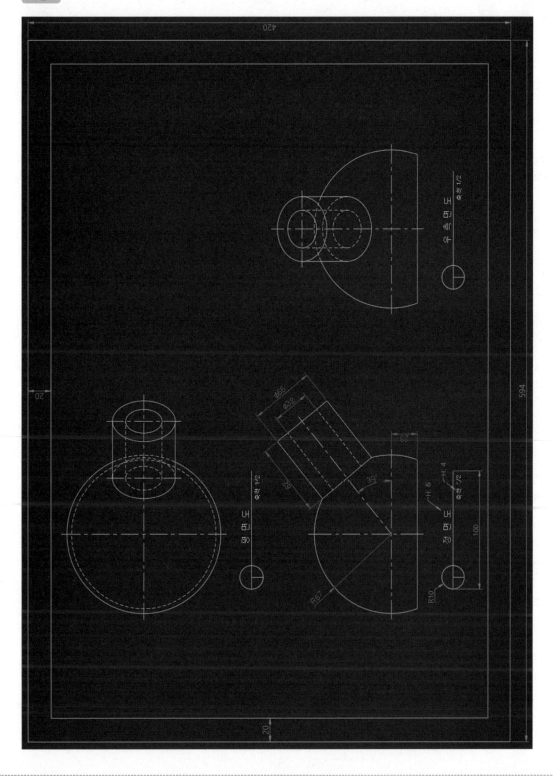

CHAPTER

07

치수 스타일(Dimstyle)

치수의 스타일 및 변수를 설정하면 다양한 유형의 치수를 만들어 사용할 수 있으며, 사전에 기입된 치수의 편집도 신속하게 처리할 수 있습니다.

STEP 1 | **치수 스타일(Dimstyle)**

치수의 기본 스타일은 국제표준규격인 ISO-25를 기본으로 사용합니다. 이 표준 스타일을 기본으로 일부 설정을 변경하거나 새로운 스타일을 추가해 사용할 수 있습니다.

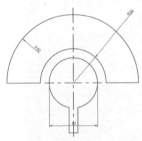

▲ 기본 스타일

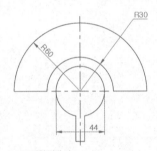

▲ 스타일 변경 시

🔍 **실행 방법**

❶ 실행 단축키 : D
❷ 실행 아이콘 : [홈] 탭 – [주석] 확장 – 치수 스타일 아이콘()

치수 스타일(Dimstyle) 관리자 설정

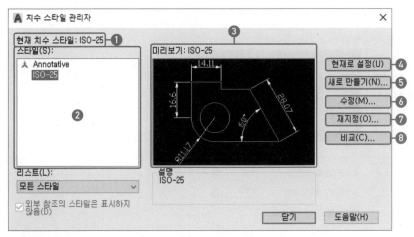

▲ 새로 만들기 설정 창

① **현재 치수 스타일** : 현재 지정된 치수 유형입니다.

② **스타일** : 작성된 치수 스타일 목록입니다.

③ **미리보기** : 선택된 치수 유형 미리보기 창입니다.

④ **현재로 설정** : 선택한 치수 유형을 현재 유형으로 설정합니다.

⑤ **새로 만들기** : 새로운 이름의 치수 유형을 만듭니다.

⑥ **수정** : 선택한 치수 유형을 수정합니다.

⑦ **재지정** : 설정 덮어쓰기(임시 치수)입니다.

⑧ **비교** : 두 개의 치수 유형을 비교합니다.

치수 스타일(Dimstyle) 수정 설정 - [선]

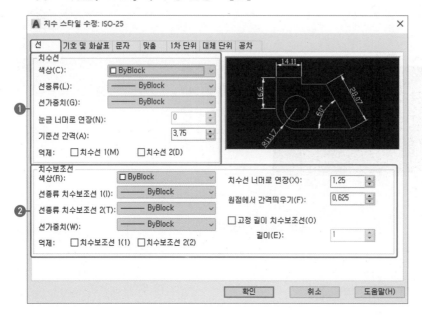

① 치수선

- 색상(DimCLRD) : 치수선의 절대값 색을 지정합니다.
- 선 종류(DimLTYPE) : 치수선의 유형을 지정합니다.
- 선가중치(DimLWD) : 치수선의 두께를 지정합니다.
- 눈금 너머로 연장(DimDLE) : 치수보조선에서 돌출된 치수선의 길이를 지정합니다.
- 기준선 간격(DimDLI) : 기준 치수 기입 시 하단의 치수선과 상단의 치수선과의 거리를 지정합니다.
- 치수선 억제(DimSD1, DimSD2) : 좌우 치수선 생성 유무를 조정합니다.

② 치수보조선

- 색상(DimCLRE) : 치수보조선의 색을 지정합니다.
- 선 종류 치수보조선 1(DimLTEX1) : 치수보조선 1의 유형을 지정합니다.
- 선 종류 치수보조선 2(DimLTEX2) : 치수보조선 2의 유형을 지정합니다.
- 선가중치(DimLWE) : 치수보조선의 두께를 지정합니다.
- 억제(DimSE1, DimSE2) : 좌우 치수보조선의 생성 유무를 조정합니다.
- 치수선 너머로 연장(DimEXE) : 치수선에서 돌출된 치수보조선의 길이를 지정합니다.
- 원점에서 간격띄우기(DimEXO) : 지정된 위치에서부터 치수보조선이 생성될 거리를 지정합니다.
- 고정 길이 치수보조선(DimFXLOM) : 치수보조선의 길이를 하단의 길이 값으로 고정합니다.

치수 스타일(Dimstyle) 수정 설정 – [기호 및 화살표]

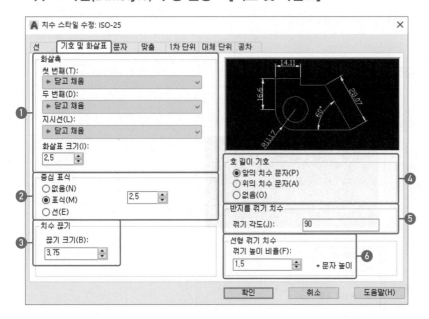

① 화살촉

- **첫 번째(DimBLK1)** : 치수선 시작 부분(위치 지정 시 첫 번째 클릭)의 화살표 모양을 설정합니다.
- **두 번째(DimBLK2)** : 치수선 끝 부분(위치 지정 시 두 번째 클릭)의 화살표 모양을 설정합니다.
- **지시선(DimLDRBLK)** : 지시선 시작 부분의 화살표 모양(Qleader(LE)) 설정과 동일합니다.
- **화살표 크기(DimASZ)** : 화살표의 크기를 지정합니다.

② 중심 표식(DimCEN)

- **없음** : 중심 표식을 넣지 않습니다.
- **표식** : 중앙에 작은 십자 표식으로 표시합니다.
- **선** : 선으로 길게 표시합니다.

③ 치수 끊기

- **끊기 크기(Dimbreak)** : 치수를 끊는 교차 부분의 간격을 지정합니다.

④ 호 길이 기호

- **앞의 치수 문자** : 치수 문자 앞에 호의 기호를 배치합니다.
- **위의 치수 문자** : 치수 문자 위에 호의 기호를 배치합니다.
- **없음** : 호 길이 기호를 넣지 않습니다.

⑤ 반지름 꺾기 치수

- **꺾기 각도** : 반지름치수의 꺾기 각도를 지정합니다.

⑥ 선형 꺾기 치수

• 꺾기 높이 비율 : 선형치수의 꺾기 높이를 지정합니다.

치수 스타일(Dimstyle) 수정 설정 – [문자]

① 문자 모양

• 문자 스타일 : 치수 문자의 문자 스타일을 설정합니다.

• 문자 색상 : 치수 문자의 색상을 설정합니다.

• 채우기 색상 : 치수 문자의 바탕색을 설정합니다.

• 문자 높이 : 치수 문자의 높이를 설정합니다.

• 분수 높이 축척 : 분수 단위 표기의 높이를 설정합니다(1차 단위를 분수로 설정해야 활성화됩니다).

• 문자 주위에 프레임 그리기 : 항목 체크 시 문자 외곽에 사각 테두리를 설정합니다.

② 문자 배치

• 수직 : 수직 방향의 문자 배치를 지정합니다.

• 수평 : 수평 방향의 문자 배치를 지정합니다.

• 뷰 방향 : 문자를 보는 방향을 설정합니다.

• 치수선에서 간격띄우기 : 치수선과 문자의 수직 간격을 설정합니다.

③ 문자 정렬(Text Alignment)

• 수평 : 치수 문자를 항상 수평 정렬합니다(DimTOH=On, DimTIH=On과 동일).

• 치수선에 정렬 : 치수 문자와 치수선을 평행 정렬합니다(DimTOH=Off, DimTIH=Off와 동일).

- ISO 표준 : 치수보조선 안에 문자 포함 시에는 치수선과 평행 정렬, 포함하지 않을 시에는 수평 정렬합니다(DimTOH=On, DimTIH=Off와 동일).

치수 스타일(Dimstyle) 수정 설정 – [맞춤]

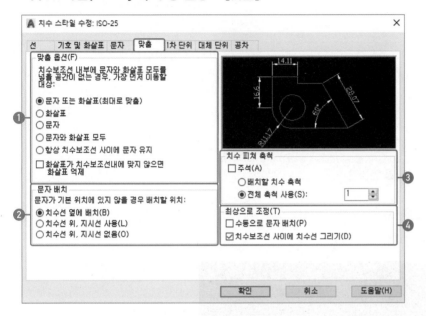

① 맞춤 옵션(Fit Options)

- 문자 또는 화살표 : DimATFIT⟨3⟩과 동일한 설정입니다.
- 화살표 : DimATFIT⟨1⟩과 동일한 설정입니다.
- 문자 : DimATFIT⟨2⟩와 동일한 설정입니다.
- 문자와 화살표 모두 : DimATFIT⟨0⟩과 동일한 설정입니다.
- 항상 치수보조선 사이에 문자 유지(DimTIX) : 치수보조선 사이의 공간이 부족할 경우 치수보조선 안에 치수 문자를 강제로 배치합니다.
- 화살표가 치수보조선내에 맞지 않으면 화살표 억제(DimSOXD) : 치수보조선 사이에 화살표를 넣을 공간이 부족할 경우 화살표 표시를 억제합니다.

② 문자 배치

- 치수선 옆에 배치 : 치수보조선 사이에 문자를 넣을 공간이 부족한 경우 문자를 보조선 옆으로 내보냅니다(DimTMOVE⟨0⟩).
- 치수선 위, 지시선 사용 : 치수보조선 사이에 문자를 넣을 공간이 부족할 경우 문자를 치수선 위로 지시선을 그려 내보냅니다(DimTMOVE⟨1⟩).
- 치수선 위, 지시선 없음 : 치수보조선 사이에 문자를 넣을 공간이 부족할 경우 문자를 치수선 위로 지시선을 그리지 않고 내보냅니다(DimTMOVE⟨2⟩).

③ 치수 피처 축척

- 주석 : 주석 축척을 사용합니다.
- 배치할 치수 축척 : 배치 축척을 사용합니다.
- 전체 축척 사용(DimScale) : 사용할 축척을 직접 입력합니다.

④ 최상으로 조정

- 수동으로 문자 배치(DimUPT) : 사용자가 치수 문자의 위치를 수동으로 조정합니다.
- 치수보조선 사이에 치수선 그리기(DimTOFL) : 치수 문자와 화살표가 치수보조선 밖에 위치할 경우 내부의 치수선 그리기를 설정합니다.

실습 Dimstyle 명령으로 치수 스타일 만들기

치수는 업종 및 직무의 성격에 따라 약속된 스타일을 사용해야 합니다. 치수 스타일 명령의 주요 기능과 CAT 2급 시험에 필수적인 내용을 학습합니다.

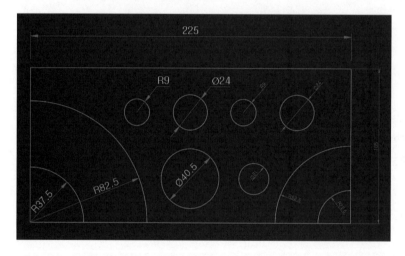

01 AutoCAD를 실행하고 [P03₩Ch07₩Dimstyle1.dwg] 실습 파일을 불러옵니다. 먼저 기본 스타일을 사용해 치수를 작성해 보겠습니다. 우측에 선형치수(DLI), 반지름치수(DRA), 지름치수(DDI) 명령을 사용해 다음과 같이 치수를 기입합니다.

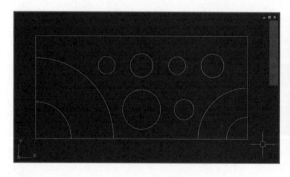
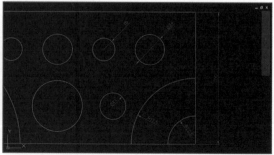

02 새로운 치수 스타일(Dimstyle)을 만들어 기입해 보겠습니다. Dimstyle 명령의 **단축키 'D'를 입력**하고 Enter 를 누릅니다. **[새로 만들기](❶)를 클릭**하고 **새 스타일 이름(❷)을 '치수1'로 입력**한 후 **[계속](❸)을 클릭**합니다.

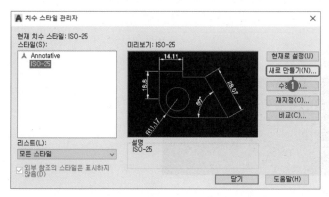

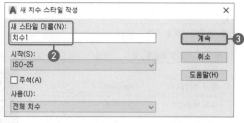

03 [선] 탭에서 **객체와 보조선의 간격을 '3'으로 지정**합니다(보조선의 간격은 치수변수 'DimEXO'를 입력해 설정합니다).

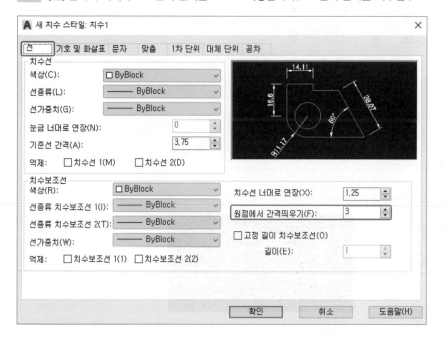

04 [문자] 탭(**①**)을 클릭합니다. 문자 색상(**②**)은 '노란색'으로 변경하고, 문자 정렬(**③**)은 'ISO 표준'으로 변경합니다. 문자 색상은 절댓값이므로 어떤 도면층을 사용하더라도 설정된 색상으로 표기됩니다(문자 정렬의 ISO 표준은 치수변수 'DimTOH'를 입력해 설정합니다).

05 [맞춤] 탭(**①**)을 클릭합니다. 치수 피쳐 축척의 전체 축척 사용 값(**②**)에 '2'를 입력하고 [확인](**③**)을 클릭합니다.

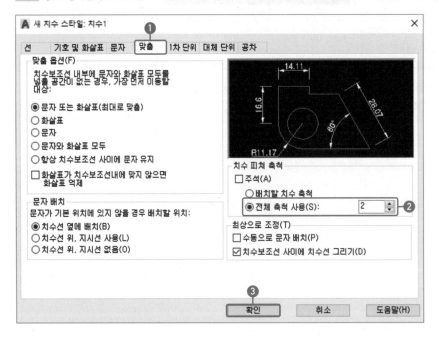

06 좌측 스타일 목록에서 새로 추가한 '치수1' 스타일이 다음과 같은 설정으로 되어 있음을 확인하고 **[닫기]를 클릭**합니다(신규로 작성한 스타일은 자동으로 현재 치수 스타일로 적용됩니다).

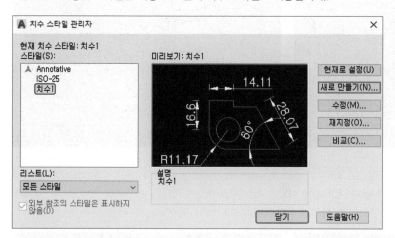

'치수1' 스타일 변경 사항
① 원점에서 간격띄우기(3)
② 문자 색상(노란색)
③ 문자 정렬(ISO 표준)
④ 치수 전체 축척(2)

07 **선형치수(DLI) 명령을 실행**합니다. 치수를 표시할 구간 ❶ **지점과** ❷ **지점을 클릭**하고 **치수선의 위치(❸)를 클릭**합니다. 객체와 보조선의 간격, 문자 색상, 치수의 크기가 변경됨을 확인합니다.

08 원 ❶과 ❷에 **반지름(DRA) 및 지름치수(DDI)를 기입**합니다. 문자가 수평으로 표기됨을 확인합니다.

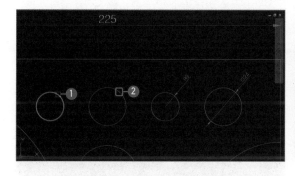

09 치수변수를 입력해 치수 스타일을 변경해 보겠습니다. **DIMATFIT 명령을 실행**하고 **새 값을 '2'로 입력**합니다.

10 지름치수(DDI) 명령을 실행합니다. 원 **❶**을 클릭해 치수를 기입하면 지름이 원 내부에 양방향 화살표로 표기됩니다.

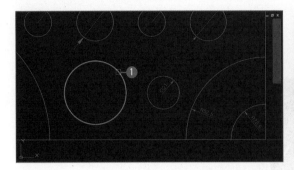 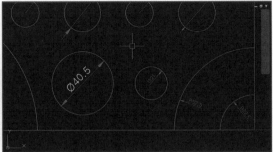

11 계속해서 호 **❶**과 **❷**를 클릭해 반지름치수(DRA)를 기입합니다. DIMATFIT 설정으로 호 안쪽에 기입합니다. 호 **❷**의 치수가 호 **❶**과 교차되어 표기된 것을 확인하고 **호 ❷의 치수를 삭제**합니다.

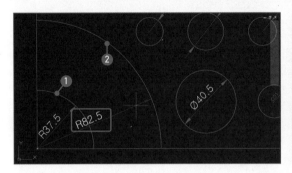 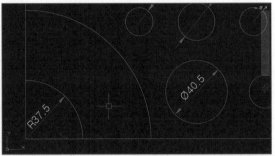

12 DIMUPT 명령을 실행하고 새 값을 '1'로 설정합니다(변수 설정 시 켜기(On)는 '1'과 같고 끄기(Off)는 '0'과 같습니다).

```
명령: DIMUPT
▼ DIMUPT DIMUPT에 대한 새 값 입력 <끄기(OFF)>: 1
```

13 반지름치수(DRA) 명령을 실행합니다. 호 **❶**을 클릭하면 치수 문자를 이동할 수 있습니다. **❷ 지점을 클릭**해 호와 교차하지 않도록 치수를 기입합니다.

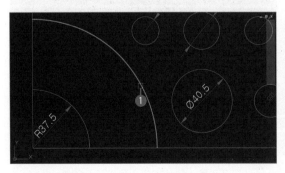 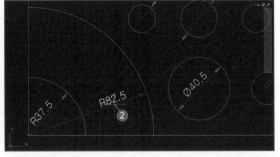

14 변경한 치수변수는 다음 치수 기입을 위해 **기본값인 '3'과 '0'으로 변경**합니다.

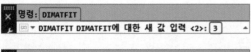

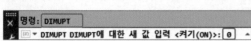

TIP ⌄

치수변수

치수변수는 Dimstyle의 설정된 일부 항목을 변경하여 치수를 기입하는 방법입니다. 자주 변경되는 항목은 치수변수를 직접 입력해 설정을 변경합니다.

① DimSCALE : 치수의 전체 축척을 설정합니다.

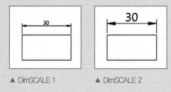

▲ DimSCALE 1   ▲ DimSCALE 2

② DimTOH : 바깥쪽 치수 문자를 가로쓰기로 설정합니다.

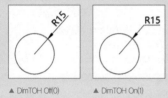

▲ DimTOH Off(0)   ▲ DimTOH On(1)

③ DimATFIT : 치수 문자와 화살표의 위치를 맞춤으로 설정합니다.

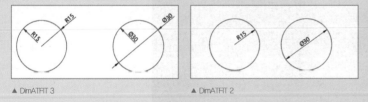

▲ DimATFIT 3   ▲ DimATFIT 2

④ DimUPT : 치수 문자의 이동 유무를 제어합니다.

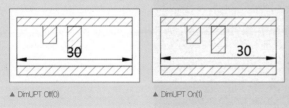

▲ DimUPT Off(0)   ▲ DimUPT On(1)

도면실습

01 제시된 도면층, 문자 및 치수 스타일을 설정하고, 3각법을 사용해 다음 도면을 작성하시오(제목 기호는 0번 도면층을 사용합니다).

도면층

문자 스타일

치수 스타일

- 원점에서 간격띄우기(DimEXO): 2
- 문자 스타일: 맑은 고딕
- 문자 색상: 노란색
- 문자 정렬: ISO 표준(DimTOH: 1)
- 치수 전체 축척: 2

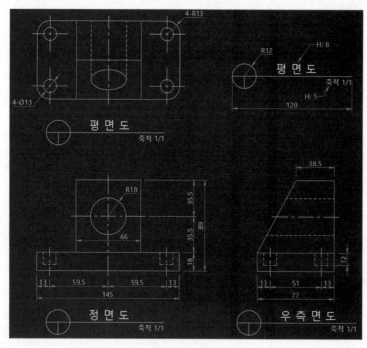

02 제시된 도면층, 문자 및 치수 스타일을 설정하고, 3각법을 사용해 다음 도면을 작성하시오(제목 기호는 0번 도면층을 사용합니다).

도면층

문자 스타일

A 문자 스타일
현재 문자 스타일: Standard
스타일(S):

현재 문자 스타일: Standard
스타일(S):
- Annotative
- Standard

글꼴
글꼴 이름(F):
T 굴림
☐ 큰 글꼴 사용(U)

치수 스타일

- 원점에서 간격띠우기(DimEXO): 2
- 문자 스타일: 맑은 고딕
- 문자 색상: 노란색
- 문자 정렬: ISO 표준(DimTOH: 1)
- 치수 전체 축척: 2

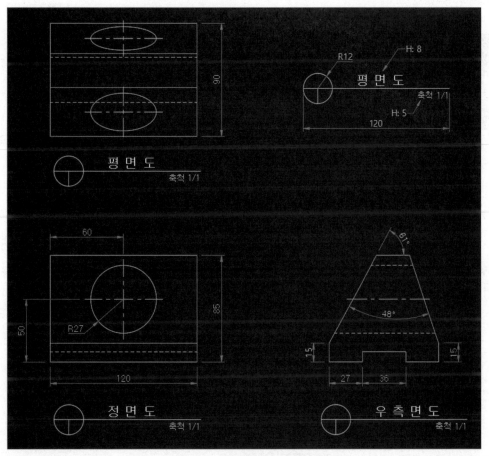

CHAPTER

08

페이지 설정(Pagesetup), 플롯(Plot), 배치(Layout)

AutoCAD로 작성된 도면은 대부분 용지로 출력되어 다양한 업무에 사용됩니다. 원활한 업무를 위해서는 목적에 맞게 도면을 배치하고 정확하게 출력할 수 있어야 합니다.

STEP 1 | 페이지 설정(Pagesetup), 플롯(Plot)

작성된 도면을 인쇄하기에 앞서 출력할 페이지에 대한 도면 영역, 축척, 스타일 등을 미리 설정하여 저장합니다.

🔍 실행 방법

❶ 실행 명령어 : PAGESETUP

❷ 실행 아이콘 : [출력] 탭 – [플롯] 패널 – 페이지 설정 관리자 아이콘(▣)

페이지 설정(Pagesetup) 관리자 설정

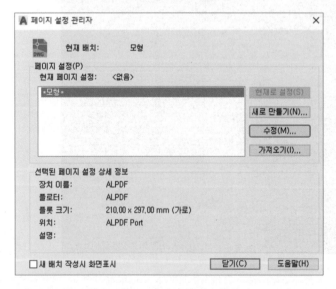

페이지 설정(Pagesetup) 수정 설정

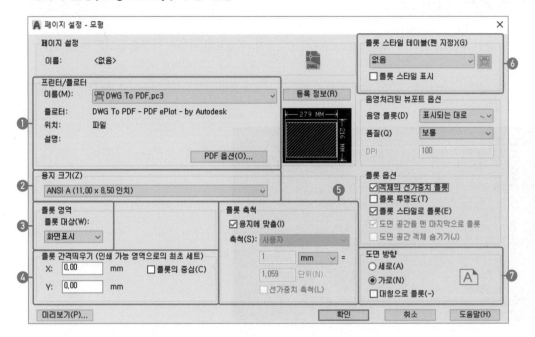

① **프린터/플로터** : 출력할 때 사용할 수 있는 플로팅 장치를 지정합니다.

② **용지 크기** : 출력 장치에 사용할 수 있는 용지 크기를 지정합니다.

③ **플롯 영역** : 플롯 대상에서 플롯할 도면의 영역을 선택할 수 있습니다. 모델 공간에서는 '윈도우', 레이아웃 공간에서는 '배치'를 주로 사용합니다.

④ **플롯 간격띄우기** : 플롯 간격띄우기 옵션에서 설정한 값에 따라 '인쇄 가능 영역의 좌측 하단 구석' 또는 '용지의 모서리'를 기준으로 플롯 영역의 간격띄우기를 지정합니다. '플롯의 중심' 항목을 체크하면 선택 영역이 용지 중앙에 배치됩니다.

⑤ **플롯 축척** : 도면 단위의 크기를 플롯 단위와 상대적으로 조절합니다. 배치(Layout)에서 플롯할 때의 기본 축척은 '1:1'이고, 모형(Model)에서 플롯할 때의 기본 설정은 '용지에 맞춤'입니다.

⑥ **플롯 스타일 테이블** : 플롯 스타일 테이블을 설정하거나 편집할 수 있고, 새 플롯 스타일 테이블을 작성할 수도 있습니다.

⑦ **도면 방향** : 가로 및 세로 방향을 지원하는 플로터의 용지에 대한 도면 방향을 지정합니다.

도면의 효율적인 출력 및 인쇄 관리를 위해 Pagesetup(페이지 설정)에 필요한 사항을 설정해 보도록 하겠습니다.

01 AutoCAD를 실행하고 [P03₩Ch08₩Pagesetup.dwg] 실습 파일을 불러옵니다. 작성된 도면을 출력하기 위해 페이지를 설정하겠습니다.

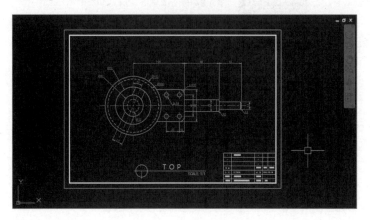

02 선의 가중치(굵기)를 설정하기 위해 **Layer 명령을 실행**합니다. 현재 각 도면층의 선가중치는 기본값으로 설정되어 있습니다(CAT 2급 시험에서는 가중치 설정을 하지 않습니다).

03 '중심선' 도면층(❶)을 클릭하고 Ctrl을 누른 상태에서 '숨은선' 도면층(❷)을 클릭합니다. 선가중치 항목의 [기본값] (❸)을 클릭합니다. '0.15mm'(❹)를 선택하고 [확인](❺)을 클릭하면 선택한 가중치가 적용됩니다(Defpoints는 치수를 사용하면 자동으로 생성되는 도면층입니다).

04 '외형선' 도면층의 선가중치인 [기본값](❶)을 클릭합니다. '0.35mm'(❷)를 선택하고 [확인](❸)을 클릭하면 선택한 가중치가 적용됩니다.

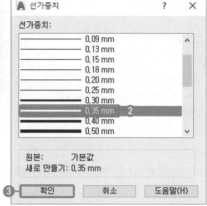

05 동일한 방법으로 **'문자 기호'** 도면층과 **'치수'** 도면층의 선가중치를 각각 '0.20mm'로 설정하고 창을 닫습니다.

06 하단의 [모형] 탭(❶)에서 마우스 오른쪽 버튼을 클릭하고, [페이지 설정 관리자](❷)를 클릭합니다. 페이지 설정 관리자 창에서 [수정](❸)을 클릭합니다.

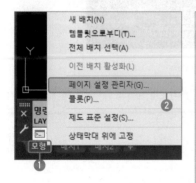

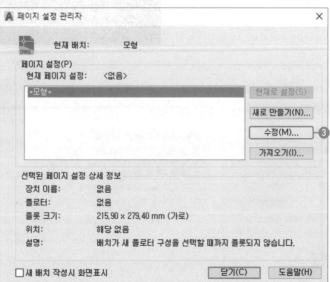

07 출력에 사용될 장치를 설정하기 위해 프린터/플로터의 이름을 클릭하여 PC와 연결되어 있는 프린터 모델을 클릭합니다. A3 프린터가 없으면 **'DWG To PDF.pc3'을 선택**합니다.

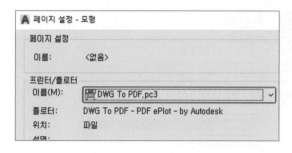

08 출력에 사용할 **용지 크기는 'ISO 전체 페이지 A3(420.00 x 297.00 mm)'를 선택**합니다.

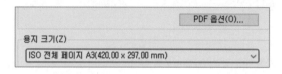

09 출력 영역을 용지 중심에 맞추기 위해 **'플롯의 중심'(①)을 체크**합니다. 출력될 영역을 설정하기 위해 **플롯 대상에서 '윈도우'(②)를 선택**합니다. 작업 화면으로 전환되면 **③ 지점을 클릭**하고 **④ 지점을 클릭**합니다.

10 **'용지에 맞춤' 항목(①)을 체크 해제**하고 **축척(②)을 '1:1'로 설정**합니다. 모든 선이 검은색으로 출력되도록 **플롯 스타일 테이블(③)을 'monochrome.ctb'로 선택**합니다.

> **TIP** ⌄
>
> 'monochrome.ctb'를 선택하면 작성된 색상을 모두 검은색으로 출력하고, 'acad.ctb'를 선택하면 작성된 색상 그대로 출력할 수 있습니다.

11 마지막으로 **도면 방향(❶)**을 '가로'로 설정하고 **[미리보기](❷)**를 클릭합니다.

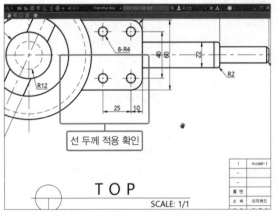

12 도면층에서 설정한 선의 가중치를 확인하기 위해 화면을 확대하여 모델 도면층의 선과 다른 선의 두께를 비교합니다. [Esc]를 누르고 **[확인]을 클릭**합니다. 페이지 설정 관리자 창에서 **[닫기]를 클릭**하면 설정된 사항이 기본값으로 저장됩니다. 현재 파일을 유지한 상태로 Step 2에서 계속 진행합니다.

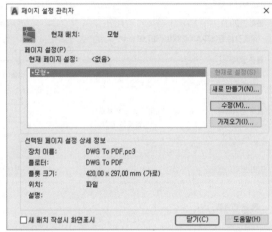

> **TIP** ✓
>
> 페이지 설정은 출력 설정을 저장하는 기능이며, 출력하기 위해 필수적으로 해야 하는 것은 아닙니다.

실습 Plot 명령으로 도면 출력하기

Plot 명령으로 Pagesetup(페이지 설정)에 저장한 정보를 용지나 이미지 파일로 출력할 수 있습니다.

01 Plot([Ctrl] + [P]) 명령을 입력하고 [Enter]를 누르거나 신속 접근 도구막대의 **플롯 아이콘(🖨)을 클릭**합니다.

02 플롯 설정 창을 살펴보면 Pagesetup에서 설정한 내용이 그대로 표시됨을 확인할 수 있습니다. **[확인]을 클릭**해 출력을 진행합니다. PDF 파일을 출력하는 경우 저장 경로와 파일명을 입력합니다(출력 사항을 변경할 수 있으며, 출력 영역 또한 플롯 영역의 [윈도우]를 클릭해 변경할 수 있습니다).

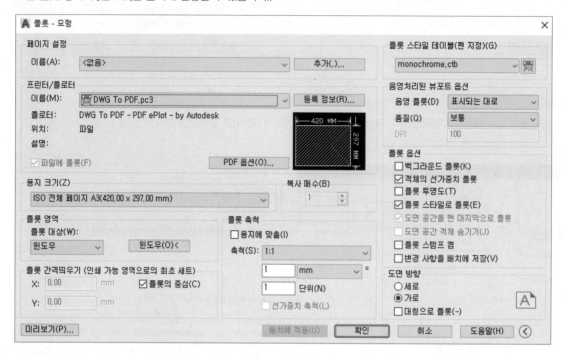

TIP

우측의 추가 설정이 나타나지 않을 경우, 우측 하단의 추가 옵션 아이콘(⊙)을 클릭합니다. Step 1의 페이지 설정을 진행하지 않아도 플롯으로 설정 후 바로 출력할 수 있습니다.

03 출력된 도면 또는 PDF 파일에서 출력 영역 및 선의 가중치를 한 번 더 확인합니다.

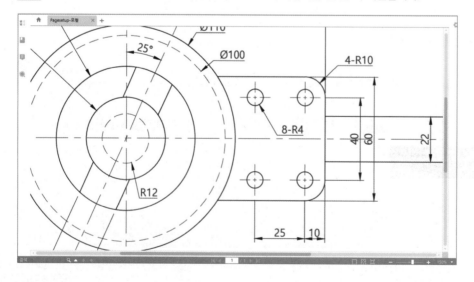

STEP 2 배치(Layout)

작성된 도면은 모형 공간에서도 출력이 가능하지만, 도면 레이아웃의 [배치] 탭을 활용하면 시점과 축척을 설정하여 효과적이고 다양한 도면 배치가 가능합니다.

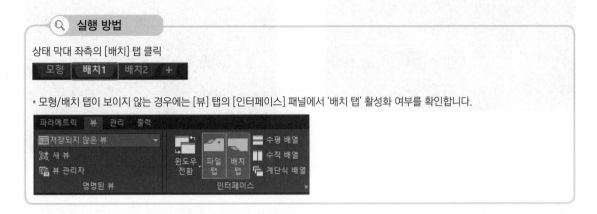

실행 방법

상태 막대 좌측의 [배치] 탭 클릭

모형 | 배치1 | 배치2 | +

* 모형/배치 탭이 보이지 않는 경우에는 [뷰] 탭의 [인터페이스] 패널에서 '배치 탭' 활성화 여부를 확인합니다.

Layout 설정(Options)

Options(OP) 창 [화면표시] 탭에서 레이아웃과 관련된 사항을 설정할 수 있습니다.

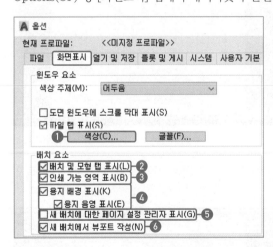

① **색상 :** 모형 및 배치 공간의 배경색을 설정합니다.

② **배치 및 모형 탭 표시 :** 모형 배치1 배치2 + 의 표시 여부를 설정합니다.

③ **인쇄 가능 영역 표시 :** 인쇄 영역을 파선으로 표시합니다.

④ **용지 배경 표시 :** 출력용지와 배경을 구분하여 표시합니다.

⑤ **새 배치에 대한 페이지 설정 관리자 표시 :** [새 배치] 탭을 처음 클릭할 때 설정 창을 표시합니다.

⑥ **새 배치에서 뷰포트 작성 :** [새 배치] 탭으로 이동하면 뷰포트 1개를 자동으로 작성합니다.

실습 Layout 만들고 축척 설정하기

작성된 평면도를 전체와 부분으로 구분하여 뷰를 구성하고, 각 뷰에 적절한 축척을 설정해 도면을 배치합니다.

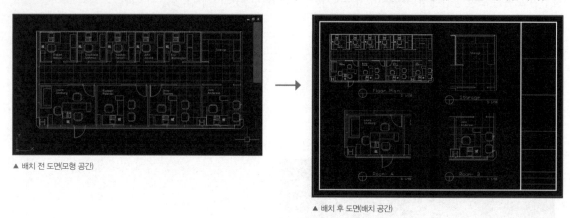

▲ 배치 전 도면(모형 공간)

▲ 배치 후 도면(배치 공간)

01 [P03₩Ch08₩Layout.dwg] 파일을 불러와 다음과 같이 화면에 준비합니다. 좌측 하단에 있는 **[배치1] 탭을 클릭**해 Layout(배치) 공간으로 이동합니다.

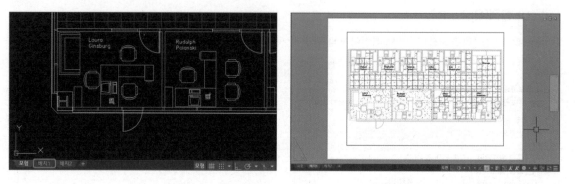

02 [배치1] 공간으로 이동하면 설정된 용지의 영역에 모형 공간에서 작성된 도면이 자동으로 배치됩니다. 자동으로 만들어진 **뷰(Mview) ❶을 클릭**하고 Delete를 눌러 삭제합니다.

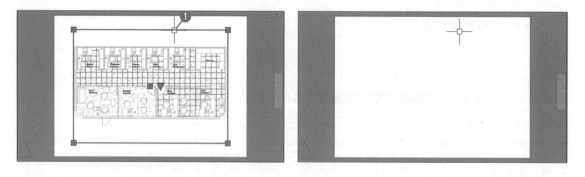

03 배치에 사용할 페이지를 설정하기 위해 **[배치1] 탭(①)**에서 마우스 오른쪽 버튼을 클릭하고 **[페이지 설정 관리자]** **(②)**를 클릭합니다. 페이지 설정 관리자 창에서 **[수정](③)**을 클릭합니다.

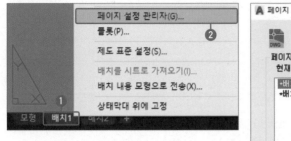
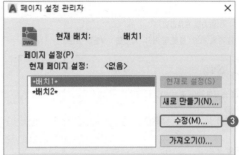

04 프린터/플로터(①)는 'DWG To PDF.pc3', 용지 크기(②)는 'ISO 전체 페이지 A3(420.00 x 297.00 mm)', 축척(③) 은 '1:1', 플롯 스타일 테이블(④)은 'monochrome.ctb', 도면 방향(⑤)은 '가로'로 설정하고 **[확인](⑥)**을 클릭합니다. 페이지 설정 관리자 창에서 **[닫기]**를 클릭해 페이지 설정을 마칩니다.

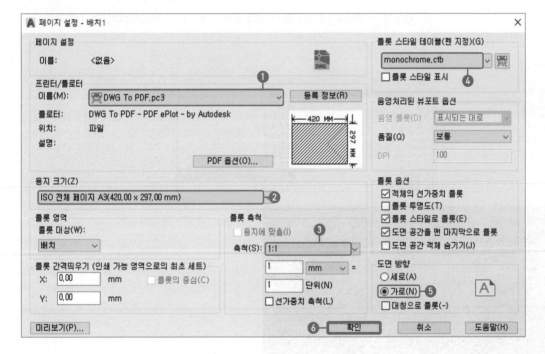

05 모형 공간과 유사한 환경으로 설정하기 위해 Options(OP) 명령을 실행합니다. [화면표시] 탭의 배치 요소에서 **'인쇄 가능 영역 표시', '용지 배경 표시'(❶)의 체크를 해제**하고 **[색상](❷)을 클릭**합니다.

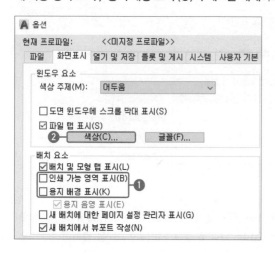

06 배경색은 모형 공간과 같은 **'검은색'을 선택**하고 **[적용 및 닫기]를 클릭**합니다. 옵션 창에서 **[확인]을 클릭**하면 모형 공간과 유사한 환경으로 변경됩니다.

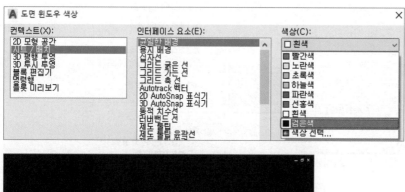

07 Insert 명령의 **단축키 'I'를 입력**하고 Enter 를 누릅니다. **파일탐색 아이콘(❶)을 클릭**하고 실습 파일 [P03₩ Ch08₩A3 Sheet.dwg](❷)를 불러옵니다.

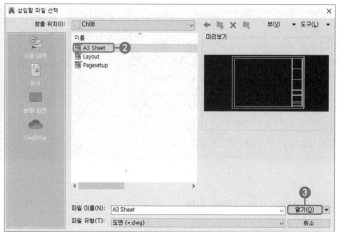

※ Insert의 파일탐색 아이콘은 각 버전마다 위치 및 모양이 다를 수 있습니다. 찾을 수 없는 경우 CLASSICINSERT명 령을 실행한 후 [찾아보기] 버튼을 클릭하여 파일을 선택합 니다.

08 적절한 위치를 클릭해 시트를 삽입합니다.

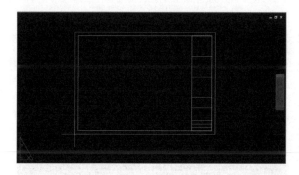

09 모형 공간에 작성된 도면을 배치하기 위해 뷰 삽입(Mview)의 **단축키 'MV'를 입력**하고 Enter 를 누릅니다. 4개의 뷰 를 구성하기 위해 **옵션 값으로 '4'를 입력**하고 Enter 를 누릅니다. ❶ **지점을 클릭**하고 ❷ **지점을 클릭**하면 해당 영역에 4개 의 뷰가 생성됩니다.

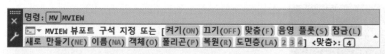

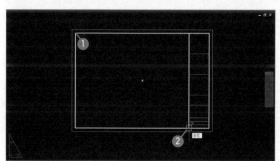

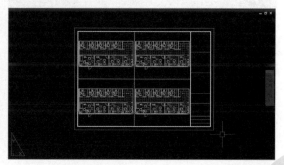

10 생성된 뷰의 외곽선을 대기 상태의 커서로 클릭하면 4개의 뷰가 각각 분리된 것을 확인할 수 있습니다. Esc를 눌러 선택을 해제합니다.

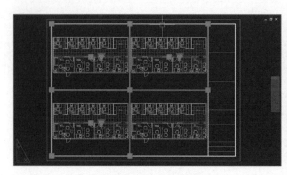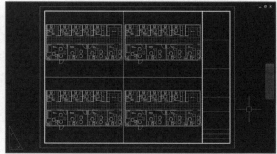

11 Mspace(MS) 명령을 입력하고 Enter를 누릅니다. 명령이 실행되면 뷰 하나가 외곽이 강조되며 활성화되고, 활성화된 뷰는 화면과 축척 변경이 가능함을 뜻합니다. 커서를 이동해 다른 뷰 안쪽을 클릭하면 활성화 위치를 변경할 수 있습니다. **좌측 하단의 뷰(❶)를 클릭**해 활성화합니다.

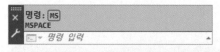

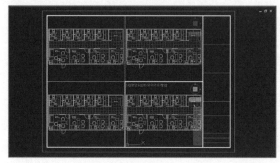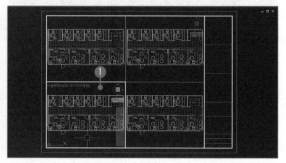

12 활성화된 뷰에서 마우스 휠을 위/아래로 돌리면 해당 뷰만 확대/축소되며, 휠을 누른 상태로 드래그하면 뷰의 위치를 변경할 수 있습니다. **Laura의 룸(❶)을 그림과 같이 확대**해 배치합니다.

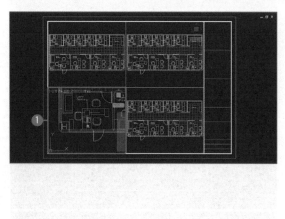

13 뷰 **❶**을 클릭해 활성화하고 **John의 룸을 확대**해 배치합니다. 계속해서 **뷰 ❷를 클릭해 Storage를 확대**합니다.

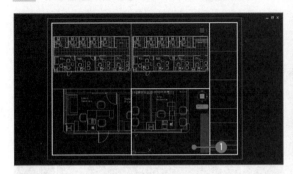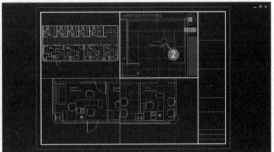

14 적절히 배치한 후 **Pspace(PS) 명령을 입력**하고 Enter를 누릅니다. 명령이 실행되면 처음 상태인 모든 창이 비활성화된 종이 공간으로 변경됩니다.

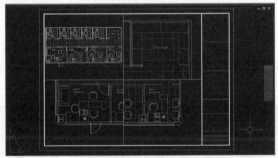

TIP ∨

Pspace 명령으로 종이 공간이 되면 모든 뷰의 외곽이 가늘게 표현되고, 마우스 휠을 돌리면 배치 공간 전체가 확대 및 축소됩니다.

15 뷰의 축척을 설정하기 위해 대기 상태의 커서로 **❶ 지점을 더블클릭**합니다.

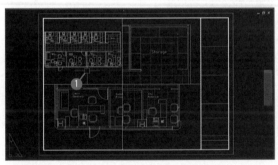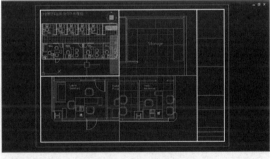

▲ 비활성화 상태   ▲ 활성화 상태

TIP ∨

위 작업에서와 같이 Mspace(MS), Pspace(PS) 명령은 더블클릭으로 실행할 수 있습니다.

16 Zoom(Z) 명령을 입력하고 `Enter`를 누릅니다. '1/100xp'를 입력하고 `Enter`를 누르면 뷰의 축척이 '1/100'로 조정됩니다. ❶에서 휠을 꾹 누른 상태로 드래그하여 그림과 같이 도면의 좌측 부분이 모두 보여지도록 배치합니다.

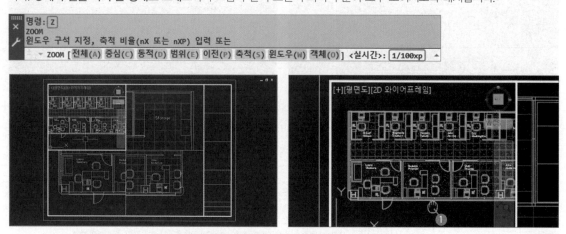

17 우측 상단 뷰(❶)를 클릭해 활성화합니다. Storage 뷰의 축척은 상태 막대를 사용해 조정해 보겠습니다. 작업화면 하단의 상태 막대에서 **축척 아이콘**(0.038047)(❷)을 클릭하고 '1:50'(❸)을 선택합니다. **휠을 꾹 누른 상태로 드래그**하여 뷰 중앙에 오도록 배치합니다.

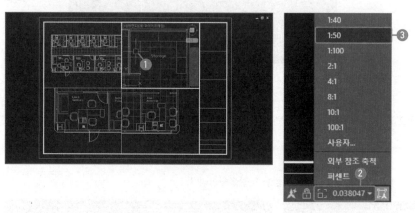

18 동일한 방법으로 뷰 ❶과 ❷도 축척을 '1:50'으로 설정합니다. 뷰의 크기를 조정하기 위해 Pspace(PS) 명령을 입력하고 `Enter`를 누릅니다.

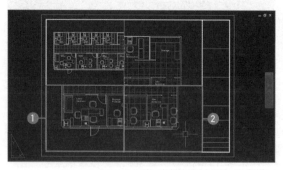

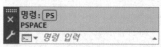

19 대기 상태의 커서로 **뷰의 외곽(❶)**을 클릭하면 파란색 Grip(조절점)이 나타납니다. **조절점 ❷, ❸, ❹, ❺를 각각 클릭**하여 뷰의 크기를 다음과 같이 조정합니다(뷰의 이동 및 복사 등 편집과 크기 조정은 비활성화 상태에서만 가능합니다).

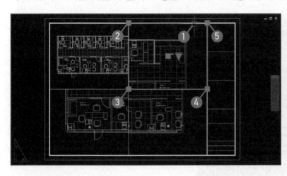
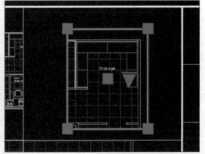

그립(조절점)의 위치 조정이 어려우면 객체 스냅(F3)과 직교모드(F8)를 Off한 후 조정 위치를 클릭합니다.

20 동일한 방법으로 **뷰 ❶, ❷, ❸도 필요한 부분만 나타나도록 그림과 같이 설정**하고 Move 명령을 실행합니다. 뷰의 **외곽선 부분(❹)을 선택해 보기 좋게 이동**시킵니다.

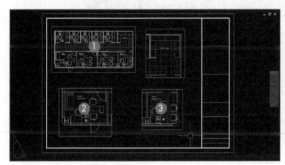
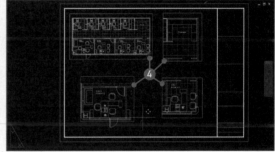

21 Layer 명령을 실행합니다. **'Mview' 도면층을 추가**하고 **하늘색으로 설정**합니다.

22 대기 상태의 커서로 뷰 ❶, ❷, ❸, ❹를 클릭한 후 'Mview' 도면층(❺)으로 변경합니다. 이후 **동결 아이콘(❻)을 클**릭해 Mview 도면층을 동결시키고 뷰의 외곽선이 보이지 않게 합니다.

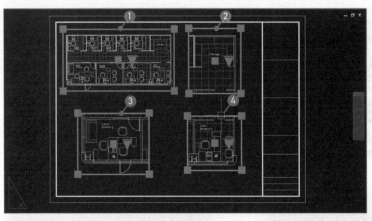

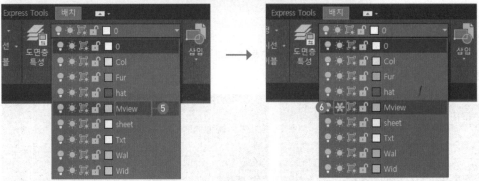

23 'Mview' 도면층을 동결시키면 뷰를 나타내는 외곽의 사각형은 숨겨지고 뷰 내부의 도면만 보이게 됩니다. **Insert 명령을 실행**하고 현재 도면에 저장된 **제목 블록(❶)을 선택해 ❷ 지점에 배치**합니다.

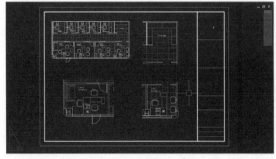

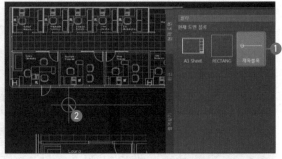

TIP ▽

저장된 블록의 삽입

리본 메뉴의 [삽입]을 사용하면 저장된 블록을 도면에 쉽게 배치할 수 있습니다.

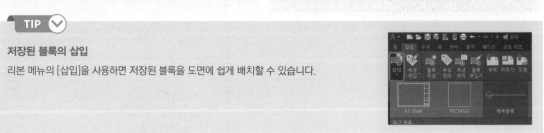

24 다음과 같이 **도면의 제목과 축척을 Dtext(DT) 명령으로 작성**해 작업을 완료합니다(도면의 제목 표기는 뷰가 비활성화(PS)된 상태에서 작성합니다).

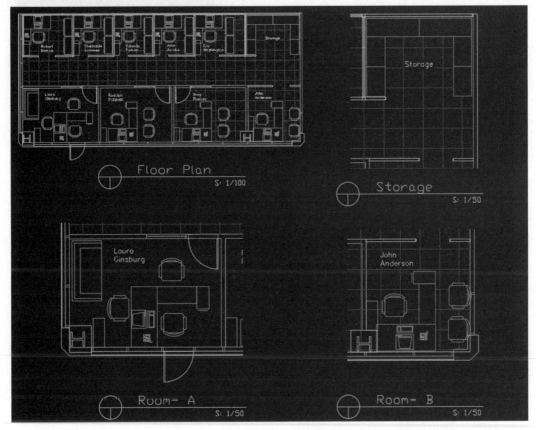

도면실습

01 작성된 도면을 불러와 배치 공간에 다음과 같이 배치하시오(용지 크기 : A4).

① [P03₩Ch08₩Layout2.dwg] 파일을 불러와 다음과 같이 화면에 준비합니다.

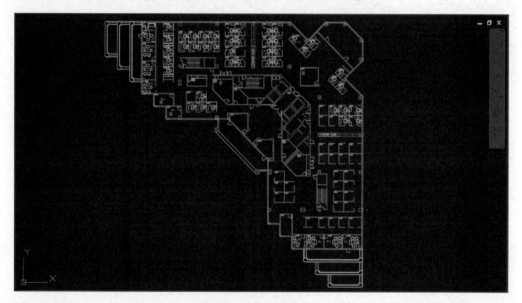

② 뷰포트, 문자 도면층을 다음과 같이 추가해 사용합니다.

- 0번 도면층 : 시트 작성 및 제목 블록
- 뷰포트 도면층 : Mview 창
- 문자 도면층 : 제목 및 축척

③ 배치 공간에서 다음과 같이 시트를 작성합니다(0번 도면층 사용).

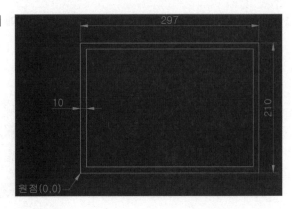

④ 도면을 다음과 같이 배치하고 제목과 축척을 표기합니다.

- 글꼴 : 굴림
- 제목 블록 : 저장된 블록을 사용
- 문자 높이 : 도면명 '3.5', 축척 '2.5'
- 뷰 축척 : 1층 평면도 '1/1000', 계단실 및 탕비실 '1/100', 출입구 '1/300'

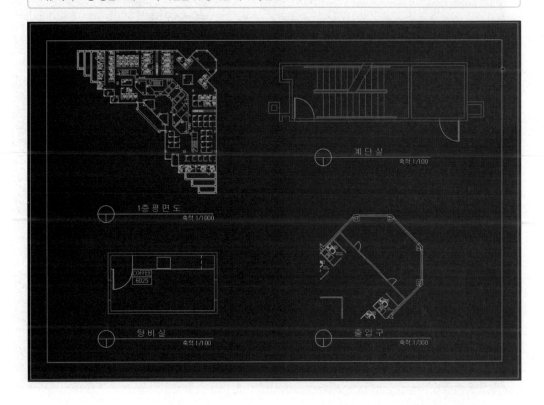

02 제시된 도면층을 설정한 후 도면을 작성하고 배치 공간에 배치하시오(용지 크기 : A4).

① [P03\Ch08\배치실습.dwg] 템플릿 파일을 불러와 아래 조건으로 도면을 작성합니다.

도면층

상태	이름	켜기	동결	잠금	플롯	색상	선종류	선가중치	투
✓	0					■ 흰색	Continuous	── 기본값	0
	문자					■ 흰색	Continuous	── 기본값	0
	뷰포트					■ 하늘색	Continuous	── 기본값	0
	숨은선					■ 노란색	HIDDEN	── 기본값	0
	외형선					■ 초록색	Continuous	── 기본값	0
	중심선					■ 흰색	CENTER	── 기본값	0
	치수					■ 빨간색	Continuous	── 기본값	0

치수 스타일

도면에 표시된 치수와 동일하게 기입합니다. 치수 문자의 글꼴은 '굴림', 색상은 '노란색', 치수의 전체 축척은 '2'로 설정합니다.

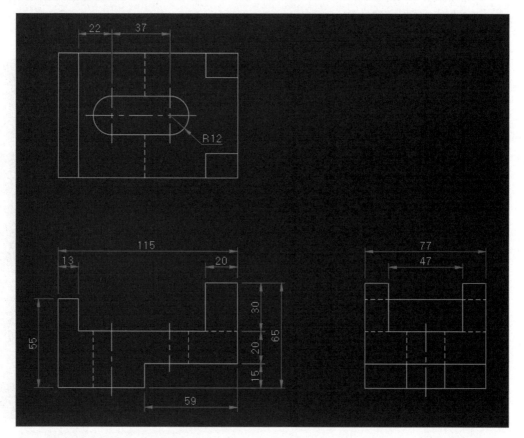

② 도면을 작성한 후 배치 공간에서 다음과 같이 시트를 작성합니다(작성한 도면 시트는 0번 도면층을 적용합니다).

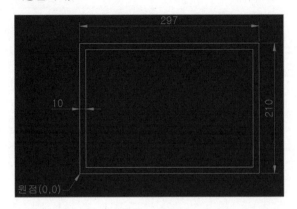

③ 도면을 다음과 같이 배치하고 제목과 축척을 표기합니다.

- 글꼴 : 굴림
- 제목 블록 : 저장된 블록을 사용
- 문자 높이 : 도면명 '3.5', 축척 '2.5'
- 뷰 축척 : '1/2'

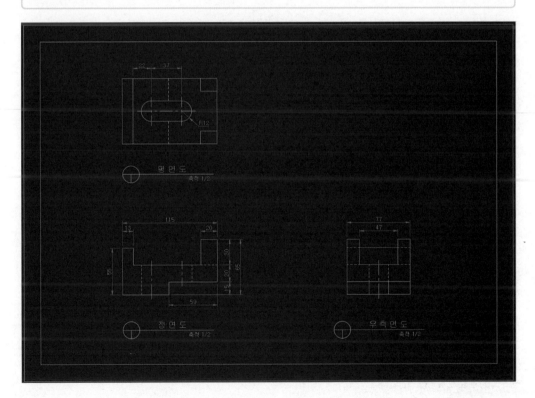

Part 04는 지금까지 학습한 내용을 바탕으로 CAT 2급 자격시험을 본격적으로 준비할 수 있도록 구성되어 있습니다. 3각법을 활용해 문제를 풀어나가는 '도면 작성의 기본과정'을 학습하고, '따라 하기 방식'을 통해 다양한 문제 유형을 연습합니다.

CAT 2급 작성 과정 익히기

01 샘플 문제로 작성 과정 익히기

kpc 자격 홈페이지에 공개된 샘플 문제를 작성해 보면서 문제를 풀어나가는 순서 및 요령을 파악할 수 있도록 합니다.

STEP 1 | CAT 2급 난이도 상향

2021년부터 난이도가 상향 조정되면서 신규 문제 유형이 공개되었습니다. 시험 전 기출문제로 연습하고자 한다면 2021년부터 시행된 문제로 풀어 보는 것을 권장합니다.

다음 표의 작성해야 할 객체의 수, 타원의 수는 절대적인 수가 아니며 평균적으로 출제되는 수를 의미합니다. 난이도가 상향된 후 타원은 항상 출제 요소에 포함되고 있으며, 작성해야 할 객체의 수가 50% 이상 많아졌습니다.

	난이도 상향 전	난이도 상향 후	차이
객체 수	40~50개	60~80개	20~30개 증가
연결점 수	15개	25개	10개 증가
타원 수	0~1개	1~2개	1개 증가

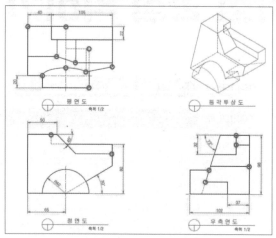

▲ 상향 전: 객체 수 45, 타원 1

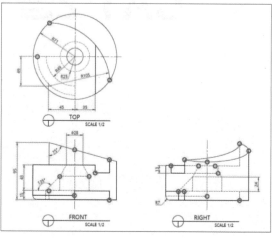

▲ 상향 후: 객체 수 61, 타원 2

01 문제 도면과 표기된 축척 값을 확인합니다(본 문제는 샘플 문제로, 실제로 출제되는 문제보다 난도가 낮습니다).

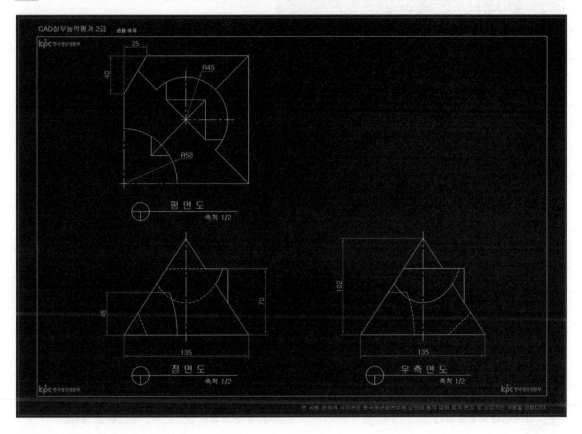

02 AutoCAD를 실행하고 [P04₩Ch02₩CAT2급 템플릿.dwg] 실습 파일을 불러옵니다. **템플릿 확인 이미지의 윤곽선 (❶)을 클릭**하고 Delete 를 눌러 삭제합니다.

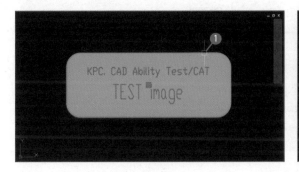

03 도면층을 다음과 같이 작성합니다. Linetype(LT) 명령을 실행해 **전역 축척 비율(❶)을** '0.5'로 설정하고, '축척을 위해 도면 공간 단위 사용' 항목(❷)을 체크 해제합니다. [확인](❸)을 클릭합니다.

상태	이름	▲ 켜기	동결	잠금	플롯	색상	선종류	선가중치	투
✓	0	💡	☀	🔓	🖨	■ 흰색	Continuous	—— 기본값	0
✏	가상선	💡	☀	🔓	🖨	■ 선홍색	PHANTOM	—— 기본값	0
✏	문자	💡	☀	🔓	🖨	■ 흰색	Continuous	—— 기본값	0
✏	뷰포트	💡	☀	🔓	🖨	■ 하늘색	Continuous	—— 기본값	0
✏	숨은선	💡	☀	🔓	🖨	■ 노란색	HIDDEN	—— 기본값	0
✏	외형선	💡	☀	🔓	🖨	■ 초록색	Continuous	—— 기본값	0
✏	중심선	💡	☀	🔓	🖨	■ 흰색	CENTER	—— 기본값	0
✏	치수	💡	☀	🔓	🖨	■ 빨간색	Continuous	—— 기본값	0

▲ Layer 설정

▲ Linetype 설정

04 Style(ST) 명령을 실행해 기본 스타일인 Standard의 **글꼴(❶)을** '굴림'으로 설정한 후 [적용](❷)을 클릭합니다.

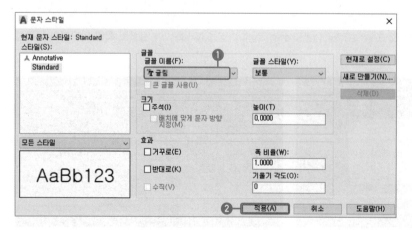

05 치수 설정을 위해 Dimstyle(D) **명령을 실행**합니다. **[수정]을 클릭**하고 다음과 같이 각 탭을 설정합니다.

– [기호 및 화살표] 탭

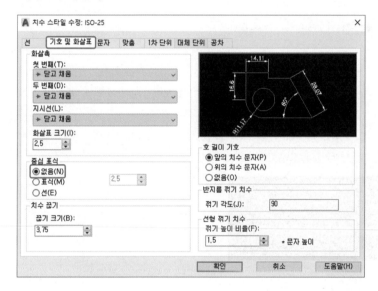

– [문자] 탭

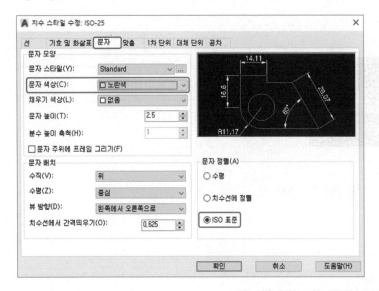

– [맞춤] 탭

'전체 축척 사용' 설정값은 문제 도면의 축척을 확인하고 설정합니다. 도면의 축척이 1/2인 경우는 '2', 1/3인 경우는 '3'으로 설정합니다.

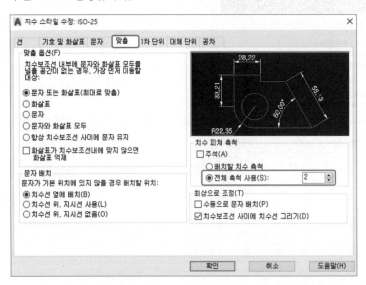

– [1차 단위] 탭

'정밀도'는 틀린 부분이나 실수를 방지하기 위한 설정입니다.

06 Osnap(OS) 명령을 실행해 다음과 같이 객체 스냅을 설정합니다. CAT 2급 시험의 경우 '중간점'과 '직교'를 활성화 하면 위치를 추적할 때 실수할 수 있으므로 가급적이면 비활성화 상태로 두는 것이 좋습니다(작업 중 중간점이나 직교가 필요하다면 Shift + 마우스 오른쪽 버튼을 클릭해 일시적으로만 사용합니다).

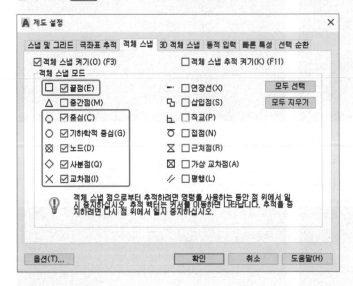

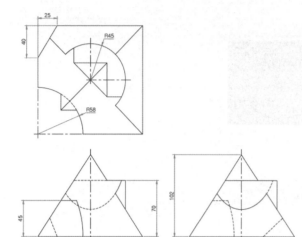

※ 실제 문제 도면은 컬러로 주어집니다. 문제 도면과 실습 도면을 구분하기 위해 검정으로 표시하였습니다.

01 현재 도면층을 '외형선(녹색)'으로 변경하고 Xline(XL) 명령을 실행합니다. F8 을 눌러 직교모드를 'On'으로 설정하고 **기준점(❶)을 클릭**합니다. ❷, ❸ 지점을 클릭해 무한대 기준선을 그려줍니다.

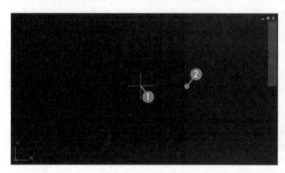

02 3개의 도면 중 전체 외형의 치수가 표기된 도면부터 작성해 나갑니다. **우측면도의 '135', '102' 치수를 먼저 작성**하고 **45° 선을 사용해 나머지 도면의 전체적인 외형을 표시**합니다(45° 선의 위치는 우측면도 위쪽으로 작성합니다).

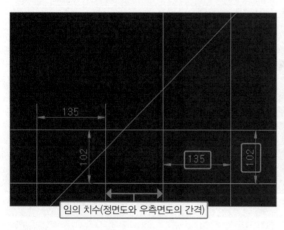
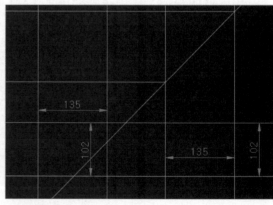

03 Trim 명령으로 도면의 외형을 보기 좋게 편집하고, 치수가 표기된 부분부터 먼저 작성합니다.

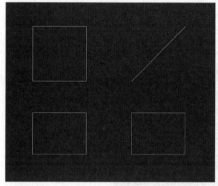

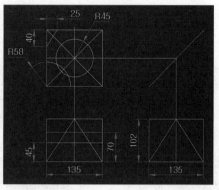

▲ Trim 명령으로 편집

▲ 치수가 표기된 부분부터 작성

04 문제 도면과 같이 형태를 편집하고 도면층을 변경합니다. **중심선이 교차되어 벗어나는 부분(❶)은 5 정도 연장**하고, **외형선 객체와 맞닿는 부분(❷)은 2 정도 띄어줍니다**(중심선, 숨은선, 가상선은 도면을 모두 작성한 후에 편집해도 됩니다).

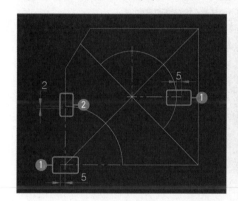

05 원통형의 객체와 원통형으로 타공된 부분의 경사면을 Ellipse 명령을 사용하여 작성합니다(타원 작성 시 기준이 되는 원은 항상 호가 아닌 온전한 원의 사분점을 기준으로 합니다).

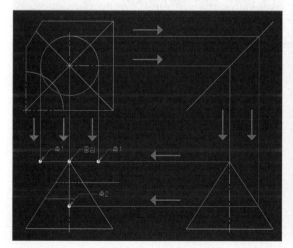

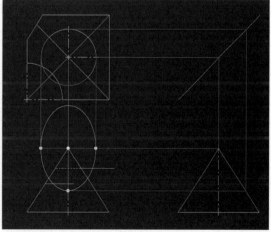

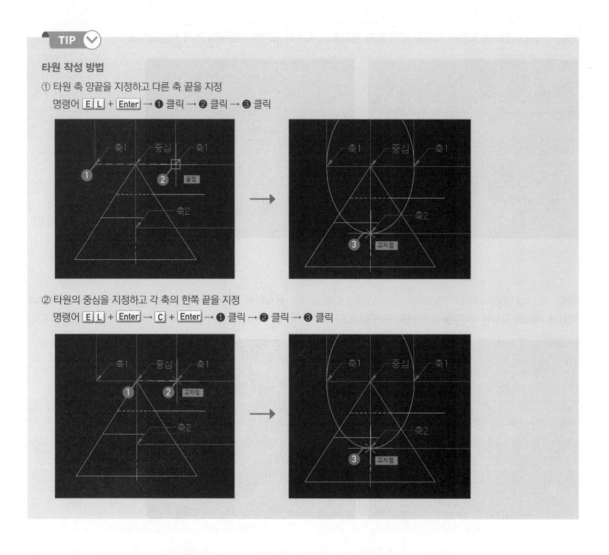

타원 작성 방법

① 타원 축 양끝을 지정하고 다른 축 끝을 지정

명령어 [E][L] + [Enter] → ❶ 클릭 → ❷ 클릭 → ❸ 클릭

② 타원의 중심을 지정하고 각 축의 한쪽 끝을 지정

명령어 [E][L] + [Enter] → [C] + [Enter] → ❶ 클릭 → ❷ 클릭 → ❸ 클릭

06 Trim 명령으로 정면도를 편집한 후 우측면도의 타원을 작성합니다.

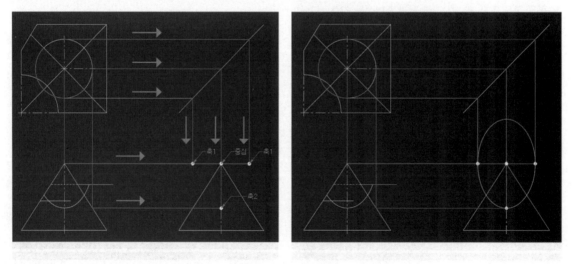

07 Trim 명령으로 평면도와 우측면도를 보기 좋게 편집한 후 **도면층을 변경**합니다.

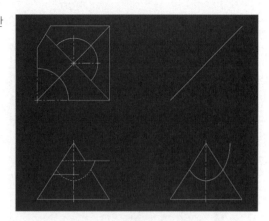

TIP ⌄

Break 명령으로 선 끊는 방법

① Break로 구간을 끊고 선 연장하기

명령어 B R + Enter → ❶ 클릭 → ❷ 클릭 → Extend(EX) 명령으로 연장 → ❸ 클릭 → ❹ 클릭 → ❺ 도면층 변경

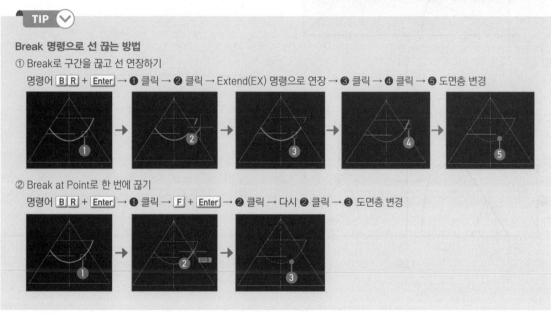

② Break at Point로 한 번에 끊기

명령어 B R + Enter → ❶ 클릭 → F + Enter → ❷ 클릭 → 다시 ❷ 클릭 → ❸ 도면층 변경

08 동일한 방법으로 **정면도에서 타원을 작성**하고 편집합니다.

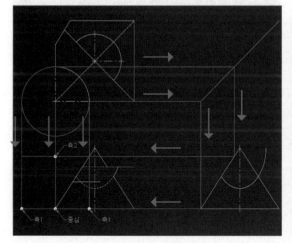

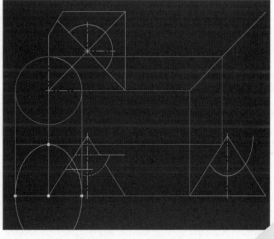

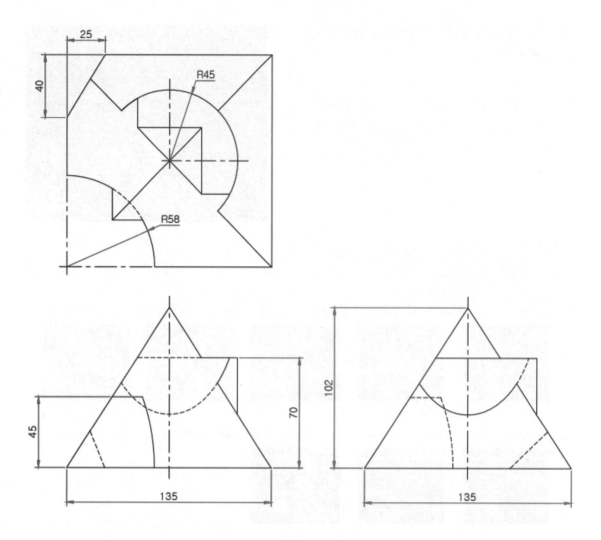

09 **우측면도에도 타원을 작성**합니다. 45° 선이나 경사면을 나타내는 선이 짧은 경우 선을 늘려 교차점을 찾습니다.

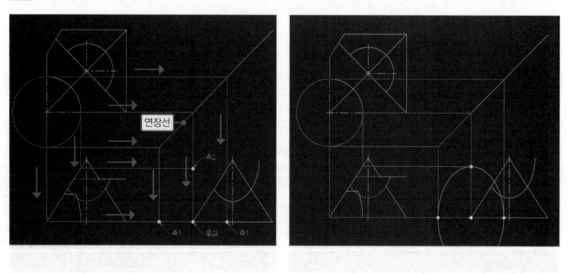

10 평면도와 정면도, 정면도와 우측면도, 우측면도와 평면도가 공유하는 위치를 작성해 줍니다.

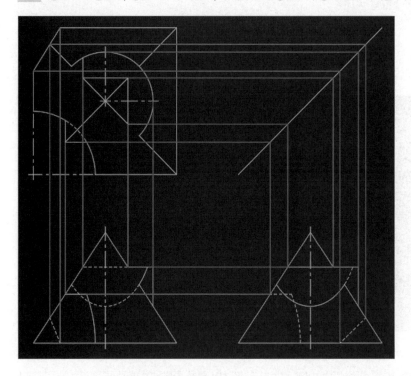

11 누락 요소 및 잔여 객체가 있는지 확인합니다. **현재 도면층을 '치수' 도면층으로 변경**하고 문제 도면에 기입된 치수 와 값이 동일한지 확인하면서 **치수를 기입**합니다.

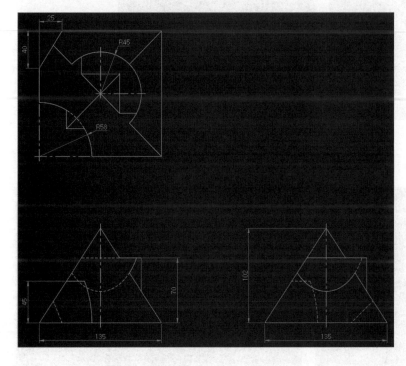

01 Move **명령을 사용**해 도면과 도면 사이의 거리를 충분히 넓혀줍니다(도면 간 거리가 좁으면 배치 작업 시 겹침이 발생할 수 있습니다).

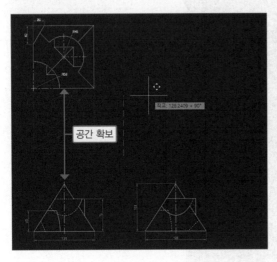 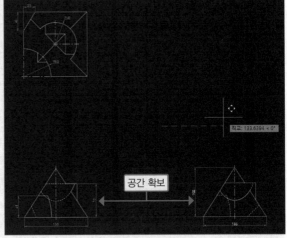

02 다시 한번 문제 도면과 작성 도면을 화면상으로 비교 검토하고, **[배치1] 탭을 클릭**하여 배치 공간으로 이동합니다. 배치 공간의 바탕색이 흰색인 경우 Options(OP) 명령을 실행해 검정색으로 변경합니다.

03 자동으로 생성된 뷰포트가 있다면 **외곽선(❶)을 클릭**하고 Delete 를 눌러 삭제합니다.

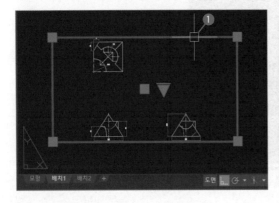 

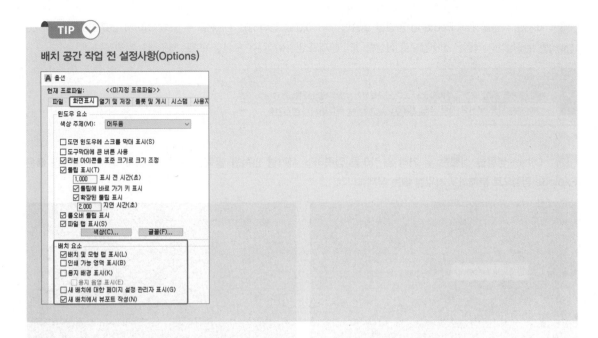

TIP ✓

배치 공간 작업 전 설정사항(Options)

---

04 배치 공간에 작성해야 할 표제란 도면을 확인합니다.

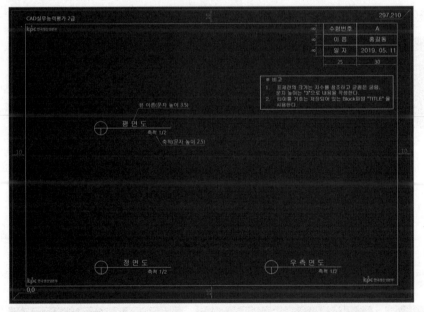

▲ 배치 공간 공통사항(표제란)

---

05 도면의 한계를 설정하기 위해 Limits 명령을 실행합니다. '0,0'을 입력하고 Enter 를 누른 후 이어서 '297,210'을 입력하고 Enter 를 누릅니다.

```
명령: LIMITS
도면 공간 한계 재설정:
왼쪽 아래 구석 지정 또는 [켜기(ON)/끄기(OFF)] <0.0000,0.0000>: 0,0
LIMITS 오른쪽 위 구석 지정 <420.0000,297.0000>: 297,210
```

06 표제란 작성을 위해 Rectang 명령을 실행합니다. '0,0'을 입력하고 Enter 를 누른 후 이어서 '297,210'을 입력하고 Enter 를 누릅니다(사각형은 절댓값으로 작성합니다. 현재 도면층이 '치수' 도면층이므로 빨간색으로 작성됩니다).

```
× 명령: REC
  RECTANG
  첫 번째 구석점 지정 또는 [모따기(C)/고도(E)/모깎기(F)/두께(T)/폭(W)]: 0,0
  ▼ RECTANG 다른 구석점 지정 또는 [영역(A) 치수(D) 회전(R)]: 297,210
```

07 Offset 명령을 실행한 후 거리 값 '10'을 입력하고 사각형 안쪽을 클릭합니다. 안쪽으로 복사된 사각형 ❶은 Explode 명령으로 분해하고 사각형 ❷는 삭제합니다.

안쪽으로 Offset 10

08 우측 상단의 표제란을 주어진 치수에 맞게 작성하고, 테두리 선 및 표제란의 도면층을 '0'번 도면층으로 변경합니다.

▲ 문제 도면 치수 확인   ▲ 표제란 작성   ▲ 도면층 변경

09 뷰포트를 작성하기 위해 Mview(MV) 명령을 실행합니다. '4'를 입력하고 Enter 를 누릅니다. 뷰포트가 생성될 영역을 설정하기 위해 ❶ 지점을 클릭하고 ❷ 지점을 클릭합니다. 뷰포트 ❸은 불필요하므로 외곽선을 클릭한 후 Enter 를 눌러 삭제합니다.

```
× 명령: MV MVIEW
  ▼ MVIEW 뷰포트 구석 지정 또는 [켜기(ON) 끄기(OFF) 맞춤(F) 음영 플롯(S) 잠금(L)
  새로 만들기(NE) 이름(NA) 객체(O) 폴리곤(P) 복원(R) 도면층(LA) 2 3 4] <맞춤>: 4
```

10 각 뷰포트를 활성화(더블클릭 또는 MS)하여 뷰포트 위치에 맞게 **도면을 대략적으로 배치**합니다. 배치 후 **뷰포트를 비활성화**(더블클릭 또는 PS)합니다.

▲ 뷰포트 활성화

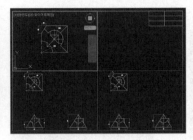
▲ 대략적인 배치

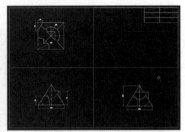
▲ 뷰포트 비활성화

11 대기 상태의 커서로 **3개의 뷰포트를 모두 선택**하고, **'뷰포트' 도면층으로 변경**합니다.

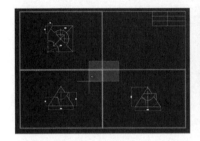

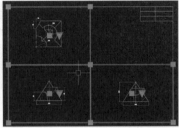

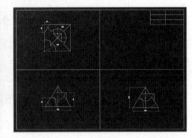

12 다시 **뷰포트 3개를 선택**합니다. 상태 막대에서 **'뷰포트 축척'(①)**을 클릭하고 **'1:2'(②)**를 선택합니다(뷰포트의 축척은 Zoom 명령에서 xp 옵션을 적용해도 됩니다).

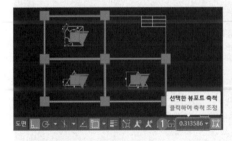

13 축척이 적용된 뷰포트에서 도면 요소가 가려진 부분을 확인해 위치를 조정합니다. 해당 부분의 **뷰포트를 더블클릭해 활성화**한 후 **휠을 꾹 누른(PAN)** 채로 드래그하여 도면의 위치를 조정합니다.

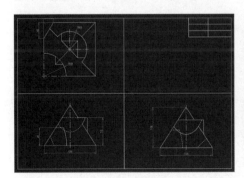

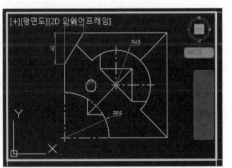

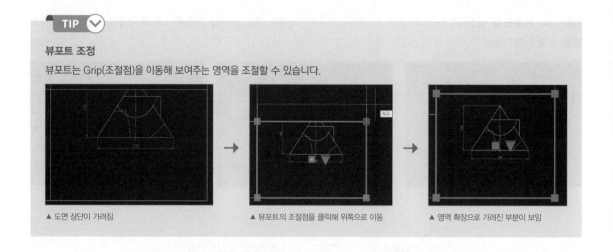

TIP ⌄

뷰포트 조정

뷰포트는 Grip(조절점)을 이동해 보여주는 영역을 조절할 수 있습니다.

▲ 도면 상단이 가려짐   ▲ 뷰포트의 조절점을 클릭해 위쪽으로 이동   ▲ 영역 확장으로 가려진 부분이 보임

14 뷰포트 정렬을 위해 Mvsetup **명령을 실행**합니다. **정렬 옵션 'A'를 입력**하고 Enter 를 누릅니다. 다시 **수평 정렬 옵션 'H'를 입력**하고 Enter 를 누르면 뷰포트 하나가 활성화됩니다.

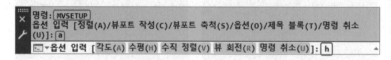

명령: MVSETUP
옵션 입력 [정렬(A)/뷰포트 작성(C)/뷰포트 축척(S)/옵션(O)/제목 블록(T)/명령 취소 (U)]: a
옵션 입력 [각도(A) 수평(H) 수직 정렬(V) 뷰 회전(R) 명령 취소(U)]: h

15 정면도가 배치된 **좌측 하단 뷰포트(❶)를 클릭**해 활성화합니다(정렬 작업 중에 휠을 돌리면 설정한 축척이 흐트러지 므로 휠을 돌리지 않도록 주의합니다. 휠을 돌려 화면 축척이 흐트러진 경우 축척 설정부터 다시 진행합니다).

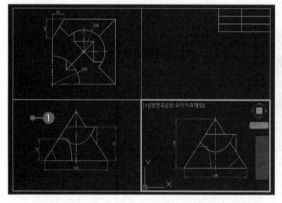 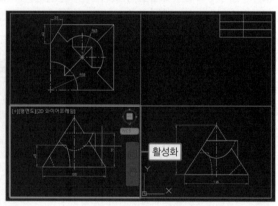

16 정렬은 두 점으로 실행됩니다. 첫 번째 점은 기준점(고정점), 두 번째 점은 이동되는 점입니다. **Shift**를 누른 상태로 **마우스 오른쪽 버튼을 클릭**해 **'끝점'(❶)을 선택**하고 **기준점(❷)을 클릭**합니다.

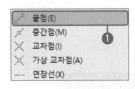

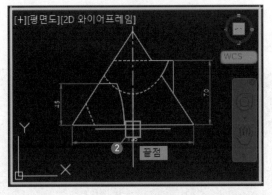

17 **우측 뷰포트(❶)를 클릭**해 활성화합니다. **Shift**를 누른 상태로 마우스 오른쪽 버튼을 클릭하고 **'끝점' 선택** 후 위치가 같아야 할 **이동점(❷)을 클릭**합니다. 정면도와 우측면도가 나란히 정렬되고 명령은 계속 진행됩니다.

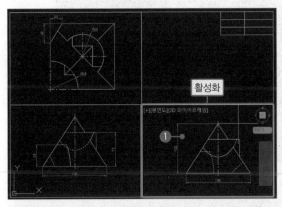

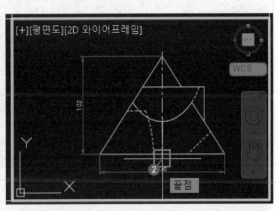

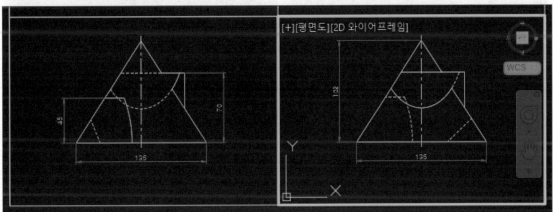

▲ 정면도와 우측면도 정렬

18 계속해서 정면도와 평면도를 정렬하기 위해 **수직 정렬 옵션 'V'를 입력**하고 Enter를 누릅니다. 정면도가 배치된 **좌측 하단 뷰포트(❶)를 클릭**해 활성화합니다.

```
옵션 입력 [각도(A)/수평(H)/수직 정렬(V)/뷰 회전(R)/명령 취소(U)]: h
기준점 지정: _endp <-
초점이동할 뷰포트에서 점을 지정: _endp <-
옵션 입력 [각도(A) 수평(H) 수직 정렬(V) 뷰 회전(R) 명령 취소(U)]: v
```

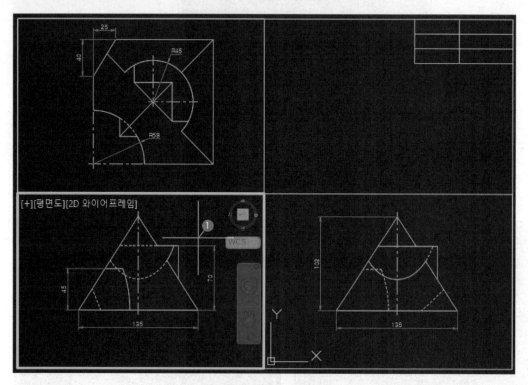

19 Shift를 누른 상태로 마우스 오른쪽 버튼을 클릭하고 '끝점'(❶) 선택 후 기준점(❷)을 클릭합니다.

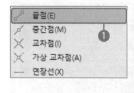

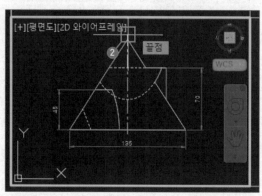

20 상단 평면도 뷰포트(❶)를 클릭해 활성화한 다음 Shift를 누른 상태로 마우스 오른쪽 버튼을 클릭합니다. '끝점' 선택 후 위치가 같아야 할 이동점(❷)을 클릭합니다. Esc를 눌러 명령을 종료하고 Pspace(PS) 명령을 실행해 뷰포트를 비활성화합니다(Pspace 명령은 뷰포트 외의 영역을 더블클릭해도 실행할 수 있습니다).

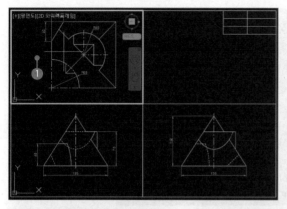
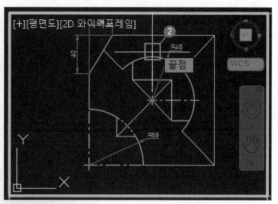

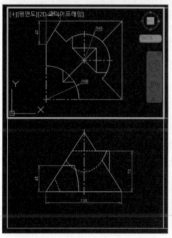
▲ 정면도와 평면도 정렬

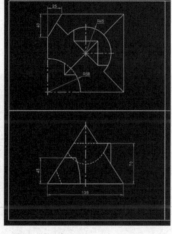
▲ 뷰포트 비활성화

21 [도면층] 패널에서 '**뷰포트**' **도면층을 동결**시킵니다. 동결이 적용되면 뷰포트의 윤곽선이 보이지 않게 됩니다(이때, 현재 도면층이 '뷰포트'로 설정되어 있다면 동결되지 않습니다. 현재 도면층을 다른 도면층으로 변경하고 동결해야 합니다).

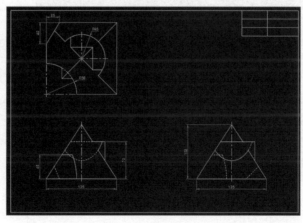

22 제목 블록을 삽입하기 위해 리본 메뉴에서 **[삽입] 탭(❶)을 클릭**합니다. [블록] 패널에서 **[삽입](❷)을 클릭**하고 **'TITLE'** **블록(❸)을 선택**해 정면도 아래에 배치합니다. 배치한 제목 블록은 **'0'번 도면층으로 변경**합니다(블록의 삽입은 Insert 명령을 사용해도 되며, TITLE 블록의 도면층이 변경되지 않는다면 PICKFIRST 명령을 실행한 후 값을 '1'로 변경합니다).

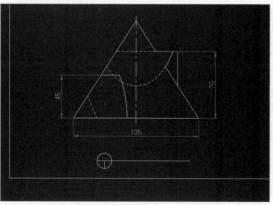

23 **Dtext(DT) 명령을 실행**합니다. 작성 조건에 표시된 문자의 높이로 **도면의 명칭(3.5)과 축척(2.5), 표제란(3)의 내용**을 표기합니다(**문자는 '문자' 도면층으로 변경**해야 합니다).

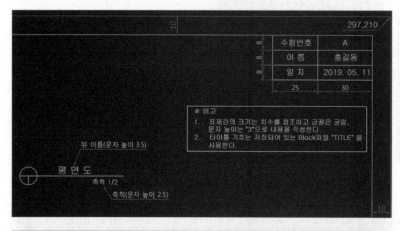
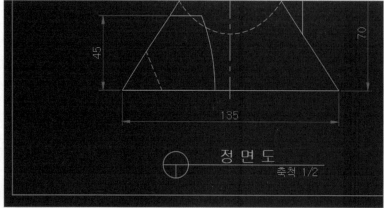

24 **Copy 명령을 실행**하여 제목 블록을 평면도와 우측면도에 복사한 후 **도면의 명칭을 수정**합니다(더블클릭으로 문자 편집이 안 되면 PICKFIRST 명령을 실행하고 값을 '1'로 변경합니다).

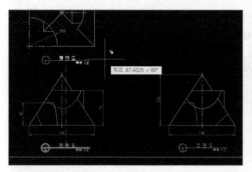

▲ Copy 명령으로 제목 블록 복사

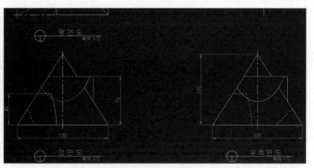

▲ 도면의 명칭을 더블클릭하여 수정

25 우측 상단 표제란에 **수험번호, 이름, 일자를 작성**합니다.

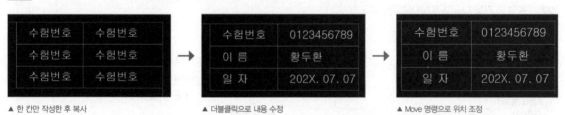

▲ 한 칸만 작성한 후 복사   ▲ 더블클릭으로 내용 수정   ▲ Move 명령으로 위치 조정

26 [배치1] 탭(❶)에서 마우스 오른쪽 버튼을 클릭합니다. [페이지 설정 관리자](❷)를 클릭하고 관리자 창에서 [수정] (❸)을 클릭합니다.

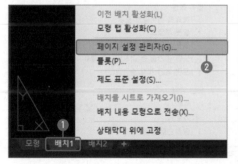
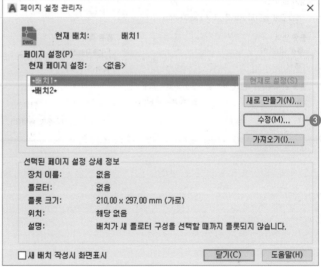

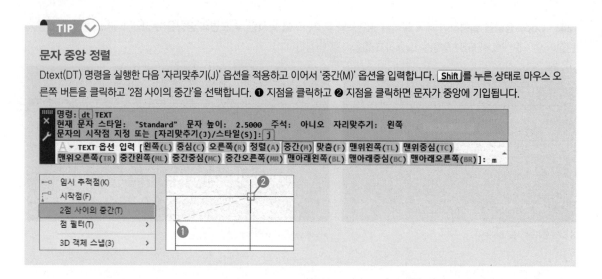

TIP ⌄

문자 중앙 정렬

Dtext(DT) 명령을 실행한 다음 '자리맞추기(J)' 옵션을 적용하고 이어서 '중간(M)' 옵션을 입력합니다. Shift 를 누른 상태로 마우스 오른쪽 버튼을 클릭하고 '2점 사이의 중간'을 선택합니다. ❶ 지점을 클릭하고 ❷ 지점을 클릭하면 문자가 중앙에 기입됩니다.

27 출력 조건을 다음과 같이 설정합니다.

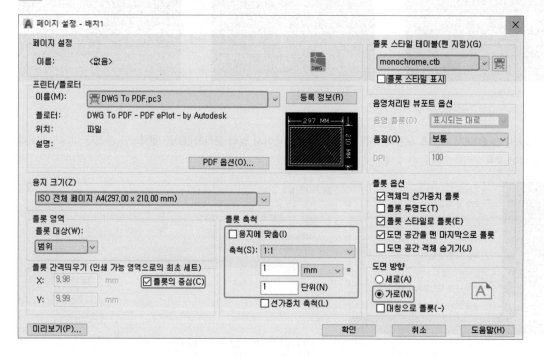

28 객체나 치수의 누락, 선 축척(LT)을 한 번 더 확인하고 저장합니다. 실제 시험에서는 응시 사이트의 [답안파일제출]을 클릭하여 파일(수험번호.dwg)을 업로드한 후 제출합니다.

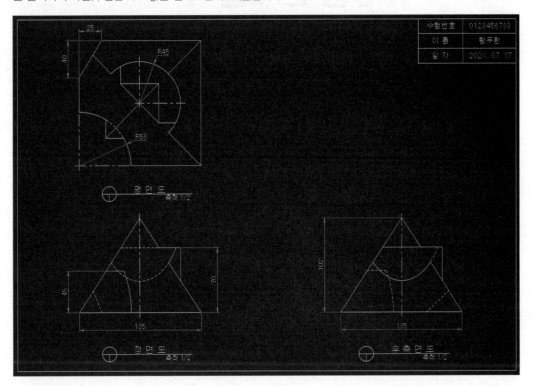

TIP ⌄

동결(Freeze) 기능으로 도면층 검토하기

문자 도면층과 0번 도면층은 색상이 동일하므로 해당 도면층을 동결하여 감춰지는 요소를 보고 객체에 적용된 도면층을 판단합니다.

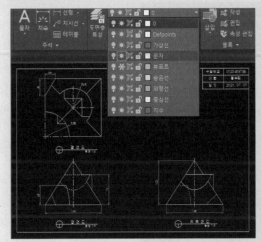

▲ 문자 도면층 동결 해제 상태

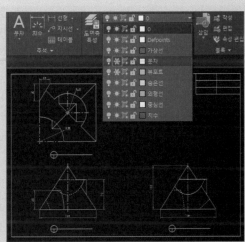

▲ 문자 도면층 동결로 해당 객체가 감춰짐을 확인

유형별 문제풀이

'다각형', '빗면 모서리 절단', '벗어난 원의 중심' 세 가지 종류의 도면을 작성해보며 CAT 2급 시험의 문제 유형을 학습합니다.

STEP 1 | 유형 A - 다각형

정다각형과 원통이 빗면으로 작성된 모델입니다. 이 모델을 그리기 위해서는 정다각형을 작성하는 Polygon 명령 및 내/외접, 모서리 옵션을 숙지해야 합니다.

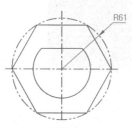

▲ 다각형 – 내접(I)

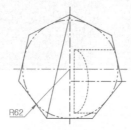

▲ 다각형 – 외접(C)

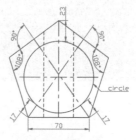

▲ 다각형 – 모서리(E)

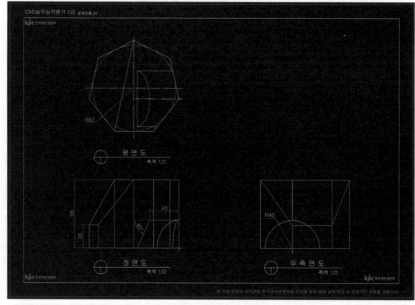

▲ 문제 도면

01 문제 도면과 표기된 축척 값(1/2)을 확인하고 [P04₩Ch03₩CAT2급 템플릿.dwg] 실습 파일을 불러옵니다. Chapter 01의 Step 2 '작업 준비' 내용을 참고해 도면층을 구성하고, 치수 및 문자 스타일, 선의 유형, 객체 스냅을 설정합니다(현재 도면층은 '외형선'으로 설정합니다).

[도면층]

[문자 스타일]

[선 종류]

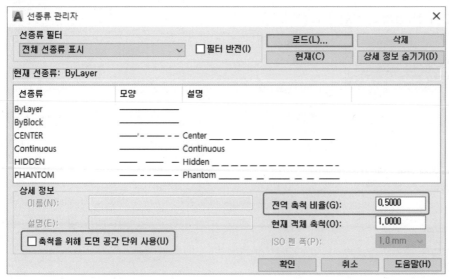

[치수 스타일]

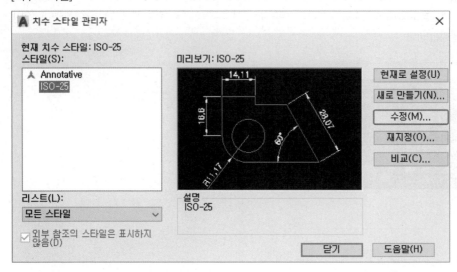

- [기호 및 화살표] 탭(중심 표식: 없음)

- [문자] 탭(문자 색상: 노란색, 문자 정렬: ISO 표준)

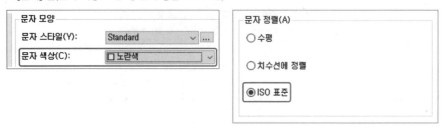

- [맞춤] 탭(치수 피처 축척: 전체 축척 사용, 2)

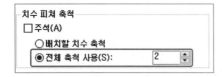

[객체 스냅 설정(OS)]

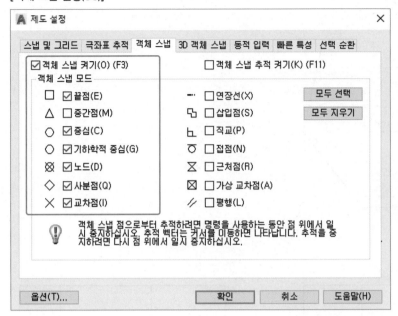

02 전체 형태의 기준이 되는 평면도의 다각형(칠각형)을 먼저 작성해야 합니다. **원(R62)을 먼저 그린 다음 Polygon 명령을 실행**합니다. 원과 중심 및 반지름이 같은 칠각형을 외접(C) 옵션을 적용하여 작성하고, Explode 명령으로 다각형을 **분해**합니다.

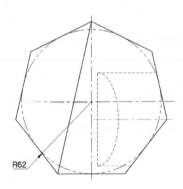

▲ 문제 도면의 평면도

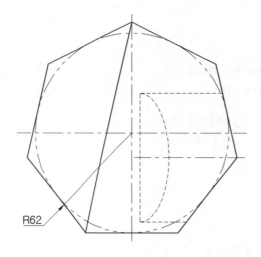

R62

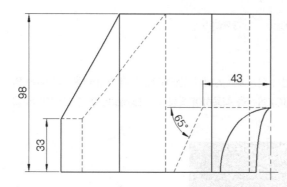

98

33

43

65°

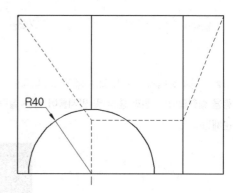

R40

03 작성한 다각형을 기준으로 45° 선을 그린 후 접하는 선에 맞추어 각 도면의 외형을 그려줍니다.

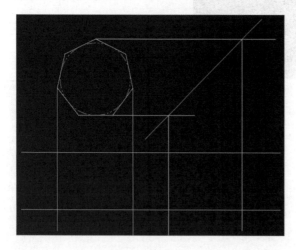

04 치수가 표기된 부분부터 먼저 작성하고 Trim 명령으로 보기 좋게 편집합니다.

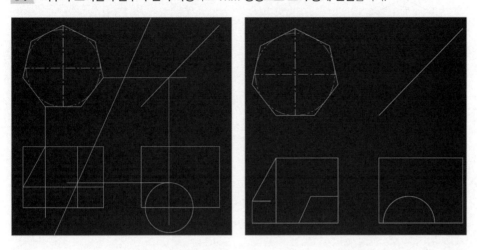

05 다각형 객체의 **모서리에 의해 보여지는 외형선과 숨은선을 그려줍니다.** 위치가 확인된 객체를 그려주고 **문제 도면과 같이 형태를 편집하고 도면층을 변경**합니다.

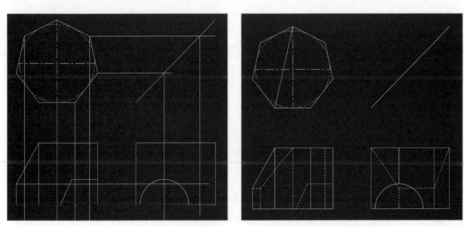

06 우측면도의 원(R40)을 기준으로 **평면도의 타원 객체 및 연관된 부분을 작성**합니다.

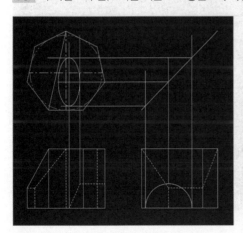
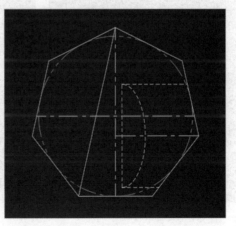

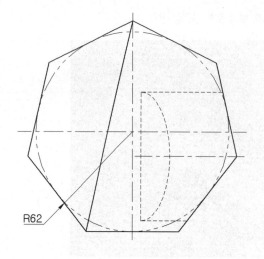

R62

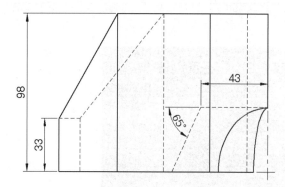

98

33

43

65°

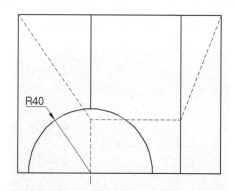

R40

07 정면의 앞쪽 경사진 면에 의해 나타나는 타원을 작성합니다. **Ellipse 명령을 실행**한 후 **중심(C) 옵션을 적용**합니다. **타원의 중심(❶)을 먼저 클릭**하고 **타원의 폭 ❷, ❸을 클릭**합니다. Trim 명령으로 외형 밖의 선을 잘라냅니다.

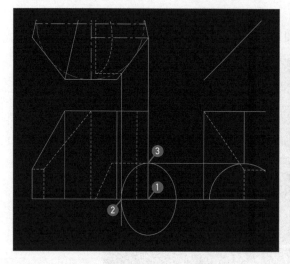

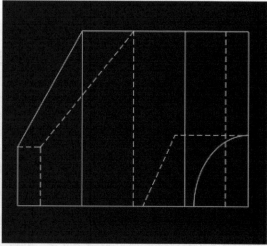

08 정면의 뒤쪽 경사진 면에 의해 나타나는 타원을 작성합니다. 이번에도 **Ellipse 명령**을 실행하고 **중심(C) 옵션을 적용**한 후 **타원의 중심(❶)**을 먼저 클릭하고 **타원의 폭 ❷, ❸**을 클릭합니다. **Trim 명령**으로 외형 밖의 선을 잘라냅니다.

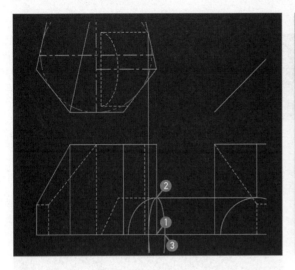
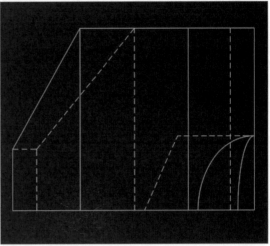

09 잔여 객체 및 Trim 편집이 되지 않은 부분을 확인하고 중심선을 정리합니다. 선의 전체 축척이 문제 도면보다 약간 넓게 보여집니다. **'LTS'를 입력**하고 **0.4 정도로 설정을 변경**합니다(LTS 값은 도면과 비슷하면 충분합니다).

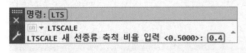

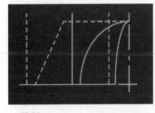

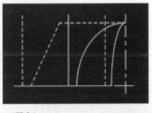

▲ LTS 0.5   ▲ LTS 0.4

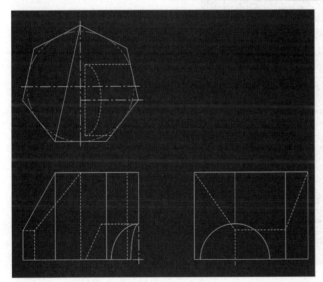

10 현재 도면층을 '치수' 도면층으로 **변경**하고 문제 도면에 기입된 치수와 값이 동일한지 확인하면서 **치수를 기입**합니다. 정면도의 선형치수(43)는 치수 기입 후 특성 창(**Ctrl** + **1**)에서 '**치수보조선**' 항목을 **설정**해 객체와 보조선이 겹치지 않도록 합니다.

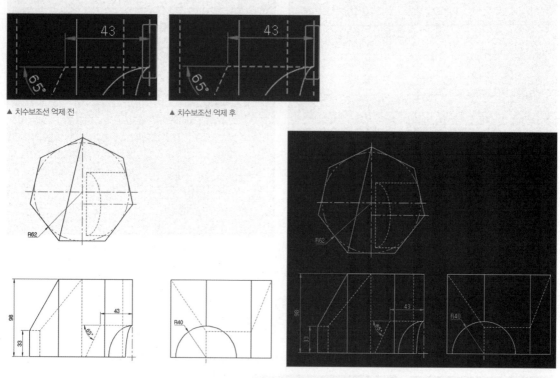

▲ 치수보조선 억제 전   ▲ 치수보조선 억제 후

11 Move **명령을 사용**해 도면과 도면 사이의 거리를 다음과 같이 충분히 넓혀줍니다(도면 간 거리가 좁으면 배치 작업 시 겹침이 발생할 수 있습니다).

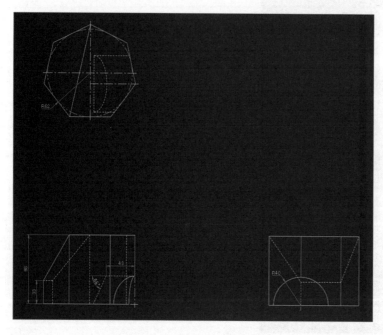

12 다시 한번 문제 도면과 작성 도면을 화면상으로 비교한 후 **배치 공간으로 이동해 도면을 배치**합니다. 배치 공간에 작성해야 할 표제란의 규격 및 문자의 크기는 변동될 수 있으므로 시험장에서 직접 확인 후 제시된 크기로 작성합니다.

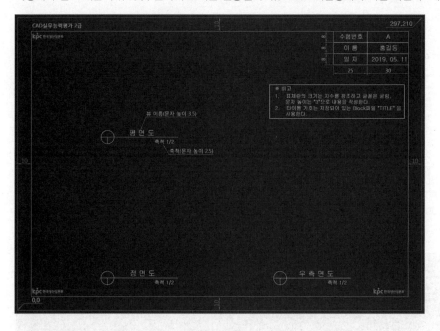

13 배치 작업을 마친 후 한 번 더 모형 공간의 잔여 객체 및 누락 요소의 유무, 도면층 적용 상태를 확인하고 저장합니다.

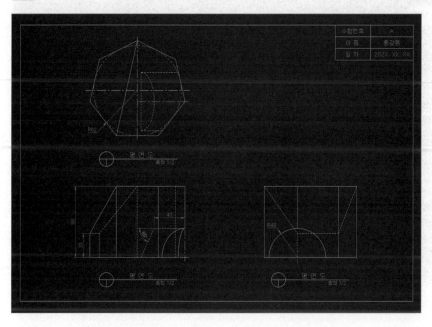

CAT 2급 시험은 단 1개의 실수로도 불합격할 수 있는 시험입니다. CAD의 고급기능이나 운영 노하우를 테스트하는 것이 아닌 기본적인 기능과 정확성을 요구하는 시험이므로 검토의 중요성을 소홀히 하지 않도록 합니다.

모형의 한쪽 모서리가 떨어져 나간 형태로, 두 빗면이 교차하는 모서리 선을 연장해서 작성합니다. 예시의 보라색 부분을 보고 공통점을 확인합니다.

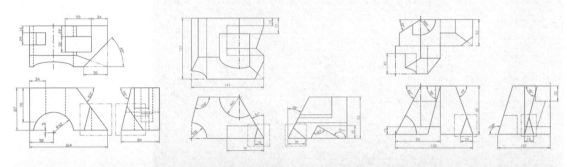

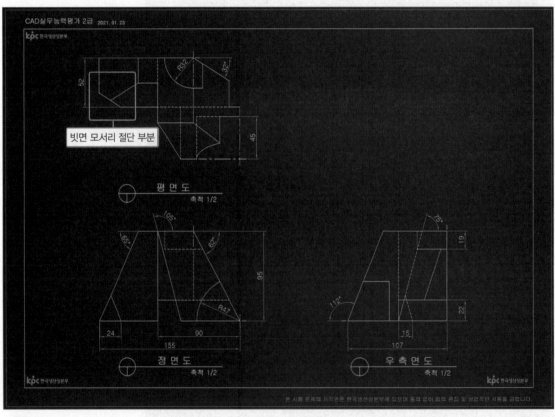

▲ 문제 도면

빗면 모서리 절단의 이해

▲ 3D 모델의 투상뷰

▲ 3D 모델의 평면뷰

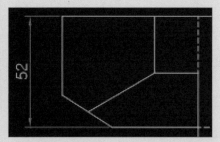

▲ 평면도의 좌측 절단 부분

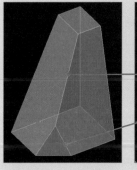

▲ 빗면 모서리 절단부분의 정면뷰

▲ 정면도

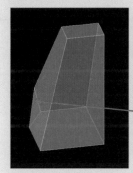

▲ 빗면 모서리 절단부분의 우측면뷰

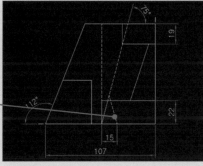

▲ 우측면도

01 문제 도면과 표기된 축척 값(1/2)을 확인하고 [P04₩Ch03₩CAT2급 템플릿.dwg] 실습 파일을 불러옵니다. Chapter 01의 Step 2 '작업준비' 내용을 참고해 도면층을 구성하고, 치수 및 문자 스타일, 선의 유형, 객체 스냅을 설정합니다(현재 도면층은 '외형선'으로 설정합니다).

[도면층]

[문자 스타일]

[선 종류]

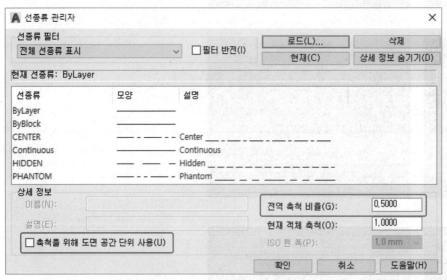

[치수 스타일]

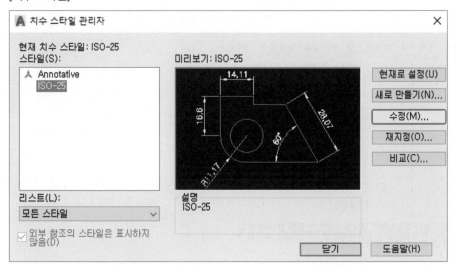

– [기호 및 화살표] 탭(중심 표식: 없음)

– [문자] 탭(문자 색상: 노란색, 문자 정렬: ISO 표준)

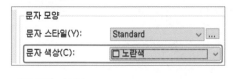

– [맞춤] 탭(치수 피쳐 축척: 전체 축척 사용, 2)

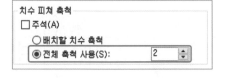

[객체 스냅 설정(OS)]

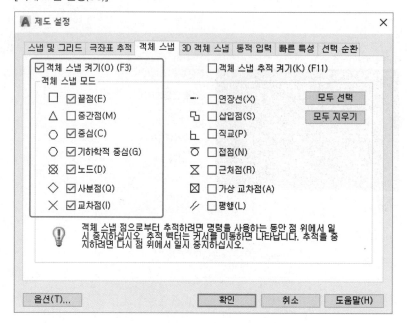

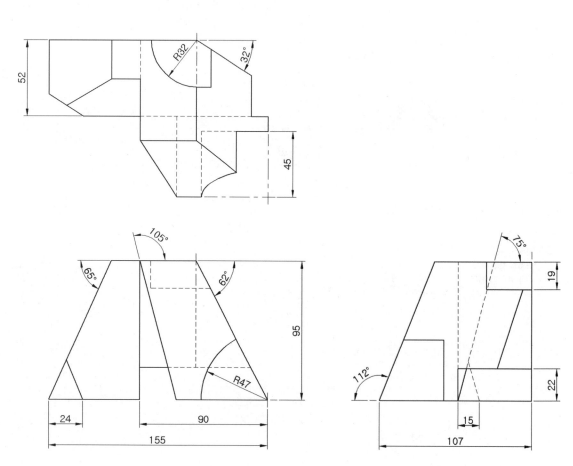

02 전체 형태의 기준이 되는 정면도의 사각형을 먼저 작성해야 합니다. Rectang 명령을 실행해 **가로 155, 세로 95인 사각형을 작성**한 후 Explode 명령으로 **분해**합니다.

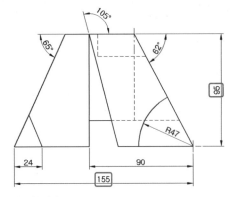

▲ 문제 도면의 정면도

03 작성한 사각형을 기준으로 **45° 선을 그린 후 접하는 선에 맞추어 평면도와 우측면의 전체 외형을 그려줍니다.**

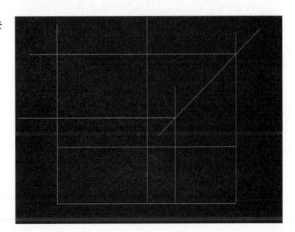

04 각 도면의 외형을 **치수가 표기된 부분부터 먼저 작성**합니다. 위치가 명확한 부분은 Trim 명령으로 잘라내면서 진행합니다. 정면의 24(❶), 우측면의 15(❷)와 같이 객체의 형태가 **명확하지 않은 부분은 확인된 부분만 위치를 표시**합니다.

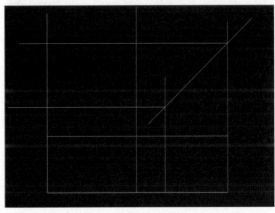

▲ 외형

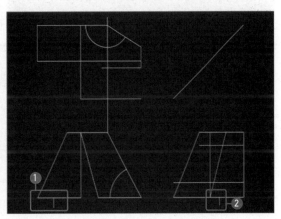

▲ 치수 표기

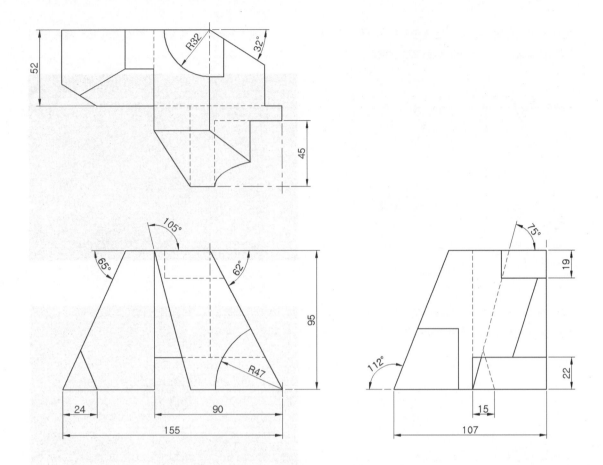

05 평면도와 정면도, 정면도와 우측면도, 우측면도와 평면도가 공유하는 위치를 작성해 줍니다. 평면도에서 모서리가 절단된 부분을 먼저 작성합니다. **정면도의 24 위치(❶)와 우측면도의 15 위치(❷)를 공유**해 평면도에 표시하고 편집합니다.

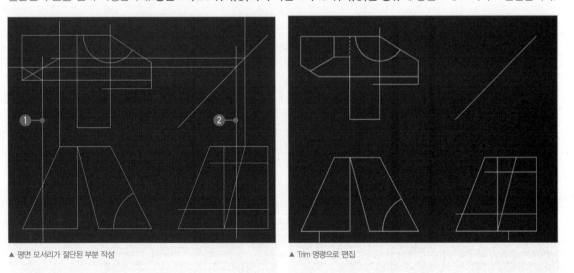

▲ 평면 모서리가 절단된 부분 작성

▲ Trim 명령으로 편집

06 작성된 **평면도의 모서리 부분을 공유**해 **정면도와 우측면도의 절단 부분을 작성**합니다.

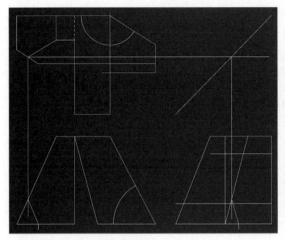

▲ 정면 및 우측면 모서리가 절단된 부분 작성

▲ Trim 명령으로 편집

07 평면도와 우측면도에서부터 **정면도와 공유할 수 있는 부분의 위치를 표시**합니다. **정면도를 편집**하고 **선의 유형을 변경**합니다. **선의 축척(LTS)을 0.4로 변경**해 중심선과 숨은선을 문제 도면과 유사하게 맞춥니다.

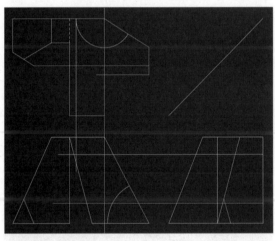

▲ 정면도에 공유 부분 표시

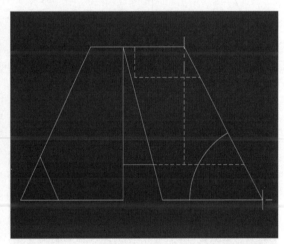

▲ LTS 0.4

원의 짧은 중심선

중심이 되는 위치에 원(R5~R6)을 그린 후 사분점을 이용해 선을 그려줍니다. 이후 원을 삭제하고 일부 선의 길이를 조정합니다.

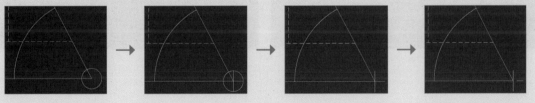

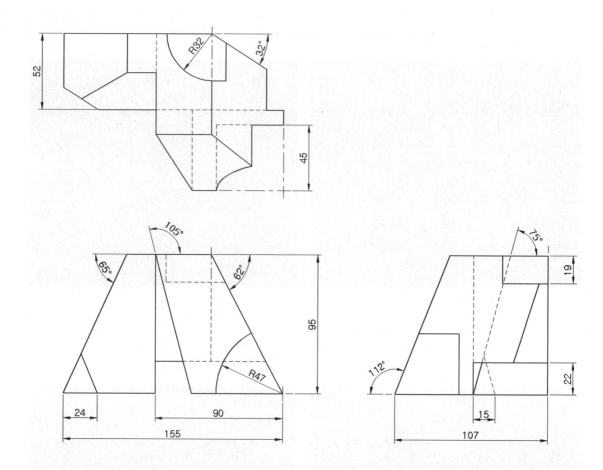

08 평면도와 정면도에서부터 **우측면도와 공유할 수 있는 부분의 위치를 표시합니다.** 우측면도를 편집하고 **선의 유형을** 변경합니다.

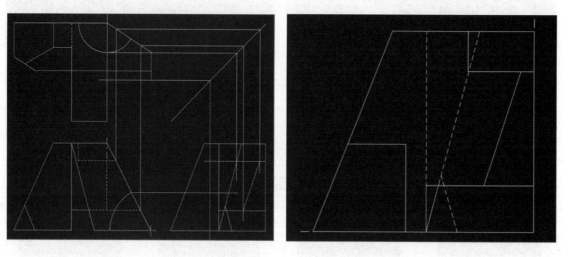

09 정면도와 우측면도에서부터 **평면도와 공유할 수 있는 부분의 위치를** 표시합니다. **평면도를 편집**하고 선의 유형을 **변경**합니다(R32 원의 중심선(❶)이 문제 도면의 축척과 같지 않다면 특성 창(Ctrl + 1)에서 **해당 선만 개별적으로 축척을 0.8 정도로 조정**합니다).

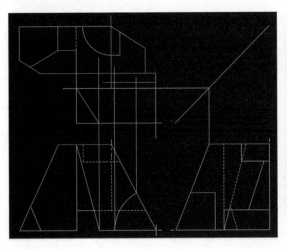
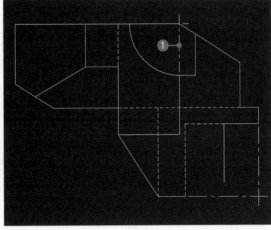

10 평면도 우측의 절단된 경사면을 좌측의 경사면과 같은 방법으로 작성합니다. 좌측과 같이 **경사가 시작되는 부분과 끝나는 부분을 선으로 그려줍니다.**

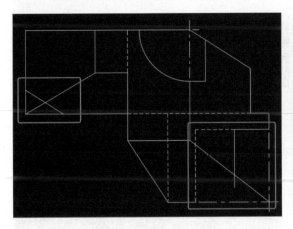
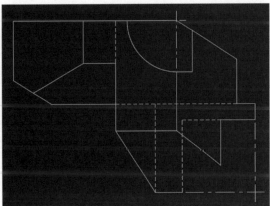

11 정면의 앞쪽 경사진 면에 의해 나타나는 타원을 작성합니다. **Ellipse 명령을 실행**하고 **중심(C) 옵션을 적용**합니다. **타원의 중심(❶)을 먼저 클릭**하고 **타원의 폭 ❷, ❸을 클릭**합니다(타원의 폭을 표시할 때는 항상 원의 사분점을 기준으로 위치를 표시해야 합니다. 사분점이 나타나지 않는 경우 원을 추가로 작성합니다).

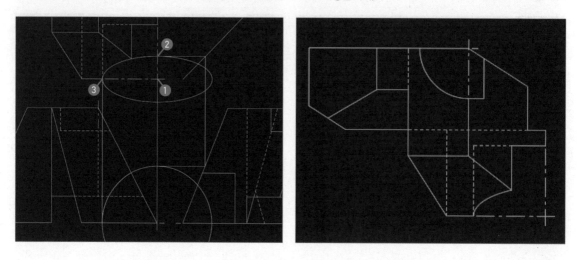

12 현재 도면층을 '치수' 도면층으로 변경하고 문제 도면에 기입된 치수와 값이 동일한지 확인하면서 **치수를 기입**합니다. 평면도의 반지름치수(R32)와 정면도의 반지름치수(R47)는 **DimATFIT 변수를 '2'로 변경**한 후 기입합니다.

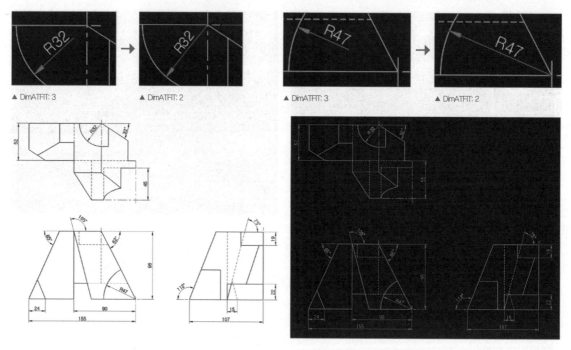

▲ DimATFIT: 3　　　　▲ DimATFIT: 2　　　　　　▲ DimATFIT: 3　　　　▲ DimATFIT: 2

13 Move **명령을 실행**해 도면과 도면 사이의 거리를 다음과 같이 충분히 넓혀줍니다(도면 간 거리가 좁으면 배치 작업 시 겹침이 발생할 수 있습니다).

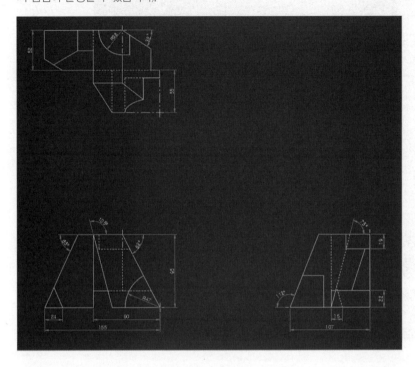

14 다시 한번 문제 도면과 작성 도면을 화면상으로 비교한 후 **배치 공간으로 이동해 도면을 배치**합니다. 배치 공간에 작성해야 할 표제란의 규격 및 문자의 크기는 변동될 수 있으므로 시험장에서 직접 확인 후 제시된 크기로 작성합니다.

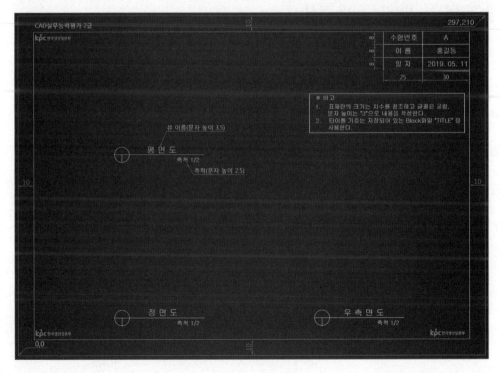

15 배치 작업을 마친 후 한 번 더 모형 공간의 잔여 객체 및 누락 요소의 유무, 도면층 적용 상태를 확인하고 저장합니다.

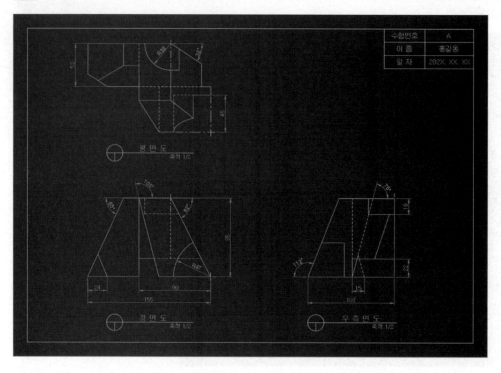

STEP 3   유형 C - 벗어난 원의 중심

빗면으로 잘려나간 원통이나 구는 방향에 따라 원(호)이나 타원(타원호)으로 보이지만 중심점의 축과 도형의 폭은 동일합니다. 이 원과 타원의 중심점 및 폭은 빗면과의 교차점으로 추적할 수 있지만, 원과 타원의 중심이 모형 밖에 위치한 경우에는 빗면에 해당되는 선을 연장하여 작성합니다.

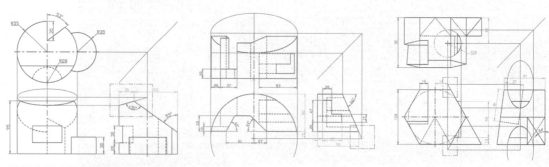

▲ 빗면의 선이 짧아 연장해야 하는 경우

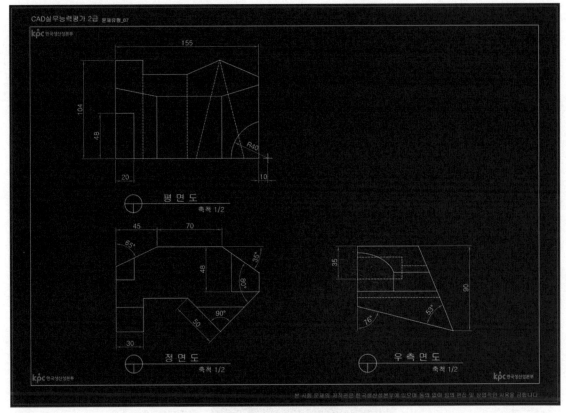

▲ 문제 도면

01 문제 도면과 표기된 축척 값(1/2)을 확인하고 [P04₩Ch03₩CAT2급 템플릿.dwg] 실습 파일을 불러옵니다. Chapter 01의 Step 2 '작업준비' 내용을 참고해 도면층을 구성하고, 치수 및 문자 스타일, 선의 유형, 객체 스냅을 설정합니다(현재 도면층은 '외형선'으로 설정합니다).

[도면층]

[문자 스타일]

[선 종류]

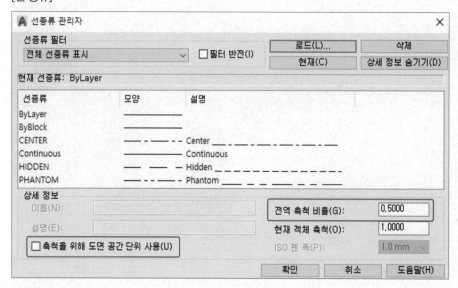

[치수 스타일]

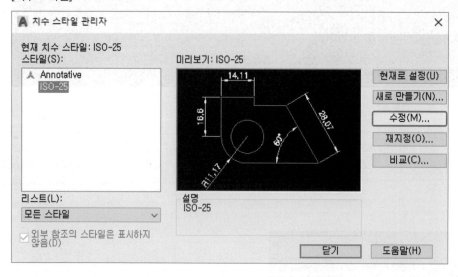

– [기호 및 화살표] 탭(중심 표식: 없음)

– [문자] 탭(문자 색상: 노란색, 문자 정렬: ISO 표준)

– [맞춤] 탭(치수 피처 축척: 전체 축척 사용, 2)

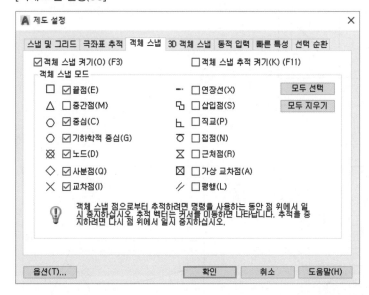

치수 피처 축척
☐ 주석(A)
　　○ 배치할 치수 축척
　　◉ 전체 축척 사용(S):　　2

[객체 스냅 설정(OS]

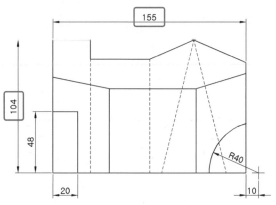

02 전체 형태의 기준이 되는 평면도의 사각형을 먼저 작성해야 합니다. **Rectang 명령을 실행**해 **가로 155, 세로 104인 사각형을 작성**한 후 **Explode 명령으로 분해**합니다.

▲ 문제 도면의 평면도

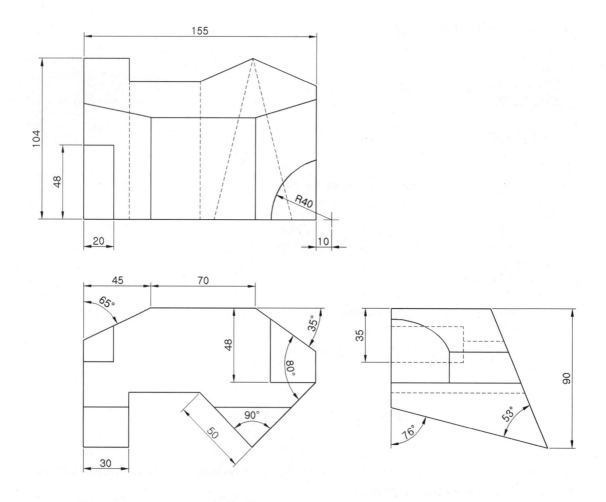

03 작성한 사각형을 기준으로 45° 선을 그린 후 접하는 선에 맞추어 정면도와 우측면도의 전체 외형을 그려줍니다.

04 각 도면의 외형을 **치수가 표기된 부분부터 먼저 작성**합니다. 위치가 명확한 부분은 Trim 명령으로 잘라내면서 진행합니다. 정면도의 65°, 80°, 90° 각도선과 우측면도의 53°, 76° 각도선은 XLine(XL) 명령의 참조(R) 옵션을 사용하여 각도 계산에 착오가 없도록 합니다.

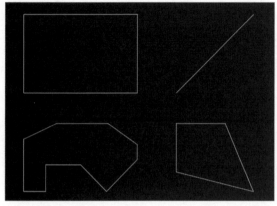

▲ 외형 부분(각도선 사용 부분) 작성

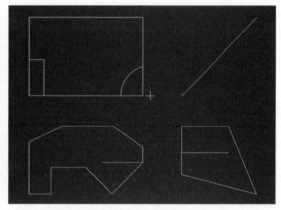

▲ 치수 표기된 부분 작성

05 평면도와 정면도, 정면도와 우측면도, 우측면도와 평면도가 공유하는 위치를 작성해 줍니다.

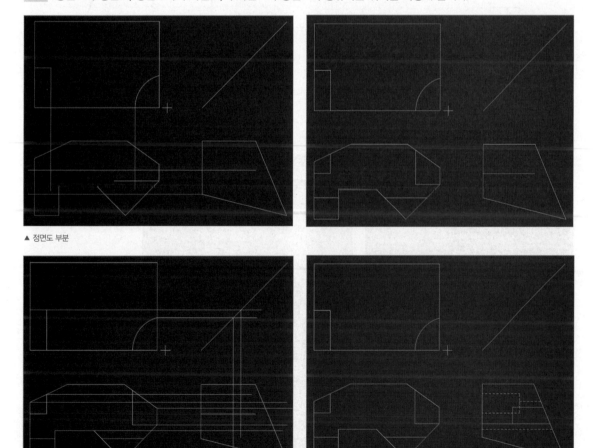

▲ 정면도 부분

▲ 우측면도 부분

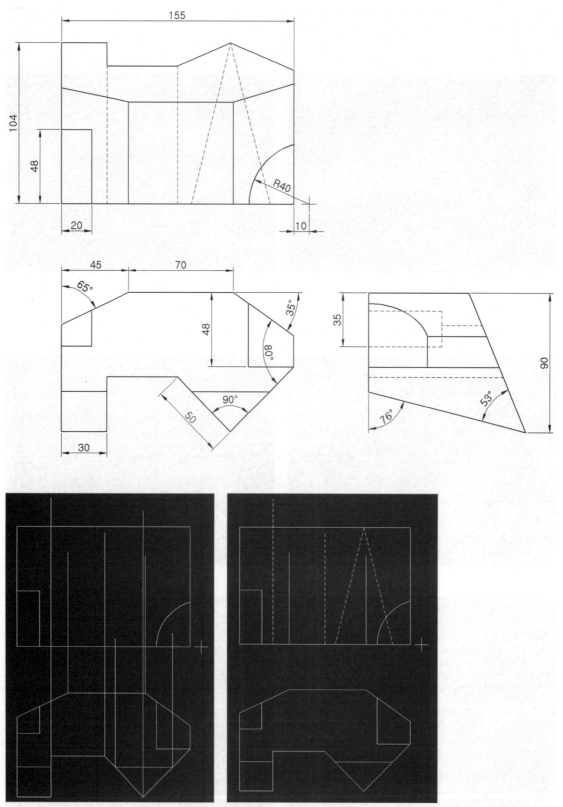

▲ 평면도 – 정면도의 공유 부분

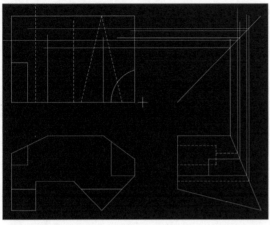

▲ 평면도- 우측면도의 공유 부분

06 도면층을 정리하고 **선의 축척(LTS)을 '0.4'로 변경**해 숨은선을 문제 도면과 유사하게 맞춥니다.

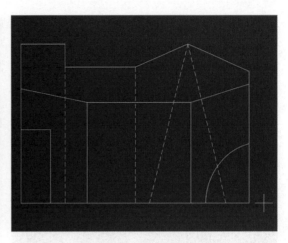

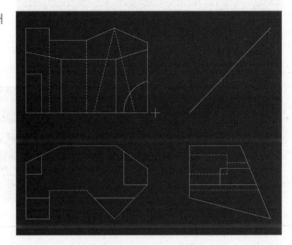

07 평면도의 우측 원(R40)에 의해 나타나는 타원을 작성하기 위해 **온전한 원(R40)을 다시 그리고 원의 중심 및 사분점의 위치를 우측면도에 표시**합니다. 이때 원의 중심이 정면도의 경사면 부분(❶)과 교차하지 않으므로 **선을 연장해 교차점을 찾습니다.**

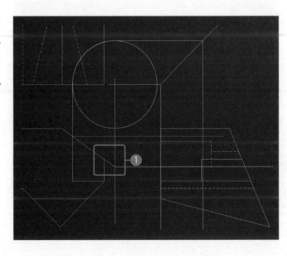

08 Ellipse 명령의 중심(C) 옵션을 적용한 후 **타원의 중심(❶)을 먼저 클릭**하고 **타원의 폭 ❷, ❸을 클릭**합니다(앞서 작성된 선과 위치가 비슷하니 충분히 확대하여 위치를 확인합니다).

> **TIP** ✔
>
> 타원과 선이 교차되는 부분을 확대해 어긋나는 곳이 있는지 확인합니다.

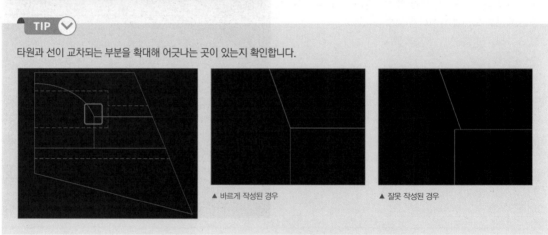

▲ 바르게 작성된 경우   ▲ 잘못 작성된 경우

현재 도면층을 '치수' 도면층으로 **변경**하고 문제 도면에 기입된 치수와 값이 동일한지 확인하면서 **치수를 기입**합니다. 평면도의 반지름치수(R40)는 DimATFIT 변수를 '2'로 변경한 후 기입하고, 정면도의 선형치수(48)는 기입한 후 보조선을 **억제**하여 외형선과 겹치지 않도록 설정합니다.

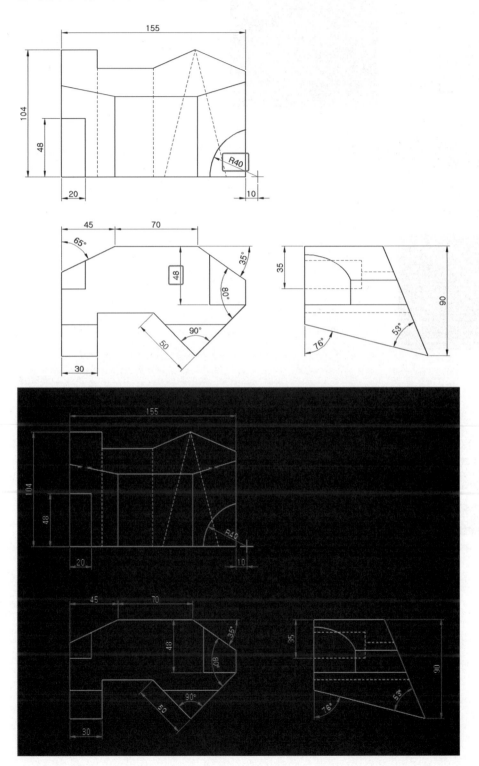

10 치수를 기입한 후 문제 도면의 R40 치수와 작성한 치수를 비교하면 작성한 치수가 외형선에 걸쳐져 있는 것을 확인할 수 있습니다. 기입한 **치수 R40을 삭제**하고 치수 문자 이동변수인 **DimUPT 명령을 실행**하여 **설정을 '1'로 변경**합니다.

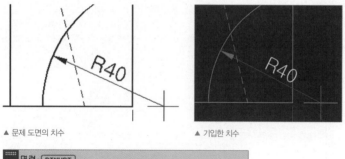

▲ 문제 도면의 치수   ▲ 기입한 치수

명령: `DIMUPT`
▼ **DIMUPT** DIMUPT에 대한 새 값 입력 <끄기(OFF)>: `1`

11 문제 도면과 같이 **R40 치수를 다시 기입**합니다.

> **TIP** ✓

치수 문자의 이동

치수 문자를 이동해야 할 경우 DimUPT의 설정을 '1'로 변경해야 하지만, 조절점(그립점)을 사용해 문자를 다음과 같이 이동시키는 방법도 있습니다. 위치 조정이 어려운 경우 객체 스냅(`F3`)과 직교모드(`F8`)를 끄고 작업합니다.

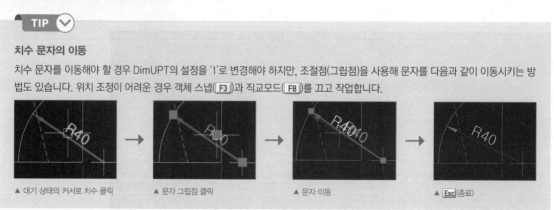

▲ 대기 상태의 커서로 치수 클릭   ▲ 문자 그립점 클릭   ▲ 문자 이동   ▲ `Esc`(종료)

12 Move **명령을 사용**해 도면과 도면 사이의 거리를 다음과 같이 충분히 넓혀줍니다(도면 간 거리가 좁으면 배치 작업 시 겹침이 발생할 수 있습니다).

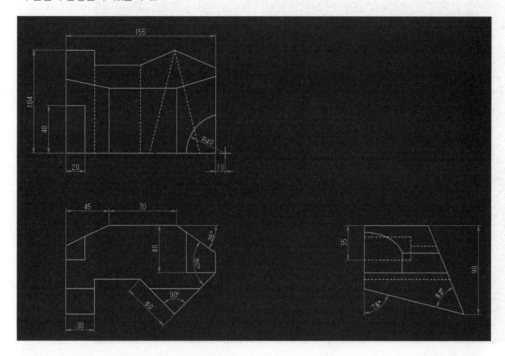

13 다시 한번 문제 도면과 작성 도면을 화면상으로 비교한 후 **배치 공간으로 이동해 도면을 배치**합니다. 배치 공간에 작성해야 할 표제란의 규격 및 문자의 크기는 변동될 수 있으므로 시험장에서 직접 확인 후 제시된 크기로 작성합니다.

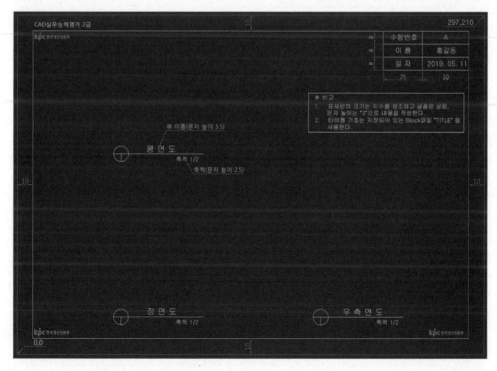

14 배치 작업을 마친 후 한 번 더 모형 공간의 잔여 객체 및 누락 요소의 유무와 도면층 적용 상태를 확인하고 저장합니다.

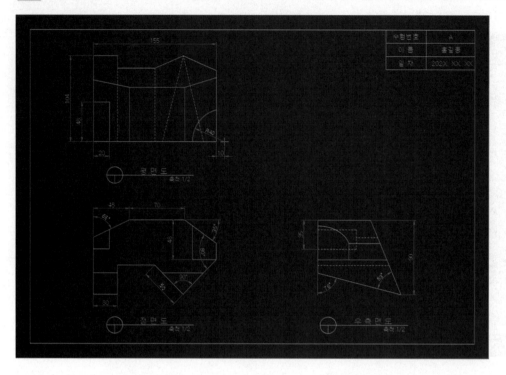

CAT 2급 응시 흐름 정리

1 시험 전 준비

① 지정된 좌석의 시스템 이상 유무 파악

② 시험응시 웹사이트 접속

③ 템플릿 파일 다운로드 및 파일 열기

④ 템플릿 파일의 파일명과 수험번호 일치 여부 확인 후 안내 메시지 블록 삭제

⑤ 작업환경 설정(도면층 구성, 글꼴 설정[굴림], 치수 설정, 선 유형, 객체 스냅 설정)

2 모델 공간 도면 작성

① 기준선(XL) 및 전체 윤곽 작성

② 치수가 표기된 부분부터 작성

③ 나머지 공유 부분 및 타원 작성

④ 치수 기입

⑤ 중간 검토(문제 이미지와 비교)

⑥ 각 도면의 충분한 간격 확보

3 배치 공간 도면 배치

① 배치 공간 이동 및 설정 확인(바탕색, 인쇄 가능 영역, 용지 배경 표시)

② Limits 설정(0,0 `Enter` → 297,210 `Enter`)

③ 표제란 작성(0,0 `Enter` → 297,210 `Enter`)

④ 뷰포트 작성(MV)

⑤ 각 뷰 크기 조정 후 축척 설정(상태 막대 사용)

⑥ 뷰 정렬(Mvsetup)

⑦ 선 축척 확인(모형 공간의 도면과 일치)

⑧ 뷰포트 동결([도면층] 패널)

⑦ 문자 작성 및 제목 블록 삽입(표제란 및 제목, 축척 작성)

⑧ 페이지 설정(DWG To PDF, A4, 범위, 플롯의 중심, 축척, monochrome, 가로 방향)

4 검토 및 저장

① 동결 활용 검토(도면층 및 겹침)

② 저장(save), 파일명 확인(수험번호)

③ 답안 파일 업로드 및 제출 확인

CAT 2급 기출문제는 난이도 변경 전과 후로 구분됩니다. 처음부터 최근 기출문제를 푸는 것보다는 난도가 높아지기 전의 비교적 쉬운 문제로 시작하여 삼각법 및 문제 풀이 과정을 충분히 이해한 후에 최근 기출문제 및 공개 문제를 풀어보는 것이 좋습니다. 시험에 응시하기 전 교재에 수록된 기출문제를 반드시 해결해 보고, 각 기출문제의 풀이 과정을 QR코드로 확인해 풀이 영상까지 시청할 수 있도록 합니다.

CAT 2급 신규 공개 문제 및 2021년 시행 기출문제

출제기준 변경에 따른 신규 공개 문제

kpc 자격에서는 2021년 난이도 상향에 따라 교육기관 및 학습자를 위해 신규 문제를 공개하였습니다. 본 문제 도면은 kpc 자격 홈페이지 자료실에서도 확인 및 다운로드 받을 수 있습니다.

답안파일 활용 방법

도면을 직접 작성한 후 답안 도면과 비교해 볼 수 있도록 합니다. 답안파일을 학습에 적극적으로 활용하기를 권장합니다.

01 답안파일(dwg)을 열어 답안 도면 좌측에 도면을 작성하고, 결과물을 우측의 답안 도면 위로 겹치게 이동시킵니다.

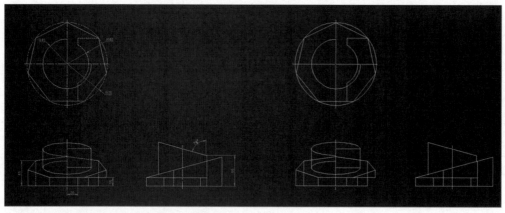

▲ 좌측부터 작성 도면, 답안 도면

02 다음의 평면도와 같이 하늘색 선이 보이지 않으면 바르게 작성된 것이고, 정면도 및 우측면도에 표시된 부분과 같이 하늘색 선이 보이면 틀리게 작성된 것입니다. 틀린 부분이 있다면 다시 작성하고 확인합니다.

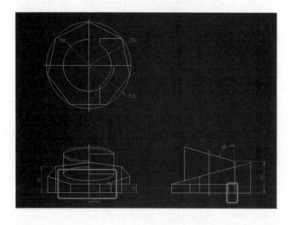

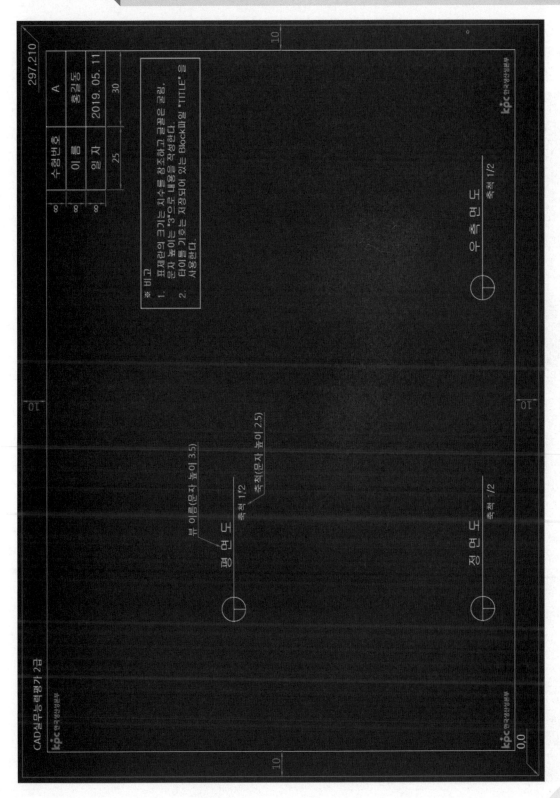

신규 | 기본 유형 01

[주요 사항]

❶ 평면도의 칠각형(내접)을 먼저 작성한 후 도면을 그려나갑니다.

❷ 반지름치수 기입 시 바깥쪽 가로쓰기 DimTOH(1) 설정을 확인합니다.

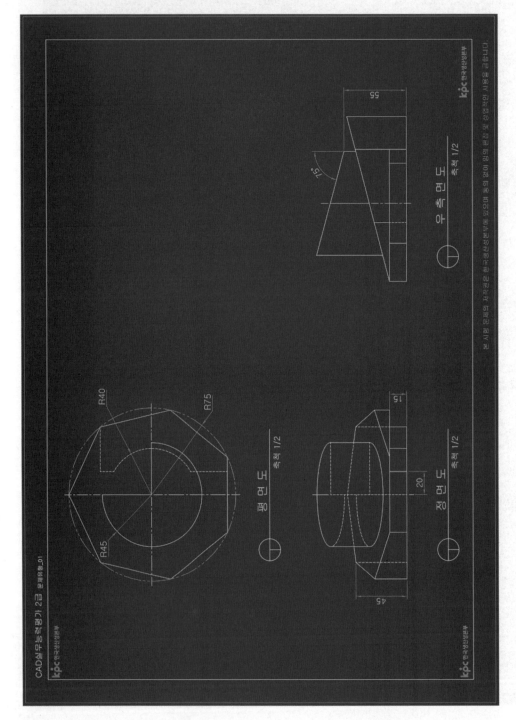

신규 기본 유형 02

[주요 사항]

① 평면도의 칠각형(외접)을 먼저 작성한 후 도면을 그려나갑니다.
② 정면도의 선형치수(43) 기입 시 치수보조선 하나를 억제합니다.

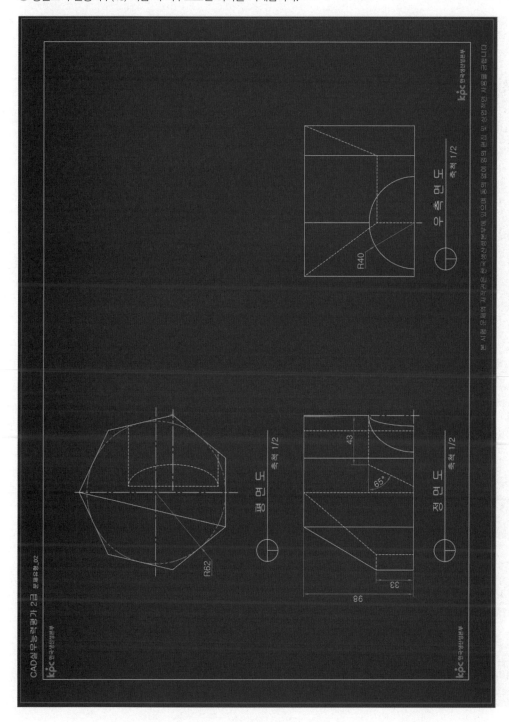

[주요 사항]

❶ 평면도에 작성된 원의 크기, 수량, 치수 기입, 자르기 위치를 주의합니다.

❷ 평면도와 정면도의 짧은 중심선 누락에 주의합니다.

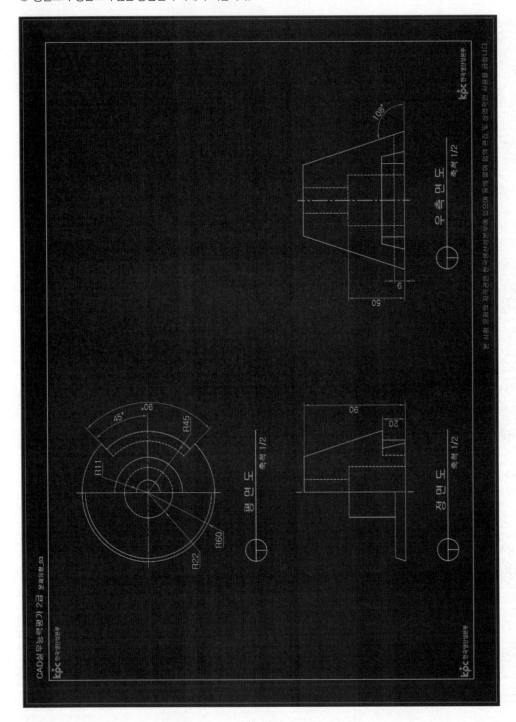

[주요 사항]

❶ 평면도의 원 R55, R35를 먼저 작성한 후 도면을 그려나갑니다.

❷ 빗면에 의한 타원의 위치 및 작성에 주의합니다.

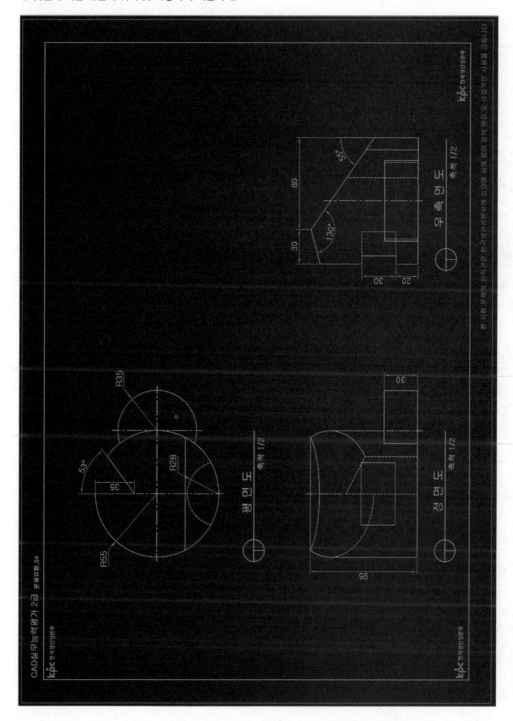

[주요 사항]

① 빗면 모서리가 절단된 유형으로 빗면의 모서리 선을 연장해 작성합니다.
② 빗면에 의한 타원의 위치 및 작성에 주의합니다.

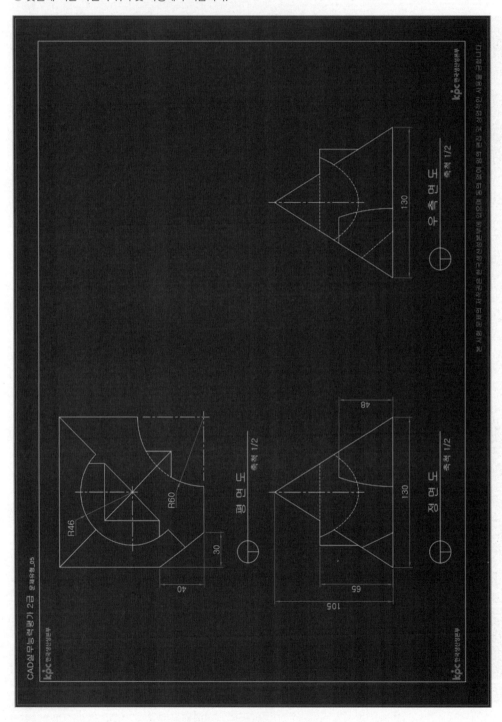

신규 기본 유형 06

[주요 사항]

❶ 빗면 모서리가 절단된 유형으로 빗면의 모서리 선을 연장해 작성합니다.

❷ 우측면도의 90° 등 각도선은 XLine(XL)의 참조 옵션(R)을 활용합니다.

❸ 반지름치수 기입 시 화살표/문자 맞춤 DimATFIT(2) 설정을 확인합니다.

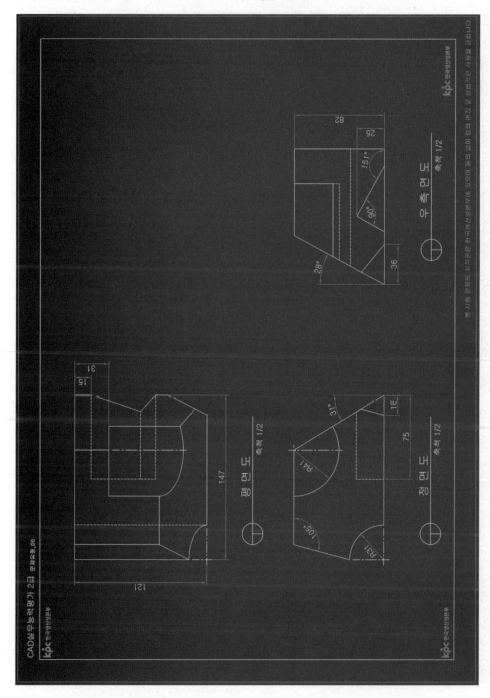

[주요 사항]

❶ 원의 중심점 위치에 따른 타원 작성에 주의합니다.

❷ 정면도와 우측면도의 각도선은 XLine(XL)의 참조 옵션(R)을 활용합니다.

❸ 선형치수의 보조선 억제와 반지름치수의 화살표/문자 맞춤 DimATFIT(2) 설정을 확인합니다.

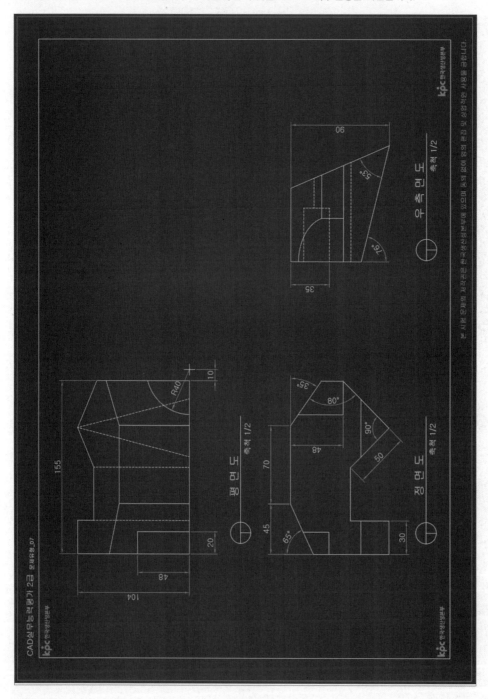

[주요 사항]

❶ 원의 중심점 위치에 따른 타원 작성에 주의합니다.

❷ 선형치수(58)는 회전(R) 옵션을 사용해 기입하며, 2개의 치수보조선을 억제합니다.

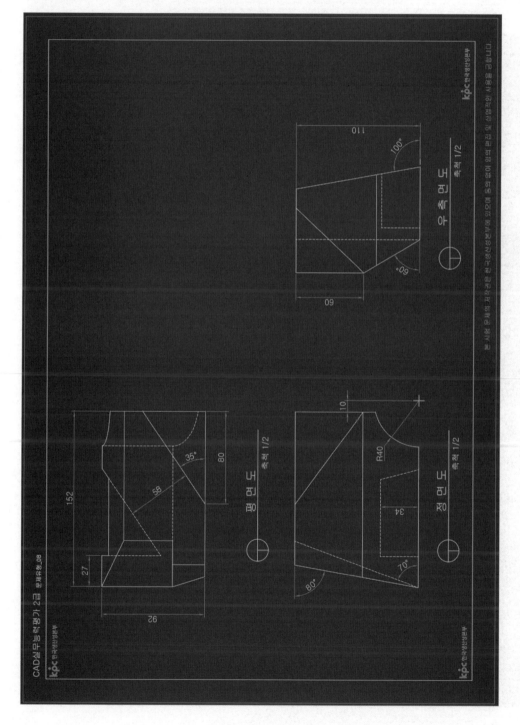

[주요 사항]

① 반지름치수 기입 시 바깥쪽 가로쓰기 DimTOH(1) 설정을 확인합니다.

② 정면도의 'SR62'는 구(Sphere)의 반지름 62를 뜻합니다. 반지름 치수를 기입한 후 더블클릭해 R62를 SR62로 수정합니다.

③ 우측면도의 선형치수(38)는 회전(R) 옵션을 사용해 기입하며, 1개의 치수보조선을 억제합니다.

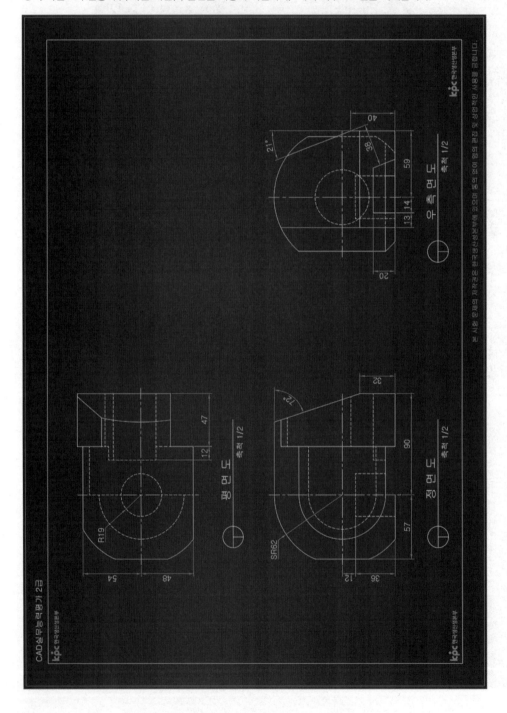

[주요 사항]

❶ 정면도의 선형치수(57, 30)는 회전(R) 옵션을 사용해 기입하며, 1개의 치수보조선을 억제합니다. 정렬치수(18)는 DAL 또는 DLI 명령으로 기입합니다.

❷ 모서리가 사선으로 절단된 어려운 난이도의 문제로, 답안파일의 내용을 참고합니다.

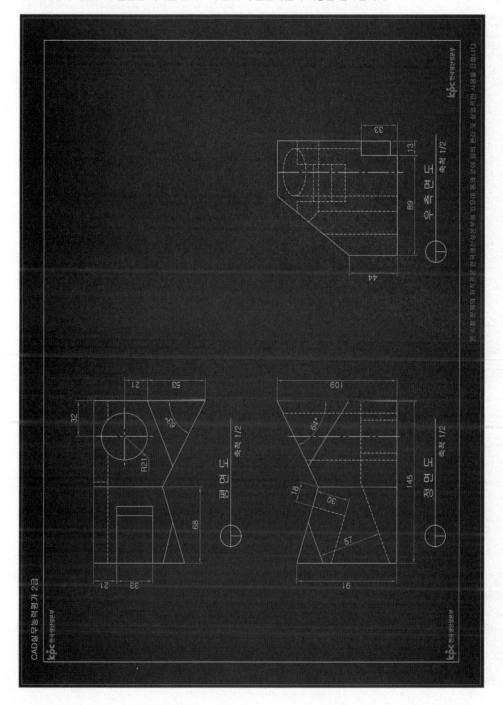

[주요 사항]

❶ 평면도의 반지름치수(R83) 기입 시 화살표/문자 맞춤 DimATFIT(2) 설정을 확인합니다.

❷ 정면도의 선형치수(48, 18)는 회전(R) 옵션을 사용해 기입하며, 2개의 치수보조선을 억제합니다.

❸ 평면도와 정면도의 짧은 중심선 누락에 주의합니다.

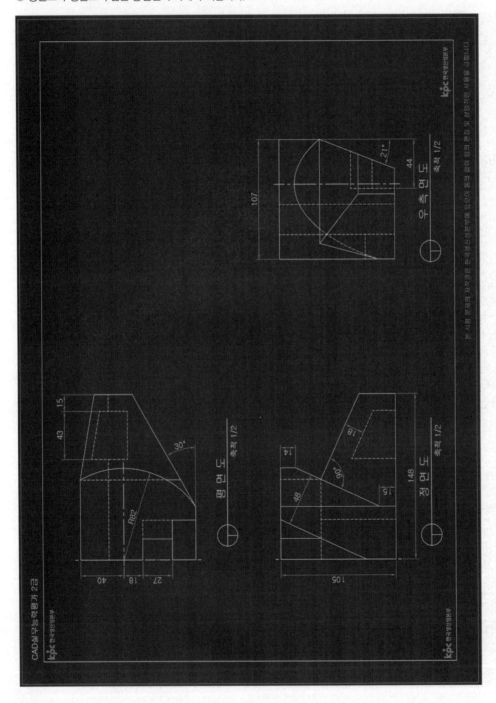

[주요 사항]

❶ 빗면 모서리가 절단된 유형으로, 빗면의 모서리 선(21, 15)을 연장해 작성합니다.

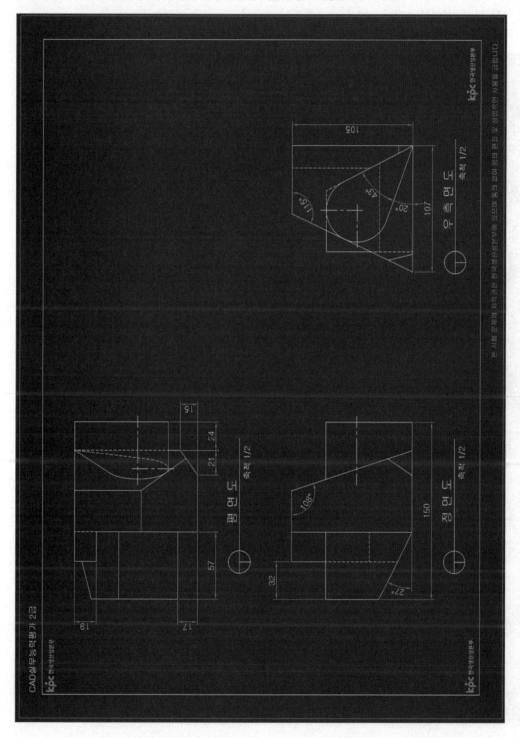

[주요 사항]

❶ 평면도의 'C17'은 모따기(Chamfer) 17을 뜻합니다. LE 명령을 실행해 지시선을 그린 후 'C17'을 직접 입력합니다.

❷ 평면도와 정면도의 선형치수(45, 49)는 회전(R) 옵션을 사용해 기입하며, 치수보조선을 억제합니다.

❸ 평면도의 원과 우측면도의 타원에 연결되는 선은 접점(Tangent)으로 연결합니다.

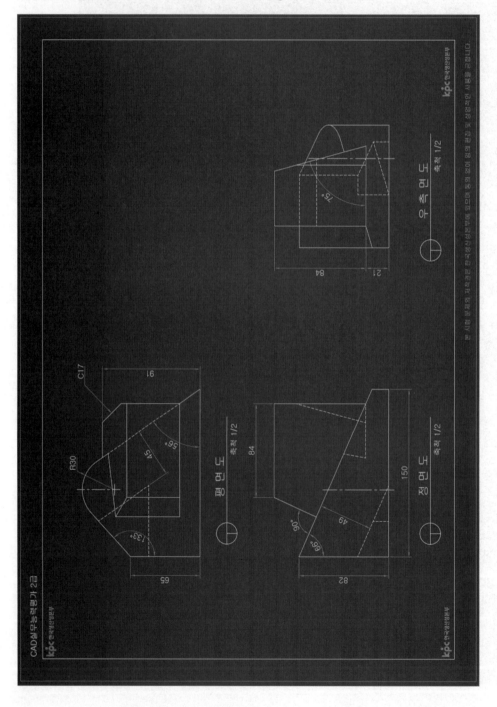

[주요 사항]

❶ 원(R52)의 중심점 위치에 따른 타원 작성에 주의합니다.

❷ 선형치수(30, 35)는 회전(R) 옵션을 사용해 기입하며, 치수보조선을 억제합니다.

❸ 빗면 모서리가 절단된 유형으로, 평면도 빗면의 모서리 선을 연장해 작성합니다.

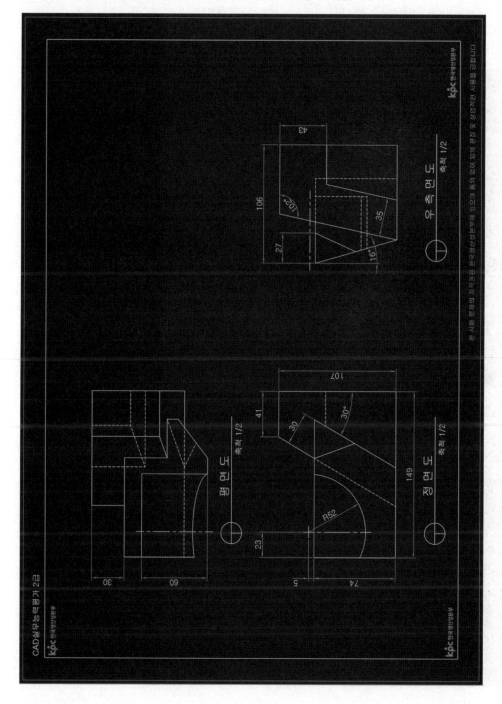

[주요 사항]

① 정면도의 SR71 안쪽의 곡선은 평면도의 36 사선 절단에 의해 보이는 타원입니다. 원(R52)의 중심점 위치에 따른 타원 작성에 주의합니다.

② 평면도의 선형치수(47)는 회전(R) 옵션을 사용해 기입하며, 치수보조선을 억제합니다.

③ 빗면 모서리가 절단된 유형으로, 평면도 우측 하단 빗면의 모서리 선을 연장해 작성합니다.

④ 평면도의 선형치수(8)는 기입 후 문자를 중간으로 이동하고, 우측면도의 선형치수(12)는 기입 후 그립 옵션을 사용해 화살표를 반전(Flip Arrow)시킵니다.

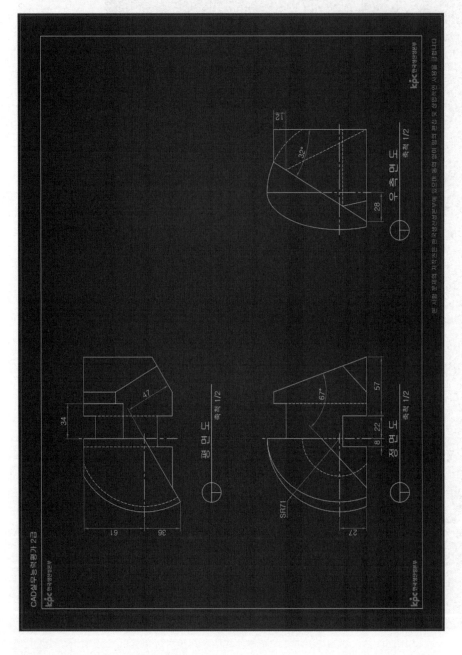

[주요 사항]

❶ 가장 먼저 우측면도의 원 중심선(십자 선)을 그리고 Arc(A) 명령으로 세 점을 지나는 호를 작성합니다. 이후 Circle(C) 명령을 실행해 중심을 클릭하고 작성된 호의 끝점을 클릭해 원을 작성합니다.

❷ 우측면도의 정오각형(POL)은 모서리(E) 옵션을 사용하고, 가상선 구분에 주의합니다.

❸ 평면도의 우측 곡선은 타원입니다.

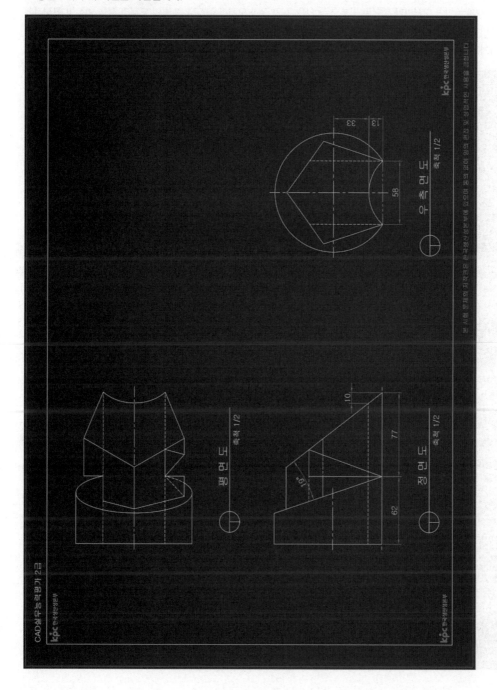

[주요 사항]

❶ 우측면도의 우측 경사선(80)은 원의 중심에 R80 원을 그려 위치를 찾습니다.

❷ 우측면도의 원의 중심을 기준으로 표기된 치수 35와 그 옆의 35는 호의 각도와 길이가 같음을 뜻합니다. Xline(XL) 명령의 이등
분(B) 옵션을 사용해 각의 시작점과 끝점을 클릭하면 이등분된 위치에 각도선을 표시할 수 있습니다(각도를 측정하여 1/2로 입
력하지 마십시오).

❸ 평면도의 선형치수(20)는 빗면 모서리가 절단된 부분으로, 타원 호의 끝과 모서리 꼭짓점, 빗면의 모서리 선을 연장한 꼭짓점에
선을 그려 표시합니다.

❹ 난이도가 매우 어려운 문제로, 답안파일(DWG)을 참고합니다.

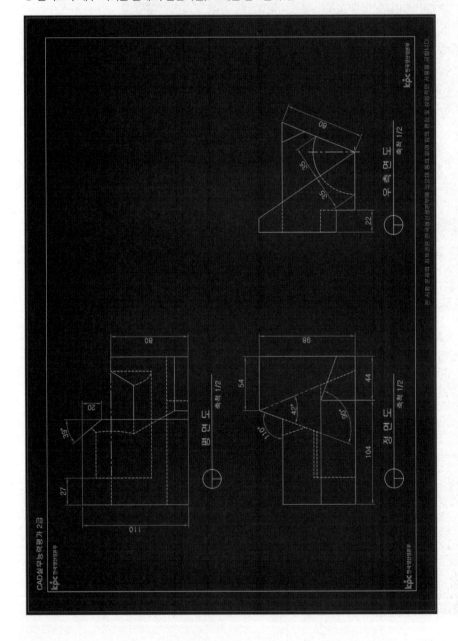

[주요 사항]

① 평면도의 정육각형(POL)을 외접(C) 옵션을 사용해 그립니다.

② 평면도 다각형 좌측 모서리의 라운딩(R29)은 Circle 명령의 Ttr 옵션이나 Fillet 명령을 사용합니다.

③ 평면도의 빗면 모서리가 절단된 부분과 정면도의 원(R80) 작성은 답안파일을 참고합니다.

④ 우측면도의 타원에서 이어지는 파선의 연결은 접점(Tangent) 옵션을 사용합니다.

⑤ 난이도가 매우 높은 문제로 답안파일(DWG)의 내용을 참고합니다.

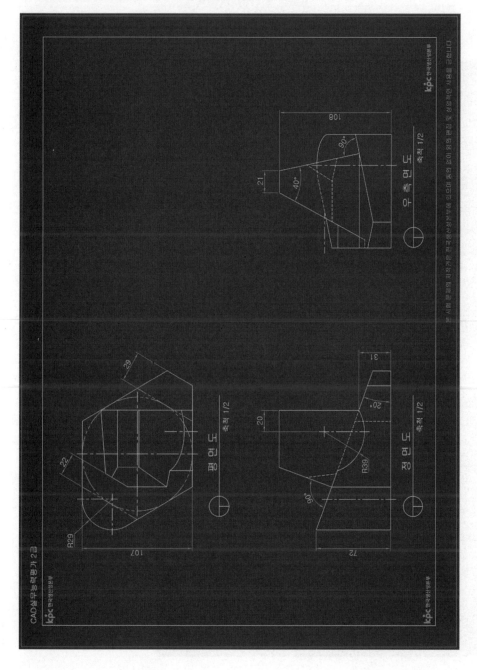

2021년 CAT 2급 기출문제

Chapter 02는 2021년 신규 출제기준이 적용된 CAT 2급의 기출문제로 구성되어 있습니다. 직접 문제를 풀어본 후 동영상 강의와 비교해 보며 실력을 점검해봅니다.

기출문제 공통   **도면 공간([배치] 탭)**

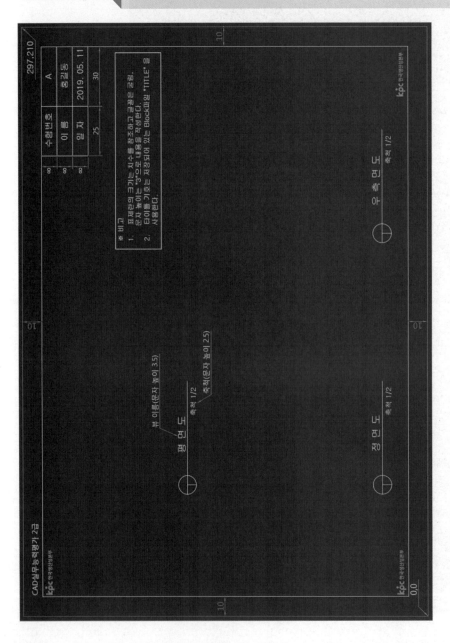

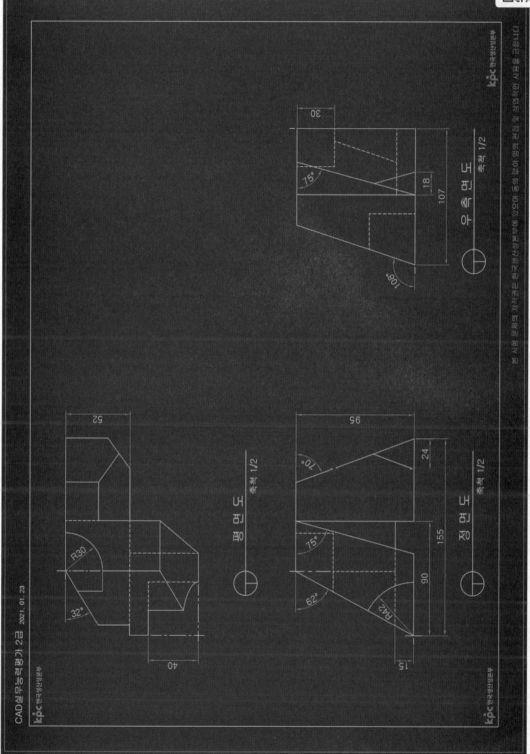

기출 **문제 02** | 2021. 02. 06. 시행 |

풀이 동영상 ▶

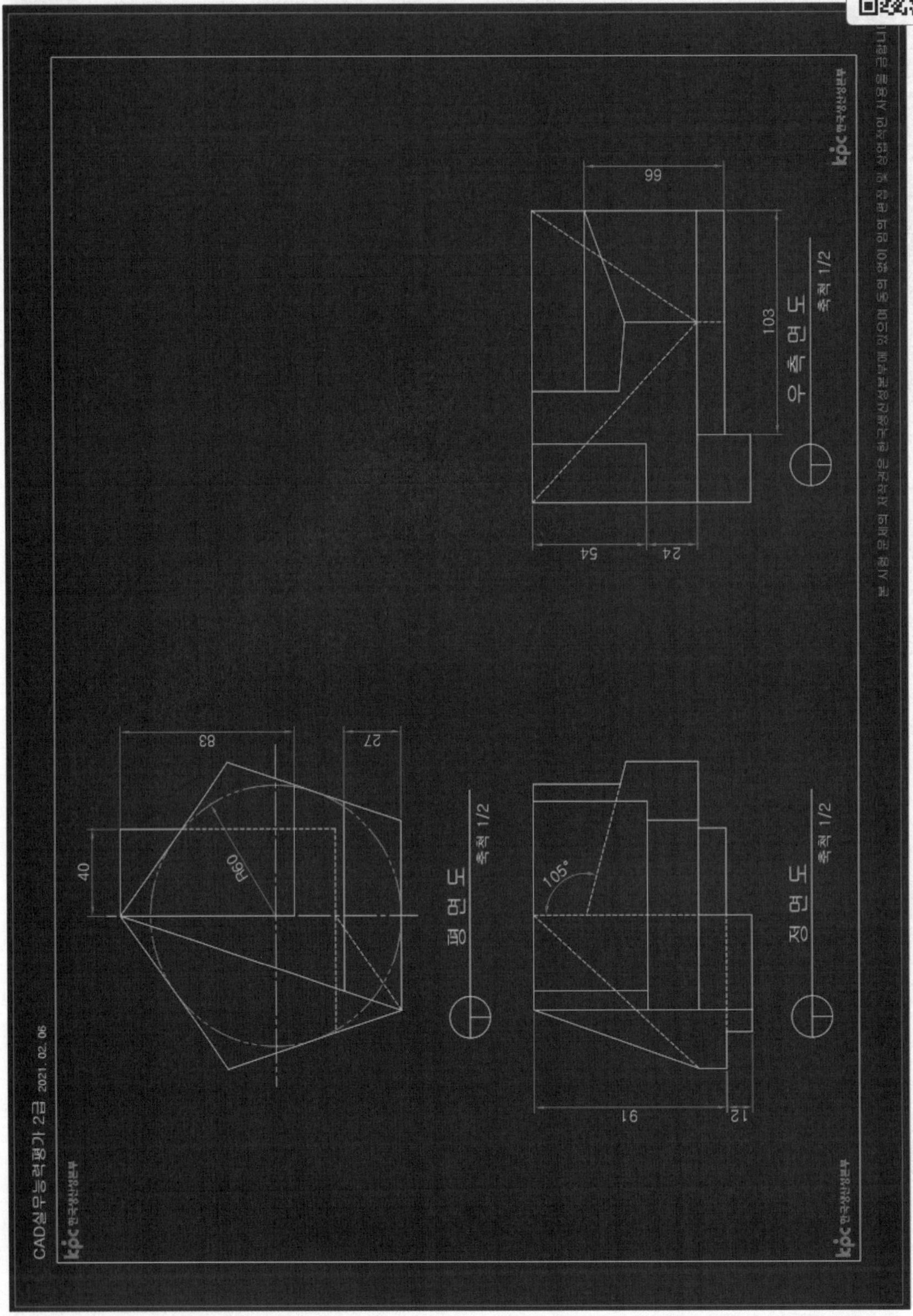

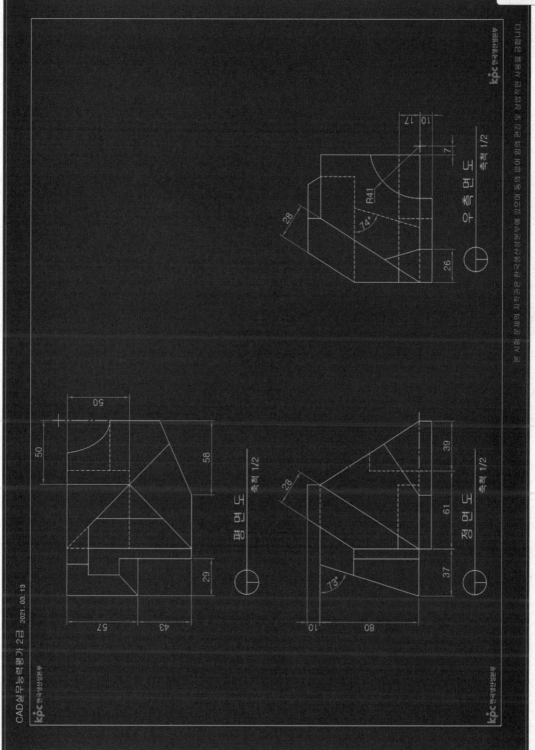

풀이 동영상 ▶

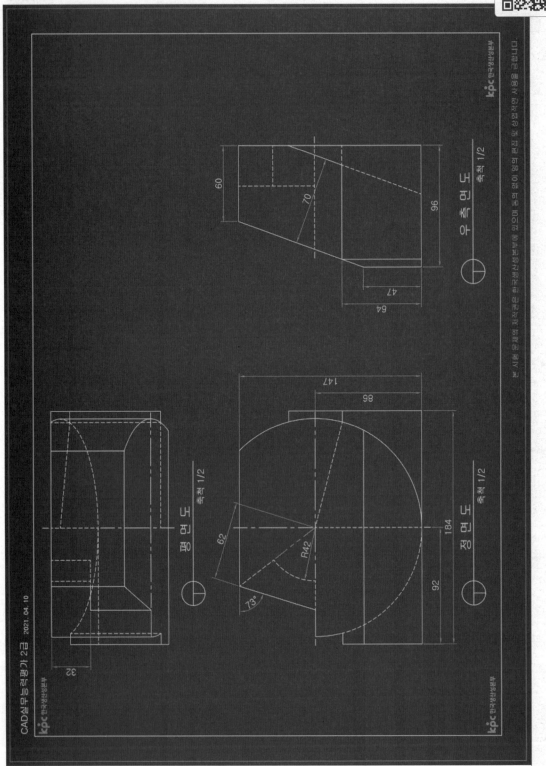

우측면도
축척 1/2

평면도
축척 1/2

정면도
축척 1/2

CAD실무능력평가 2급 2021. 04. 10

풀이 동영상 ▶

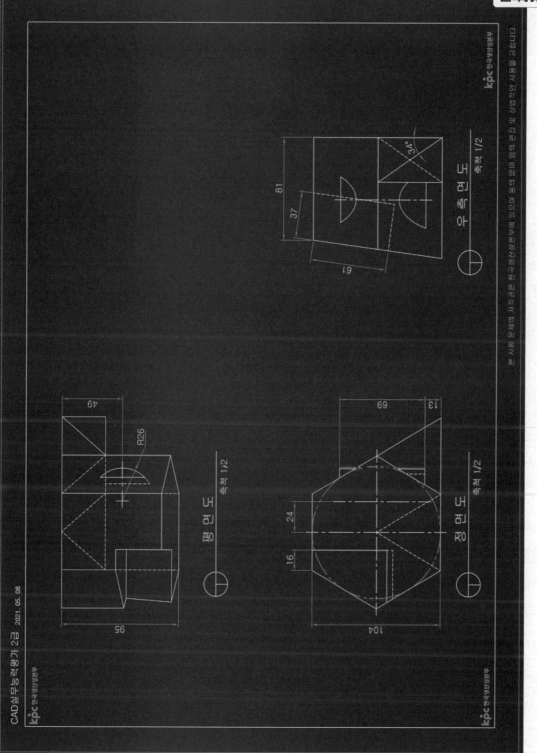

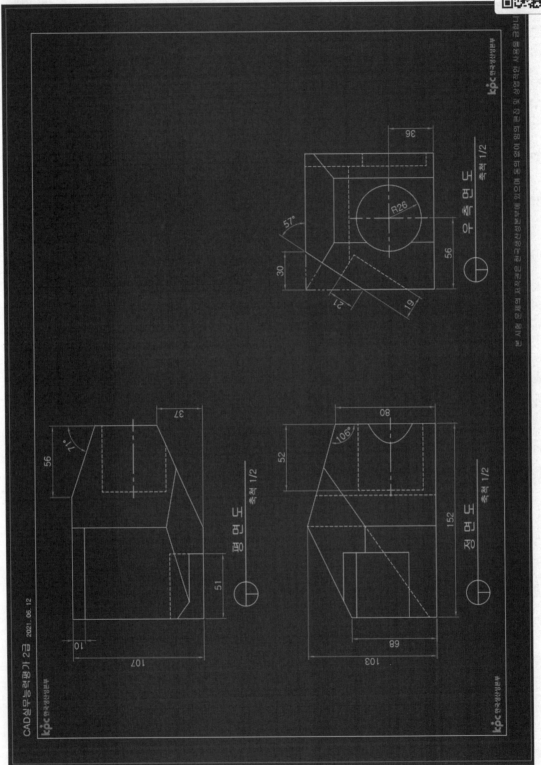

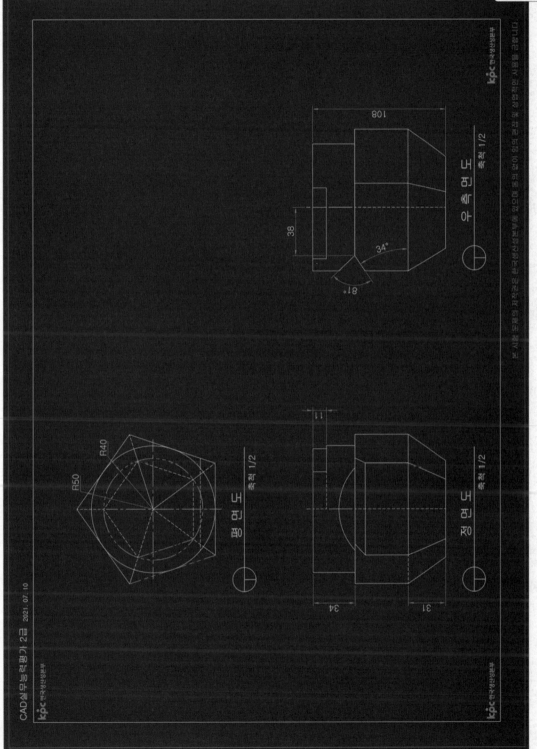

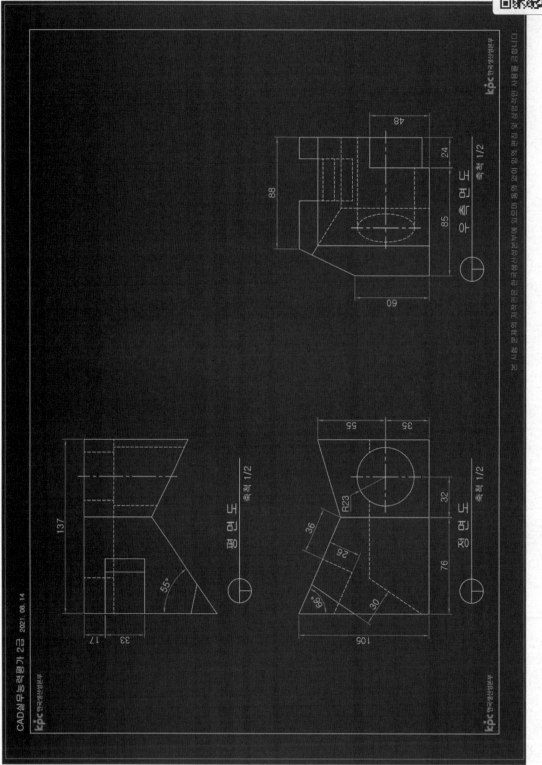

풀이 동영상 ▶

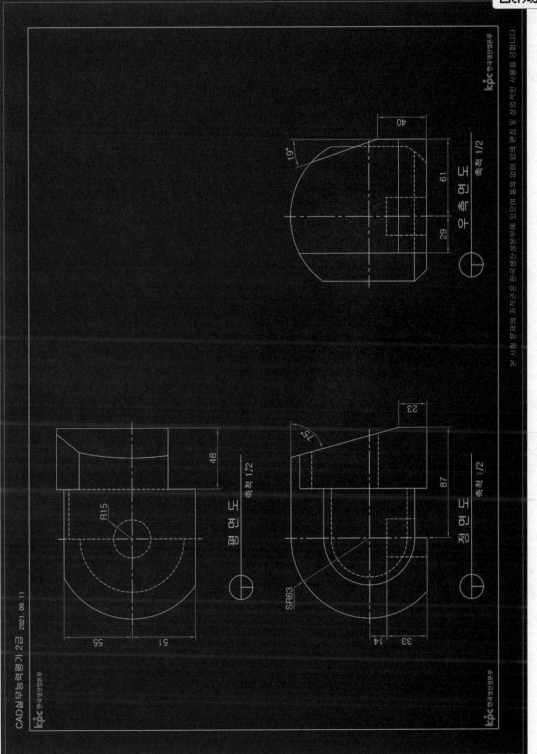

풀이 동영상 ▶

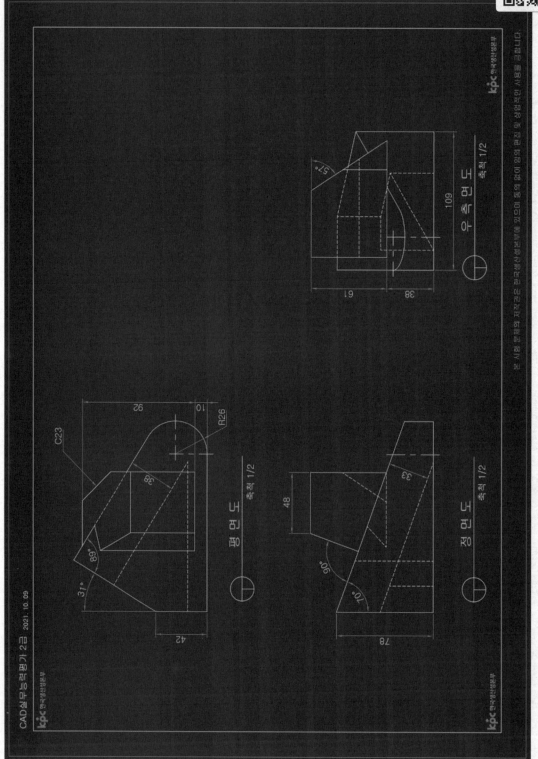

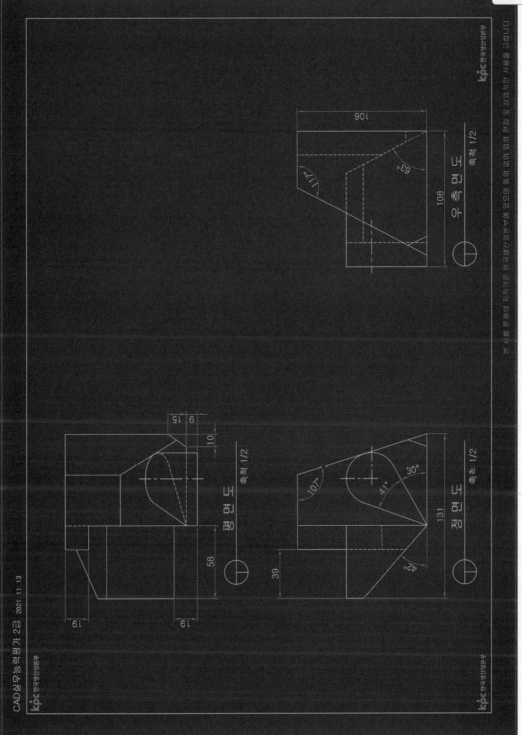

※ CAT 2급 최신 기출문제 및 풀이 동영상은 kpc자격 홈페이지(https://license.kpc.or.kr)에서 확인할 수 있습니다.

좋은 책을 만드는 길
독자님과 함께하겠습니다.

도서에 궁금한 점, 아쉬운 점, 만족스러운 점이
있으시다면 어떤 의견이라도 말씀해 주세요.
시대인은 독자님의 의견을 모아 더 좋은 책으로 보답하겠습니다.

www.edusd.co.kr

CAT 2급 with AutoCAD

초 판 발 행	2021년 12월 07일
발 행 인	박영일
책 임 편 집	이해욱
저 자	황두환
편 집 진 행	이수경
표 지 디 자 인	조혜령
편 집 디 자 인	임옥경
발 행 처	시대고시기획
공 급 처	(주)시대고시기획
출 판 등 록	제 10-1521호
주 소	서울시 마포구 큰우물로 75 [도화동 538 성지 B/D] 9F
전 화	1600-3600
팩 스	02-701-8823
홈 페 이 지	www.edusd.co.kr
I S B N	979-11-383-0904-2(13000)
정 가	24,000원